Karin Thalmann-Hereth

Hochbegabung und Musikalität

Karin Thalmann-Hereth

Hochbegabung und Musikalität

Integrativ-musiktherapeutische
Ansätze zur Förderung
hochbegabter Kinder

VS VERLAG FÜR SOZIALWISSENSCHAFTEN

Bibliografische Information der Deutschen Nationalbibliothek
Die Deutsche Nationalbibliothek verzeichnet diese Publikation in der
Deutschen Nationalbibliografie; detaillierte bibliografische Daten sind im Internet über
<http://dnb.d-nb.de> abrufbar.

1. Auflage 2009

Alle Rechte vorbehalten
© VS Verlag für Sozialwissenschaften | GWV Fachverlage GmbH, Wiesbaden 2009

Lektorat: Kea Brahms

VS Verlag für Sozialwissenschaften ist Teil der Fachverlagsgruppe
Springer Science+Business Media.
www.vs-verlag.de

Umschlaggestaltung: KünkelLopka Medienentwicklung, Heidelberg
Druck und buchbinderische Verarbeitung: Krips b.v., Meppel
Gedruckt auf säurefreiem und chlorfrei gebleichtem Papier
Printed in the Netherlands

ISBN 978-3-531-16331-4

Für Tobias, Lars und Jessica

Inhaltsverzeichnis

Abbildungen

Vorwort: Hochbegabungen, „brain wizards" – Chance und Schicksal

Dieses Buch behandelt ein Thema, für das man sich seit langem schon eine kompetente, wissenschaftlich fundierte und vor allen Dingen praxisbezogene Darstellung gewünscht hat. Jetzt hat Karin Thalmann-Hereth einen solchen Text vorgelegt, der die erforderliche Breite hat und der Vieldimensionalität gerecht wird, die dieses Thema verlangt.

Als Kinder- und Jugendlichenpsychotherapeut und als Forscher im Bereich der „klinischen Entwicklungspsychologie" bin ich in den vergangenen 30 Jahren mit dem Thema Hochbegabung immer wieder in Kontakt gekommen. Aber nicht nur in meinen Therapien oder in psychologischen Untersuchungen, sondern auch in Alltagskontexten habe ich mit diesen Kindern immer wieder zu tun gehabt. Viele Menschen sind schon – blicken sie auf die Schulzeit zurück, auf Klassenkameraden und -kameradinnen, schauen sie in Freundeskreise, Nachbarschaften usw. – diesen Kindern mit „besonderen Begabungen", diesen „hellen Köpfen", diesen „klugen Sonderlingen", diese „schwierigen Intelligenzbestien", diesen „ganz normalen Blitzgescheiten" begegnet. Vielleicht war mancher Leser, manche Leserin dieses Buches selbst so ein Kind oder hat eine Tochter oder einen Sohn, der einseitig mit einem spezifischen „Talent" oder generalisiert mit vielfältigen „Talenten" ausgestattet ist und als *hochbegabt* erkannt wurde. Diese Kinder faszinieren und befremden zugleich. Diese kleinen Zauberer – *wizards* – mit ihren so außergewöhnlichen Fähigkeiten tauchen als eine Art Idealtypus in vielen Geschichten, Comics und Filmen auf. Gestalten wie etwa die des Hobbits *Frodo Beutlin* oder des *Harry Potter* beziehen ihre Faszination aus diesem Typus des kreativen, hochintelligenten, mutigen und für menschliche Werte engagierten Kindes. Verbindungslinien lassen sich auch zur Idee des *puer aeternus*, des genialen oder göttlichen Kindes, ziehen, das in der *Jung*schen Psychologie und über sie hinaus besonders durch die Arbeiten von Marie-Louise VON FRANZ (1987) Bedeutung gewonnen hat.

Hoch- und Sonderbegabungen finden sich in sehr verschiedenartiger Ausprägung, so dass man kein „Standardprofil" erstellen kann – man sollte es auch nicht, denn: Jedes Kind, jeder Junge und jedes Mädchen (so muss man genderbewußt sagen) ist einzigartig! Und jede Familie, in die ein solches Kind hineingeboren wird, ist einzigartig. Erweiternd hinzu kommen noch übergeordnetes Milieu, Schicht, Kultur, heute oft auch Ethnie als Faktoren solcher Besonderheit. Dieses Buch macht deutlich: Hochbegabtheit ist nicht ohne die vorhandenen Kontexte zu betrachten. Es zeigt auch, dass eine *interdiziplinäre* Betrachtung erforderlich ist, um das hochbegabte Kind in seinem Lebenskontext und seinem Entwicklungskontinuum wahrzunehmen, zu verstehen und aus dieser mehrperspektivischen Zugehensweise zu begleiten. In breiter Rezeption der maßgeblichen psychologischen, pädagogischen und musikwissenschaftlichen Literatur gelingt es der Autorin, die wesentlichen Wissensstände zum Thema zu entfalten und zu vernetzen, denn darin besteht die Hauptaufgabe für jeden, der sich mit dem „Phänomen Hochbegabtheit" befasst. Jede Disziplin hat eigene Beiträge geleistet, die ohne eine hinlängliche „Konnektivierung" indes zu wenig erklären, um handlungsleitende Strategien begründen zu können. Deshalb müssen sie zusammengeführt werden, und das leistet dieses Buch.

Hochbegabte sind keine „*Savants*" mit außerordentlichen, spezialisierten „Inselbegabungen" (*savant syndrome*; TREFFERT & WALLACE, 2002; TAMMEL, 2007), die oft genug mit einer Beeinträchtigung der übrigen kognitiven, emotionalen und sozialen Fähigkeiten von Menschen einher gehen können. Hochbegabten Kindern begegnet man nicht häufig, aber auch nicht so selten. Es handelt sich keineswegs immer um ungewöhnliche Mädchen oder Jungen, auch wenn sie zuweilen „ihre Eigenheiten" haben, aber welches Kind hat die nicht? Wenn indes die kleinen Gedächtniskünstlerinnen, Gehirnakrobaten und Kombinationszauberinnen „loslegen", kann das befremden, bei anderen Kindern Neid oder Angst auslösen, bei manchen Eltern Unverständnis, bei anderen überzogenen Stolz – das „kleine Genie" – Junge oder Mädchen –, der kleine „*brain wizard*" wird präsentiert, lernt sich zu präsentieren, oder er bzw. sie wird Außenseiter. Solche Kinder stehen dann am Rande, und dabei kann es geschehen, dass sich Verhaltensauffälligkeiten entwickeln, manchmal mit Störungswert, die kinderpsychotherapeutische oder heilpädagogische Behandlungen indiziert erscheinen lassen. Aber sind Kinder- und JugendlichenpsychotherapeutInnen dafür ausgerüstet, diese Probleme richtig zu behandeln, die in ihren extremen Erscheinungsbildern des verstörten, verwirrten, aggressiven, bedrückten, verhaltensauffälligen Sonderlings mit einem „super brain" durchaus als Form einer spezifischen Verhaltenstörung gesehen werden können, als ein „*wizard syndrome*"? Es kann nicht darum gehen, verhaltensauffällige Hochbegabte zu pathologisieren, sondern es muss die Spezifität ihrer Problematik gesehen werden, damit es nicht zur Ausbildung nachhaltiger Störungen kommt. Hier ist noch viel an kindertherapeutischem Know-how zu entwickeln.

Zur *Förderung* von Hochbegabten ist in den vergangenen Jahren viel geforscht und entwickelt worden. Über Hilfen bei Problemen dieser Kinder, bei Fehlentwicklungen gar, ist indes noch wenig gearbeitet worden. Auch Lehrer und Lehrerinnen haben in der Regel nicht genügend Wissen und methodisches Rüstzeug, mit Hochbegabten bzw. mit extremen Hochbegabungen optimal umzugehen. In der Regel fehlt es an hinreichend spezialisierten Kenntnissen, oder sie sind einseitig auf kognitive Förderung ausgerichtet.

Das Buch von Karin Thalmann-Hereth trägt hier zum Schließen einer großen Lücke bei und bietet den Angehörigen psychosozialer und pädagogischer Berufe eine Fundgrube an fundierter Information. Das gilt auch für Eltern und Verwandte, denen die Autorin Hilfen gibt, das „Phänomen Hochbegabung" besser zu verstehen. Ihr besonderes Verdienst liegt darin, die über lange Zeit einseitige Fokussierung auf die *kognitive* Seite der Hochbegabtheit mit einer erweiterten Perspektive zu öffnen und eine „integrative Sicht" zu entfalten, denn es müssen bei diesen Kindern – wie bei allen Kindern! – natürlich nicht nur die intellektuellen Fähigkeiten mit ihren *kognitiven Stilen* berücksichtigt werden, sondern auch die Gefühle mit ihren *emotionalen Stilen*, der Wille in seinen *volitionalen Stilen* (ein über lange Zeit vernachlässigter Bereich), die Interaktions- und Beziehungsfähigkeit mit ihren *sozial-kommunikativen Stilen* und auch die künstlerisch-ästhetischen Talente, die sich in *kreativ-poietischen Stilen* zeigen. Diese Kinder sind nämlich oft in besonderer Weise schöpferisch. Ihr Gestaltungsvermögen (gr. *poiesis*) ist ungewöhnlich und zeigt sich in beeindruckender Weise, wenn sie dafür die „passenden" Gestaltungsräume erhalten, die offen sind für schöpferisches Experimentieren. Denn um *„potential space"* (WINNICOTT) geht es, wenn die *Chancen* realisiert werden sollen, die Hochbegabungen bieten können.

Die Fragen, warum es zu Hochbegabungen kommt oder zu außergewöhnlichen Talenten, was genetisch disponiert ist oder durch besondere Entwicklungseinflüsse bestimmt, sind nach wie vor in der wissenschaftlichen Diskussion unentschieden und werden erst in Zukunft in einem Zusammenwirken von Neurobiologie, empirischer Entwicklungspsychologie und Genetik Beantwortung finden. Das Anlage-Umwelt-Problem (*nature-nurture*; RUTTER, 2002; PLOMIN, 2000) kommt im Hochbegabtenkontext aber dennoch in einer besonderen Weise zum Tragen, nämlich mit der Frage nach der „richtigen Förderung" dieser besonderen Talente, und das ist immer die Frage nach den richtigen „Umweltantworten" auf die vorliegenden Begabungen. Wird diese Frage nicht angemessen beantwortet, kann das Talent, die Gabe, zu einer Bürde, einer Belastung werden: für das Kind, seine Eltern, seine Umgebung – etwa den Kindergarten, den Spielplatz, die Schule. Genauso wie bei schwierigen Temperamenten Strategien der Temperamentberatung (ZENTNER, 1993) sinnvoll sind, kann auch bei hochbegabten Kindern und Jugendlichen ein besonderer Beratungs- und Betreuungsbedarf entstehen, für den es theoretische und praxeologische Leitlinien geben muss, wie sie das vorliegende Buch vorstellt. Hochbegabung ist durchaus ein Schicksal. Ob es ein gutes oder ein belastendes Schicksal wird, ist ein Frage der Umwelt, denn auch kleine „*brain wizards*" können sich keine „fördernde Umwelt" zaubern, die „good enough" für sie ist (WINNI-COTT, 1965).

Die hohe Neuroplastizität des menschlichen Gehirns bestimmt das Basisprogramm der Sapiens-Menschen als Gruppenwesen: *Menschen sind grundsätzlich Lernende.* Sie lernen „aus dem Leben für das Leben", wie es die „*komplexe Lerntheorie*" der Integrativen Therapie auf der Grundlage eines neurobiologischen Verständnis von Lernen als Fundament jeder Didaktik vertritt (SIEPER & PETZOLD, 2002; SPITZER, 2002). Das Gehirn ist darauf ausgelegt, dass seine zerebralen Potentiale genutzt werden: durch die Interaktion mit anderen, d. h. durch gemeinsames Lernen in sozialen Kontexten, in denen zwischen den *Interagierenden als Lernenden* eine gute „Passung" nach vielen Seiten möglich wird und auf diese Weise „Kokreativität" aufflammt. Wir sehen das in Gruppen spielender Kinder jeden Tag. Menschen leben in „Polyaden", d. h. in Gruppppen, „Wir-Feldern", in denen Vertrautheit und Passung „soziale Komplexität" reduzieren, so dass effizientes Lernen und *soziale Kokreativität* möglich werden, weil unsere Gehirne – unterstützt durch die Funktion der „Spiegelneuronen" (STAMENOV & GALLESE, 2002) – sich optimal synchronisieren können. Diese grundlegende Gegebenheit menschlichen Miteinanders wirft für die Lebenswelt von hochbegabten Kindern, für ihre „Kinderwelten" die wichtige Frage auf: Bieten diese Welten genügen Anschlussstellen, Schnittflächen, Angrenzungsmöglichkeiten für die „*brain wizards*", damit es ihnen gelingt, sich zu affiliieren, in sozialen Gruppen „einzuloggen"? Gruppen sind nämlich auch als „*communities of brains*", wie die Neurobiologen sagen (FREEMAN, 1997), zu betrachten, in denen sich Menschen in ihren mentalen Prozessen synchronisieren. Gelingt das, sind die Gruppenmitglieder „eines Herzens und Sinnes" – für einige Zeit, um dann wieder auseinander zu gehen, aber auch wieder zusammen zu kommen. Das ist die Dynamik in sozialen Gruppen. Hochbegabte Kinder *können* hier in Schwierigkeiten geraten (sie müssen es nicht): weil sie „anders ticken", weil sie solche „Streber sind" oder einfach „komisch", „uncool" usw. Hier werden ggf. pädagogische Hilfen für Kindergruppen erforderlich, wie bei allen Phänomenen des Andersseins. Die Andersheit der Anderen (LEVINAS) wahr zu nehmen, zu achten, spannend zu finden, von solcher Verschiedenheit zu lernen, stellt sich Kindern als Herausforderung, bei der sie unterstützt werden müssen. Sie können das, denn ihre Gehirne sind nicht nur ein Denkorgan, sondern sind auch ein „*Sozialorgan*", ausgelegt für Entwicklung und Nutzung „*psychosozialer Kompetenz*" (HÜTHER, 2006). Deshalb ist die Partizipation an Gruppen so wesentlich. Es nützen die besten Talente wenig, wenn sie nicht eingesetzt und gebraucht und dadurch entfaltet werden können!

Das menschliche Gehirn, natürlich auch das von Hochbegabten, passt seine Arbeitsweise, seine innere Organisation, an die Art und Weise an, wie und wofür es genutzt bzw. nicht genutzt wird. Das gilt allgemein und besonders für „sensible Phasen" im Entwicklungsgeschehen. Erhält ein Kind z. B. in den sprachsensiblen Phasen keine Ansprache, so kann auch ein sprachlich hochbegabtes Kind seine Potentiale nicht optimal oder vielleicht gar nicht nutzen. Es wird „wundgeschwiegen". Die *nutzungs-abhängige Plastizität* seines Gehirns wird in den richtigen Zeitfenstern nicht entwickelt. *Was* aber *wann* und *wie* „passt", ist in sorgfältiger Beobachtung, im Miteinander kokreativer Prozesse, im polylogischen Austausch zwischen allen Beteiligten des sozialen Netzwerkes (*social network*), des Weggeleits (*convoy*) mit dem hochbegabten Kind herauszufinden – in einem *„Aushandeln von Positionen und Grenzen"*. Das kennzeichnet *Beziehung* (Partnerschaft, Freundschaft) und kennzeichnet *Erziehung* in Elternhaus und Schule. Das kennzeichnet auch die grundsätzlich „prozessuale" Orientierung in der Integrativen Therapie, auf deren Arbeitsstil sich die Autorin hier bezieht, ein Vorgehen, welches *differenzierend* von den *Phänomenen* zu den zun Grunde liegenden *Strukturen* vorzudringen sucht, diese *integrierend* verbindet und ordnet, um dann *kreierend* zu neuen, passenden *Entwürfen* des Denkens, Fühlens, Wollens und Handelns zu finden, die das Miteinander besser gelingen lassen.

In dem vorliegenden Buch wird eine solche, grundsätzliche Prozessualität als Arbeitsprinzip vertreten. In seiner Kombination von Theorie und Praxis ist es genau für diese Fragen, die die Umweltresonanzen und Passungsaufgaben betreffen, geschrieben. Seine Schwerpunktbildung bei der Musikalität in ihrem Bezug zu außergewöhnlichen Begabungen zeigt *exemplarisch* die erforderliche ganzheitliche *und* differentielle Betrachtungsweise auf, die unverzichtbar ist, wenn man mit hochbegabten Kindern umgehen will. Es wird mit dem Einsatz von Musik, musiktherapeutischen Methoden für das Phänomen der „emotionalen Intelligenz", der „sinnlichen Reflexivität" sensibilisiert. Es können empathische Qualitäten gefördert werden, die auf Seiten der Eltern, LehrerInnen, TherapeutInnen geschärft werden müssen, damit sich ein Verstehen in *„wechselseitiger Empathie"* entwickeln kann. In einem solchen Klima kann das hochbegabte Kind zusammen mit den Kindern seiner Bezugsgruppen die *„rechte Einfühlung"* erleben, es erhält aber auch die Möglichkeit, seine Bezugspersonen einfühlen zu dürfen, was bei der oft hohen empathischen Begabung dieser Kinder von Erwachsenen leicht aufgrund eigener Unsicherheit blockiert wird. Erwachsene wollen sich nicht von Kindern empathieren lassen, verweigern sich (ein Problem das sich im Abstinenzmodell der Psychoanalyse reproduziert: TherapeutInnen wollen sich nicht von PatientInnen empathieren lassen). Das kann in solchen „sensiblen Nahraumprozessen" als Zurückweisung erlebt werden. Statt einer Vertiefung vertrauensvoller „Affiliationen" (PETZOLD, 2007a) kann es dann zu innerem Rückzug des Kindes und daraus folgend zu Unzugänglichkeit oder zu überschießenden Reaktionen der Aggressivität und Unruhe kommen. Das können Resultate solcher empathischer und emotionaler „mismatches" sein. Unverständnis, das auf Seiten des Kindes als Ablehnung erlebt wird, kann so ggf. zu einer Beeinträchtigung der Talente des hochbegabten Mädchen oder Jungen führen, so dass die Chance, die dieses „Geschenk der Natur" bietet, vertan wird oder sich in problematischer Weise entwickelt, wenn etwa das Kind die von ihm als belastend empfundenen Situationen ggf. in dysfunktionaler Weise zu bewältigen versucht. Bei FERENCZI (1964) finden wir die Beobachtung, dass frühe Überlastungen zu kompensatorischen Reaktionsbildungen durch akzelerierte kognitive Entwicklung führen können, verbunden mit einer sich ausbildenden „Vulnerabilität": „Lebensnot zwingt zur Frühreife" (ibid., 285). Er spricht vom „wise baby", das durch beschleunigte Intelligenzentwicklung zu überleben trachtet, Intelligenz, die ihm helfen kann, auch weitere Traumatisierungen zu überstehen, wenn keine angemessene und stimmige mitmenschliche Liebe, Zuwendung, Förderung, Hilfe kommt. Auch wenn man FERENCZIs Idee nicht für die Babyzeit teilen mag, so kann man das Phänomen forcierter, kompensatorischer Entwicklungen bei hochbegabten Kindern beobachten, die in der Zentrierung auf ihre Besonderheit ihre sozialen Probleme zu meistern versuchen, mit ihrer Hochbegabung imponieren wollen oder zu manipulieren versuchen und dann oft an den Rand ihrer sozialen Gruppen geraten. Sie verfehlen damit eine zentrale „Entwicklungsaufgabe" (HAVIGHURST), die sich Hochbegabten stellt und die wir unbedingt unterstützen müssen: sich mit ihrer Gabe im sozialen Miteinander unbefangen und selbstwirksam bewegen zu können. Wächst akzelerierte Vereinseitigung als dysfunktionaler Bewältigungsstil (coping style), wird das genauso als Risiko zu betrachten sein wie ein massiver Talentverlust bzw. misslingende Talentaktualisierung oder die Ausbildung negativer Verhaltensstrategien, die durchaus von hoher empathischer Intelligenz getragen sein können – dark wizards, sie können in Devianzkarrieren münden.

Das Thema der Hochbegabung hat viele Seiten und Facetten, mit denen man sich auch in Zukunft noch intensiver auseinandersetzen muss, um diesen Kindern gerecht zu werden, um ihnen zu ermöglichen, ihre Talente optimal zu entwickeln und in die Gemeinschaft einzubringen. Wir können uns von diesen besonderen Jungen und Mädchen, diesen kleinen „brain wizards" mit ihren Talenten bezaubern lassen und werden dabei entdecken, dass sie im wesentlichen Kinder sind: verspielt, lebendig, kreativ, frech, liebenswert.

Karin Thalmann-Hereth hat mit ihrem Buch einen wichtigen Beitrag geleistet, diese Kinder zu verstehen, sie hat überzeugende Beispiele für eine kokreative Praxis gegeben, mit diesen Kindern umzugehen: sie zu fördern und ihnen zu helfen, die Chancen zu entwickeln, mit denen sie durch ihre Begabungen beschenkt sind.

Hilarion G. Petzold
Prof. emer. für Psychologie und Psychomotorik, Freie Universität Amsterdam
Visiting Professor für klinische Entwicklungspsychologie, Donau-Universität Krems
Europäische Akademie für Psychosoziale Gesundheit, Hückeswagen

Literatur:

Draaisma, D. (2006): Der Profit eines Defekts: das Savantsyndrom. In: Ders., Warum das Leben schneller vergeht, wenn man älter wird - Von den Rätseln unserer Erinnerung, München: Piper.
Ferenczi, S. (1964): Bausteine zur Psychoanalyse, 4 Bde. Bern: Huber.
Franz, M. L. von (1987): Der ewige Jüngling: Der Puer aeternus und der kreative Genius im Erwachsenen. München: Kösel.
Freeman, W. J. (1995): Societies of Brains. Mahwah NJ: Lawrence Erlbaum Associates.
Havighurst, R. J. (1948): Developmental tasks and education, New York: David McKay.
Hüther, G. (2006): Bedienungsanleitung für ein menschliches Gehirn. Göttingen: Vandenhoeck & Ruprecht.
Levinas, E. (1963): La trace de l'autre, Paris; dtsch. (1983): Die Spur des anderen, Freiburg: Alber.
Petzold, H. G. (1993c): Frühe Schäden, späte Folgen. Psychotherapie und Babyforschung, Bd. I. Paderborn: Junfermann.
Petzold, H. G. (2007a): Integrative Supervision, Meta-Consulting und Organisationsentwicklung. Wiesbaden: VS Verlag für Sozialwissenschaften (2. erw. Aufl.)
Petzold, H. G., Goffin, J.J.M. & Oudhof, J. (1993): Protektive Faktoren - eine positive Betrachtungsweise in der klinischen Entwicklungspsychologie. In: Petzold (1993c) 345 - 497.
Plomin, R. (1990): Nature and nurture. An introduction to human behavioral genetics. Pacific Grove CA.: Brook/Cole.
Plomin, R. (2000): Behavioral genetics. New York: Worth Publishers.
Rutter, M. (2002): Nature, nurture, and development; From evangelism through science to toward policy and practice. Child Development 73, 1-21.
Sieper, J. & Petzold, H. G. (2002): Der Begriff des „Komplexen Lernens" und seine neurowissenschaftlichen und psychologischen Grundlagen – Dimensionen eines „behavioralen Paradigmas" in der Integrativen Therapie. In: Leitner, A. (2003):

Entwicklungsdynamiken der Psychotherapie. Wien: Kramer, Edition Donau-Universität

Spitzer, M. (2002): Lernen: Gehirnforschung und die Schule des Lebens. Heidelberg/ Berlin: Spektrum Akademischer Verlag.

Stamenov, M. I. & Gallese, V. (Hrsg.) (2002): Mirror Neurons and the Evolution of Brain and Language. Amsterdam: John Benjamins Publishing Co.

Tammet, D. (2007): Elf ist freundlich und Fünf ist laut. Ein genialer Autist erklärt seine Welt. Düsseldorf: Patmos Verlag.

Treffert, D. A. & Wallace, G. L. (2002): Inselbegabung. Spektrum der Wissenschaft 01.09.2002

Winnicott, D. W. (1965): The maturational process and the facilitating environment: studies in the theory of emotional development. London: Hogarth. (Deutsch: Reifungsprozeß und fördernde Umwelt. München: Kindler, 1974.)

Zentner, M. (1993): Die Wiederentdeckung des Temperaments. Die Entwicklung des Kindes im Lichte moderner Temperamentsforschung und ihrer Anwendungen. In: Petzold (1993c).

Einleitung – oder was Hochbegabte mit Rennautos gemeinsam haben

Ein Baby lächelt das Wiedererkennungslächeln, welches normalerweise ab etwa fünf Wochen auftritt, knapp eine Woche nach seiner Geburt. Die sensorischen Reize von knalligen Kinderspielzeugfarben sind für zwei Babys, die später hochkreative und -begabte Kinder sind, zu stark und machen sie extrem ‚hippelig'. Ein fünfzehn Monate junges Kind singt die Melodie von „Alle Vöglein sind schon da" ganz rein und klar. Andere Kinder, öfters Mädchen, sprechen schon mit einem Jahr klar und deutlich. Ein zweijähriges Mädchen erinnert ein zehnjähriges Kind daran, seinen Turnbeutel für die Schule nicht zu vergessen. Ein dreijähriger Junge erzählt seiner Mutter nicht, dass man ihm eine wichtige Rolle für das Weihnachtsspiel gegeben hat – ja, nicht einmal dass es überhaupt eine Vorführung am Weihnachtfest des Kindergartens gibt, und fasst auf ihre Nachfrage, was er als Joseph machen müsse, seine Rolle pointiert-abstrahierend zusammen: herumstehen in einem alten Tuch. Ein Mädchen erinnert sich mit drei Jahren noch gut an seine Ferien am Meer mit eineinhalb Jahren und mit fünf Jahren daran, wie es mit zwei Jahren in anderen Ferien Heidelbeeren gepflückt hat. Ein Vierjähriger überlegt sich, dass der Heimweg von der Stadt schneller gehen müsse als der Hinweg (oder umgekehrt), weil sich die Erde in eine Richtung drehe. Ein fünfjähriger Junge überlegt, dass die Wohnung seiner Famlie von oben wie eine Faust aussieht: jedes Fingergelenk auf dem Handrücken entspricht einem Zimmer und der Daumen der seitlich gelegenen Küche.

Als Eltern sich die Früheinschulung ihres Sohnes überlegen, fragt dieser, wann denn die anderen Kinder eingeschult würden, und möchte es genau wie sie machen, also was ‚normal' ist. Als zwei Lehrer einer Schulklasse ausgiebig erklären, dass Unterrichten ein gegenseitiges Nehmen und Geben sei und sich das Verhalten der Kinder deshalb noch sehr verbessern sollte, wird der Gerechtigkeitssinn eines zwölfjährigen Jungen angestachelt, und er fragt die Lehrer, was sie denn bei sich ändern wollten, nachdem sie der Klasse so viele Kritikpunkte genannt hätten – sie hätten ja von Gegenseitigkeit gesprochen.

Manche Kinder sprudeln über vor Ideen, vernetzen dank ihrer Assoziationsfähigkeit Wörter mit Farben und Klängen oder musizieren, andere Kinder lesen pro Woche fünf Bücher und brauchen viel Zeit und Ruhe für sich. Schon kleine Kinder denken differenziert über organisatorische Anforderungen nach und zeigen ,erwachsenes' Verständnis, wenn ihre Eltern sie in die Krippe bringen, andere sind besonders ängstlich, weil sie sich mögliche Gefahren intensiv vorstellen. Schulkinder überlegen souverän, bei welchen Fächern sich der Aufwand am meisten lohnt und riskieren bei den übrigen Fächern ein knappes Durchkommen. Andere Schulkinder trödeln bei ihren Aufgaben, weil sie über viele spannende Dinge nachdenken, während sie vor dem Aufgabenheft sitzen. Jugendliche werden wegen ihres umsichtigen Verstandes für Leiterpositionen in Vereinen ausgewählt – und manche möchten diese lieber absagen, weil sie nicht immer verantwortungsvoll sein wollen.

Dies alles sind Beispiele von hochbegabten Kindern. Sie zeigen ihre große sensorische Ansprechbarkeit, ihre innige Empfindsamkeit, ihre Fähigkeit zu abstrahierendem und assoziativem Denken, ihre Fähigkeit den kognitiven Überblick über Situationen zu bewahren, ihren Sozial- und Gerechtigkeitssinn. Es sind wunderschöne, erfreuliche Fähigkeiten, die hochbegabten Kindern ein reiches Leben ermöglichen.

Warum also eine Arbeit über Hochbegabte? Kann Hochbegabung denn ein Problem sein? *Oder eines werden?* Manchmal anstrengend sein? Ja, Hochbegabung kann manchmal anstrengend sein: für die Hochbegabten selber, wenn sie in komplexen Situationen weiter denken und Schwierigkeiten voraussehen, welche andere Menschen nicht bemerken. Dann kann es sein, dass diese anderen normal oder gut Begabten ,einfach mal machen' und gerade deshalb erfahrener und selbstbewusster werden, während sich ein hochbegabtes Kind wegen seines Problembewusstseins gelähmt fühlt und eine Handlung nicht zutraut. Hochbegabung kann auch anstrengend sein, wenn ein hochbegabtes Kind penetrant Gerechtigkeit einfordert und sich damit in die Nesseln setzt, obwohl es ihm gar nicht um einen persönlichen Vorteil, sondern um die gerechte Sache an sich geht. Dann wäre es leichter gewesen, es hätte schulterzuckend geschwiegen und nicht weiter darüber nachgedacht. Gerade das ist ihm aber nicht möglich, weil Ungerechtigkeit und Unlogik schmerzen.

Hochbegabung kann auch für die Umgebung schwierig werden: Wenn Kinder für Kleinigkeiten lange logische Erklärungen geben, kann das die Umgebung nervös machen, weil man sich nicht lange mit Kleinigkeiten aufhalten möchte. Für Kinder sind aber scheinbare Kleinigkeiten ein wichtiger Teil ihrer Welt, und ein hochbegabtes Kind erklärt beispielsweise ausführlich, warum es aus Versehen die falsche Marmelade geholt hat: nämlich die gesamte Kettenreaktion, dass die Marmelade anders als sonst stand und es gerade abgelenkt war, weil draußen ein Vogel gezwitschert hat usw. Das kann lustig sein, bisweilen aber den Zuhörer aus dem Rhythmus bringen und anstrengen. Hier ist es für Eltern oder andere Bezugspersonen nicht immer leicht, einen Mittelweg zu finden.

Auch aus anderen Gründen kann Hochbegabung für die Umgebung schwierig werden: Kinder ertappen ihre Eltern oder Lehrer bei uneindeutigem Verhalten oder bei an sich harmlosen Heimlichkeiten. Wieso liegt da plötzlich ein Bonbon weniger? Warum trinkt ihr Wein und wir bekommen nur Sirup anstelle von Kinderwein? Warum hält ein Lehrer nicht das, was er uns vor einem Jahr einmal angekündigt und versprochen hat? Wann gelten für wen und warum welche Maßstäbe – bei Noten, bei Lob, bei Aufrichtigkeit? Oder um beim Beispiel der Gerechtigkeit zu bleiben: Hochbegabte Kinder möchten mitreden, mitbestimmen. Auch in Situationen, in denen Kinder üblicherweise nicht mitbestimmen. Warum eigentlich, fragen die Erwachsenen. Warum eigentlich nicht, fragen die Kinder. So fühlen sich Erwachsene herausgefordert, vielleicht sogar angegriffen. Eigentlich stoßen hochbegabte Kinder lediglich die ethische und moralische Entwicklung der Erwachsenen an. Sie fordern Transparenz und Kongruenz im Verhalten der Bezugspersonen. Das ist nicht immer angenehm. Es kann sogar höchst herausfordernd sein. Es ist aber eine wunderbare Möglichkeit für Erwachsene, an sich selber zu arbeiten, das eigene Verhalten zu überdenken und sich moralisch-ethisch weiter zu entwickeln. Wer wird einem schon so ehrlich wie ein Kind den Spiegel vorhalten, und wer wird es so differenziert tun wie ein hochbegabtes Kind? Für das hochbegabte Kind aber bedeutet es zu unterscheiden, wann Toleranz angesagt ist – nicht Resignation – und wann eine Diskussion Sinn macht.

Kinder möchten in ihrem So-Sein akzeptiert werden, hochbegabte Kinder möchten *selbstverständlich* intelligent sein dürfen – ohne dass ihr Selbstverständnis in Frage gestellt ist. Wenn ihre Ideen nicht auf Verständnis, auf Resonanz stoßen, kann dies den Umgang mit anderen Kindern erschweren, zumal sie Zurückweisungen sehr bewusst wahrnehmen. Menschen bewegen sich zwischen dem Wunsch nach anerkanntem Bessersein und dem Wunsch nach sozialer Einbettung. Das ist am leichtesten, wenn man *etwas* besser ist, weil die soziale Einbettung nicht gefährdet wird. Vor allem stark hochbegabte Kinder müssen lernen, sich im ‚richtigen' Moment zurückzunehmen oder ihren Gerechtigkeitssinn kurzfristig und bewusst zugunsten einer lockereren Haltung einzutauschen. Gelingt ihnen das, sind erfolgreiche soziale Beziehungen leicht möglich – zumal hochbegabte Kinder dank ihres Gerechtigkeitssinnes, ihrer Planungsfähigkeit, ihres intelligenten Humors und ihrer Feinfühligkeit geschätzt und gemocht werden.

Bei manchen Hochbegabten misslingt jedoch die gegenseitige Passung mit der Umwelt. Ein Junge war jahrelang der sozial Schwierige in seiner Klasse und Lehrer wie Eltern wollten ihn wegen seiner durchwegs unterdurchschnittlichen

Leistungen in die Hauptschule schicken. Niemand schien das intelligente ‚Blitzen' in seinen Augen zu sehen bzw. richtig einzuordnen. Nur sein aufbrausender Charakter fiel neben seinem liebevoll-verspielten Wesen auf. Zum Glück ließen die Eltern ihren Jungen doch noch schulpsychologisch abklären: es zeigte sich eine Teilleistungs-Hochbegabung im mathematischen Bereich. Ein Jahr Intensivunterricht auf einer privaten Tagesschule bewirkte, dass er die notwendigen Aufnahmeprüfungen für ein Gymnasium bestand. Das Besondere an der Tagesschule war nicht nur das Lernen in Kleinklassen, sondern auch die intensive und wertschätzende emotionale Betreuung.

Misslingt die gegenseitige Passung von Umwelt und hochbegabtem Kind, können sich emotionale, soziale oder kognitive Probleme ergeben: Minderleistung, depressive Verstimmungen, sozialer Rückzug oder Querelen und anderes können die Folge sein. Zum Glück werden solche Probleme im pädagogischen Diskurs zunehmend thematisiert. Nur – wie soll auf solche Miss-Passungen reagiert werden? Weil sie hochbegabte Kinder betreffen, bewegt sich die Problemlösung oft im kognitiven Bereich. Dann wird ‚intellektuell-technisch' argumentiert, ein Kind habe Verhaltensschwierigkeiten, weil es intellektuell unterfordert sei. Demzufolge habe nur genügend intellektuelle Förderung statt zu finden, dann sei das Kind nicht mehr unterfordert und in der Folge auch nicht mehr verhaltensauffällig. Dies ist eine einfache Plus-Minus-Rechnung, die dem Menschen in seiner Lebendigkeit nicht gerecht wird. Hinzu kommt die Schwierigkeit abzuwägen, wann ein Kind wirklich aus intellektueller Unterforderung heraus verhaltensauffällig wird. Gerade emotionale und soziale Bedürfnisse spielen eine wichtige Rolle, wie sich auch bei dem eben erwähnten Jungen zeigte. Nicht jedes Kind ist hochbegabt, wenn es verhaltensauffällig wird. Umgekehrt wird nicht jedes hochbegabte, aber unterforderte Kind verhaltensauffällig. Dazu braucht es schon ein bisschen mehr.

Man könnte Hochbegabte mit Rennautos vergleichen: Was macht es aus, dass ein Rennauto so leistungsfähig ist? Da ist der tolle Motor und die sorgfältige Wartung. Ganz wichtig ist aber, dass sich der tolle Motor in einem besonders bodennah gebauten Auto befindet – mit extra breiten Reifen für ausreichende Bodenhaftung... Sonst würde das Auto nicht lange fahren können. Es würde abheben und zerschellen.

So benötigen auch hochbegabte Kinder eine Extraportion Bodenhaftung. Diese kann auf verschiedene Weisen gewährleistet werden, z. B. in Form von musischen oder sportlichen Hobbies. Gerade Musik scheint ein Medium zu sein, auf das Hochbegabte stark ansprechen. Musik bringt etwas mit sich, dass Menschen bei ihren Gefühlen abholt und gleichzeitig bei dem Komplexitätsgrad, den sie wegen ihrer Intelligenz wie auch psychischen Reifung jeweils benötigen. Für die Arbeit mit Hochbegabten spreche ich mich im sonderpädagogischen sowie im therapeutischen Bereich deshalb für einen musiktherapeutischen Ansatz aus, den ich in dieser Arbeit erläutern möchte. Diese Arbeit basiert also auf zwei zentralen Annahmen:

a. Hochbegabte haben mit Rennautos gemeinsam, dass sie eine Extraportion Bodenhaftung benötigen, d. h. eine besonders gute Erdung durch einen bodennahen Schwerpunkt und extra breite Reifen, um sicher fahren zu können;

b. Hochbegabung hat eine besondere Affinität zur Musikalität, wobei die beiden Bereiche einander nur teilweise überlagern. Sie sind miteinander verbunden bei gleichzeitiger Ergänzung. Während die physisch gegebene Hochbegabung durch geistige Höhenflüge bisweilen von der leiblichen Zentrierung wegführen kann, wirkt die sich atmosphärisch entfaltende Musik leiblich zentrierend.

Auf der Basis dieser beiden zentralen Annahmen bilden folgende pädagogisch-therapeutische Überlegungen den Ausgangspunkt von „Hochbegabung und Musikalität":

1. Hochbegabung kann eine Ressource wie auch ein Vulnerabilitätsfaktor sein und in einem multifaktoriellen Gefüge zu Verhaltensschwierigkeiten führen. Intellektuelle Hochbegabung alleine führt jedoch nicht zu Verhaltensschwierigkeiten bzw. sozial-emotionaler Überforderung.

2. Aus dem Erstgenannten folgt, dass Hochbegabung wieder zur Ressource werden soll. Dazu darf der Fokus nicht ständig bei der Intelligenz des Kindes oder des Jugendlichen liegen, sonst wird die Intelligenzentfaltung plötzlich zum einzigen Ziel der Entwicklungskräfte, anstatt dass sie als Ressource, als Mittel zur Entfaltung, genutzt wird. Dies bedeutet, dass zwar eine geeignete intellektuelle Förderung stattfinden soll, nicht aber zur Maximierung und Hervorhebung der Intelligenz per se. Förderung sollte zudem in Verbindung mit der betonten Förderung anderer, d.h. kreativer, sportlicher und musischer Bereiche geschehen – und vor allem in Verbindung mit der Fähigkeit zum Genießen und bloßen Sein, also in Verbindung mit der Fähigkeit zum „zweckfreien Spiel", um es mit SCHILLER auszudrücken. So wird Hochbegabung eingebunden in ein stabiles Netz vielfältiger Ressourcen, und die Lust am Leben und Denken wird gefördert – jenseits von ichbezogenem Leistungs- und Geltungsdrang, zu dem es kommen kann, wenn ein Kind allzusehr über seinen Kopf definiert wird. Es gilt spielerisch ein facettenreiches Selbstkonzept zu entwickeln.

3. Zur Unterstützung bei Verhaltensschwierigkeiten eignet sich Musiktherapie besonders gut, weil Musik die Kinder emotional abholt und je nach Bedarf eine geringere oder größere kognitive Komplexität bietet. Außerdem ist Musiktherapie für Kindergruppen gut geeignet, was bei möglicher sozialer Schüchternheit einen weiteren Pluspunkt bietet. Musiktherapeutische Gruppen bieten zudem den Vorteil, dass sie niederschwellig angeboten und Stigmatisierungen vermieden werden können: erstens weil das Kind die spielerische Musiktherapiestunde als eine Art kreative Förderstunde und nicht nur als Ort der Problembearbeitung erlebt, zweitens weil andere Kinder das Angebot ebenfalls nutzen und – bei einem Angebot über Schulen und Musikschulen – zeitgleich andere Kinder andere Förderangebote besuchen können, so dass man nicht von seiner Freizeit allzuviel ‚drangeben' muss.

Ein hochbegabtes Kind *hat* sogenannte ‚besondere Bedürfnisse' – wie jedes Kind. Nur entsprechen diese Bedürfnisse nicht immer der landläufigen Vorstellung, welche Bedürfnisse ‚durchschnittliche' Kinder haben sollen – und auch nicht der Vorstellung der Umwelt, welche Bedürfnisse *hochbegabte* Kinder haben sollen. Hochbegabte Kinder sind in erster Linie Kinder. Wo Problemzonen für Hochbegabte entstehen können und wie die ‚üblichen' kindliche Bedürfnisse mit den individuellen Bedürfnissen eines hochbegabten Kindes in Übereinstimmung gebracht werden können, ist das Interesse dieses Buches. Es sollen theoretische Grundlagen für ein professionelles und umfassendes Verständnis von Hochbegabung erschlossen werden. Forschungsergebnisse zu Hochbegabung, sozialer Entfaltung und Musikalität werden mit der Therapietheorie der integrativen Musiktherapie und mit praktischen Beispielen verknüpft. Das Buch ist kein Ratgeber, da es von diesen schon viele gibt. Ziel ist – aufgrund von wissenschaftlicher Forschung und praktischer Erfahrung – die Wahrnehmung für das komplexe Phänomen Hochbegabung zu schärfen. „Hochbegabung und Musikalität" will – unter dem Fokus, was Hochbegabte mit Rennautos gemeinsam haben und was eben anders ist als bei Maschinen – für die besonderen, förderungswürdigen Bedürfnisse hochbegabter Kinder sensibilisieren, sieht Hochbegabte aber nicht als Opfer ihrer Intelligenz. Vielmehr geht es darum, wie eine ressourcenorientierte und facettenreiche Persönlichkeitsentwicklung unterstützt werden kann. Die kindlichen Potentiale und die daraus resultierenden Entwicklungswege sind – nicht nur bei Hochbegabten – so vielfältig, dass ein einziges Reaktionsschema (z. B. möglichst früh einschulen oder alle Kinder egalisieren) nicht ausreichen kann.

Das Buch gliedert sich in zwei Teile: Im ersten Teil geht es um die theoretischen Grundlagen, wie Hochbegabung und Musikalität konzeptualisiert werden können. Solche Konzepte hängen nicht zuletzt vom gesellschaftlichen Kontext ab, weshalb im ersten Kapitel mit einer kurzen Geschichte des Begabungsbegriffes begonnen wird. Danach folgen ausgewählte Theorien zur Intelligenz, die für das vorliegende Konzept relevant oder diskussionsbedürftig sind.

Im zweiten Kapitel dreht sich alles um Befunde zur sozial-emotionalen Entfaltung. Was sagen Forscher zur sozialen Entwicklung hochbegabter Kinder und ihrer Integration in den Freundes- und Klassenverband (Kap. 2.1)? Was unterstützt eine sozial-emotionale Entwicklung in Richtung Einsamkeit und Isolierung (Kap. 2.2)? Interessant sind die jüngsten neurobiologischen Forschungen zu den sogenannten „Spiegelneuronen", d. h. Neuronen, die mit sozialem Verstehen zusammenhängen (Kap. 2.3). Die in den verschiedenen Kapiteln diskutierten sozialpsychologischen Forschungsergebnisse zur sozial-emotionalen Entwicklung zeigen unterschiedliche Ergebnisse, wobei eine neuere und sehr differenzierte Längsschnittstudie von ROST et al. (2000) tendenziell auf Problemlosigkeit bzw. psychische Stabilität verweist. Die berühmte Längsschnittstudie von TERMAN, welche in den 20er-Jahren des letzten Jahrhunderts begonnen wurde und sich über 40 Jahre hinzog, schien zunächst auch auf eine bessere psychische Verfassung der Hochbegabten hinzuweisen. Über die Jahre veränderte sich diese Bild jedoch etwas. Andere Untersuchungen und Erfahrungen aus dem Beratungs- und Therapiebereich zeigen, dass Hochbegabung nicht immer problemlos erlebt wird.

Im dritten Kapitel geht es darum, wie Musikalität gefasst werden kann. Was heißt „musikalisch" – ist das jemand, der gut singen kann, oder auch jemand, der Musik zwar stark empfindet, aber keinen richtigen Ton treffen kann? Hier spielt das typische Problem von Begabungsfragen hinein: Was ist angeboren, was ist erlernte Leistung? Und es stellt sich die Frage, ob musikalische Begabung Teil einer allgemeinen kognitiven Begabung ist oder davon unabhängig erscheint. Dieses Kapitel enthält wertvolle Inputs von LOREK (2000), die die musikalische Hochbegabung bei Jugendlichen empirisch untersucht hat. Das Thema dieses Buches hat durch ihre Dissertation nochmals eine große Inspiration erfahren, was Konzepte von Musikalität betrifft. LOREKs Untersuchung ist die Ergänzung zu meinem umgekehrten Thema, wie eine hohe Intelligenz mit Musikalität zusammen spielt.

Im vierten Kapitel werden Hochbegabung und Musikalität zusammengeführt. Es wird erläutert, was beide miteinander zu tun haben und wo bzw. in welcher Form sich Musik und sinnliche Wahrnehmung mit dem Intellekt treffen.

Es folgt der zweite Teil des Buches, der sich den praktischen Konsequenzen für eine ganzheitliche Förderung hochbegabter Kinder widmet. So fragt das fünfte Kapitel nach den Dilemmata, welche sich im Umgang mit hochbegabten Kindern ergeben können. Wann und warum Hochbegabung problematisch erlebt werden kann, wird hier besprochen.

Das sechste Kapitel ist pädagogischen Fragestellungen gewidmet: Hier dreht sich alles darum, positive schulische Sozial- und Lernerfahrungen zu ermöglichen. Auf welchen Bildungskonzepten kann pädagogisches Arbeiten basieren (Kap. 6.1)? Was spielt für die Integration im Klassenverband eine Rolle (Kap. 6.2)? Eine häufige Frage bei hochbegabten Kindern ist die der Früheinschulung bzw. des Überspringens einer Klasse. Die Diskussion von Pros und Contras sowie Kriterien, welche für eine allfällige Früheinschulung zu Rate gezogen werden können, sind das Thema von Kapitel 6.3. Ein aus meiner Sicht besonders interessanter Aspekt zur Beurteilung von Schulreife ist das neuseeländische frühpädagogische Curriculum „Te Whäriki", welches eine positive kindliche Entwicklung über die Erfahrung vieler erfolgreicher „learning stories" definiert. Hier geht es nicht um den bloßen Erwerb von Rechen- und Schreibfähigkeiten, sondern um eine ganzheitliche Entwicklung, die soziale Lernbereiche mit einschließt. Die Lerndimensionen von Te Whäriki erfassen den frühkindlichen Entwicklungsbereich und sind eine wertvolle Beurteilungshilfe, wenn ein hochbegabtes Kind zwar rechnen und schreiben kann, Pädagoginnen und Eltern aber irgendwie unsicher sind, ob eine Früheinschulung förderlich wäre. In Kapitel 6.4 geht es um Fördermöglichkeiten im Rahmen der Schule, sobald das Kind (früh-)eingeschult worden ist.

Manchmal reichen die pädagogischen Maßnahmen nicht aus, und sonderpädagogische Fördermaßnahmen oder (niederschwellig-)therapeutische Angebote sind gefragt. Da der Erfolg solcher Maßnahmen ohne ein Konzept nur ein zufälliger bliebe, handelt das siebte Kapitel von solchen: In Kapitel 7.1 werden relevante Konzepte aus der Integrativen Therapietheorie von PETZOLD erklärt, in Kapitel 7.2 wird das Modell musikalischer Wirkungskomponenten von HEGI erläutert. Diese Komponenten, d. h. bestimmte musikalische Elemente, lassen sich mit den „Empfindungsweisen des Selbst" nach STERN verbinden, wie sie sich im Verlaufe der frühkindlichen Entwicklung etablieren. Das Modell der Wirkungskomponenten bietet – zusätzlich zu den grundlegenden Therapiekonzepten der Integrativen Therapie – eine explizit musiktherapeutische Arbeitsfolie. Kapitel 7.3 erläutert zunächst WEBSTERs „conceptual model of music thinking", eine Konzeptualisierung musikalischer Prozesse. Anschließend wird auf der Basis des „conceptual model of music thinking" das „Modell musiktherapeutischer Gestaltbildung" entwickelt: Dieses Modell verbindet den Prozess musikalischen Denkens nach WEBSTER unter kleinen Änderungen mit dem Therapieprozess der Integrativen Therapie nach PETZOLD und wird so zu einem Modell integrativer musiktherapeutischer Prozesse.

Basierend auf den Konzepten aus Kapitel 7 folgen in Kapitel 8 praktische Beispiele aus der sonderpädagogischen Arbeit mit jüngeren hochbegabten Kindern im Rahmen von Förderkursen. Hier wird ein ressourcenorientierter Ansatz beschrieben, der durch sog. „intermediale Quergänge" brach liegende Potentiale anspricht und erstarrte Selbstkonzepte wieder ins Schwingen bringt.

In Kapitel 9 wird aus den vorhergehenden Kapiteln Fazit gezogen, Kapitel 10 fasst die besprochenen Inhalte der ersten neun Kapitel zusammen.

Herzlich bedanken möchte ich mich bei allen hochbegabten Kindern, die ich in der Arbeit oder im Freundeskreis kennengelernt habe! Das Erleben ihrer Denk- und Gefühlsstrukturen hat einen großen Teil zu dieser Arbeit beigetragen. Spannend war und ist zu entdecken, wie unterschiedlich Hochbegabung sich zeigen kann: Manche Kinder wirken intellektuell, andere verspielt – manche kreativ-assoziativ, andere systematisch-organisiert – manche wirken auf den ersten Blick schnell und intelligent, andere wirken fast langsam, weil sie so komplex und genau über alles nachdenken. Es könnten noch viele Unterschiede beschrieben werden. Bei allen Kindern aber hat mich ihre hohe Sensibilität und Differenziertheit berührt und beeindruckt. Ich wünsche ihnen und allen anderen Kindern, dass sie diese feine Wahrnehmung bewahren und entfalten können!

Auch bei ihren Eltern und anderen hochbegabten Erwachsenen möchte ich mich für die gemeinsamen offenen und nachdenklichen Gespräche aufrichtig bedanken.

Besonders danken möchte ich der Lektorin Frau Kea Brahms für die offene Aufnahme dieses Buches in das Programm des VS-Verlages und ihre aufmerksame und feinfühlige Betreuung.

Herrn Prof. Hilarion Petzold danke ich herzlich für die fachliche Diskussion und interessierte Befürwortung dieses im musiktherapeutischen Bereich noch jungen Themas. Vor acht Jahren habe ich das Forschungsthema in ersten Umrissen konzipiert – damals lautete der Titel „Was Hochbegabte mit Rennautos gemeinsam haben" – und Herr Petzold ermutigte mich sogleich, dieses Thema weiter zu verfolgen. Es vergingen dann einige Jahre mit anderen wichtigen Familien- und Berufsangelegenheiten. Dafür gaben mir diese Jahre viele Möglichkeiten, Phänomene von Hochbegabung zu entdecken und zu studieren.

Meine Mutter Hildegard Schmitz ermöglichte mir viele ungestörte Stunden zum Arbeiten, während sie sich Enkeln und Haushalt annahm, ebenso meine Schwiegereltern Alice und Franz Thalmann-Hippenmeyer, die die Enkel mehrfach zu Kurzferien einluden: vielen, vielen Dank! Der persönliche (und volkswirtschaftliche) Segen solcher (Groß-)Mütter und -Väter ist unermesslich. Meiner lieben Familie – meinem Mann Markus und unseren Kindern Tobias, Lars und Jessica – sei herzlich gedankt für ihre Geduld und Unterstützung in intensiveren Arbeitszeiten. Ihre kreative Spielfreude und ihr Humor vermögen den Alltag in unerwarteten Situationen zu beleben und bezaubern.

Karin Thalmann-Hereth

I. TEIL:
Grundlagen zum Phänomen Hochbegabung und seine Affinität zur Musikalität

1 Intellektuelle Hochbegabung

Wer gut rechnet, ist mathematisch begabt. Wer über eine gute Rechtschreibung verfügt, ist sprachlich begabt. Wer ein Instrument hervorragend spielt, ist musikalisch begabt und wer besonders schnell rennt, ist sportlich begabt. Wie steht es aber mit jemandem, der besonders gut fischen kann? Oder Kartoffeln schälen? Wie lässt sich Hochbegabung konzeptionalisieren?

Nach GARDNER (1998) gibt es nicht nur eine Form von Begabung, sondern mindestens sieben unterschiedliche Bereiche. Die von ihm beschriebenen Intelligenzbereiche sind die logisch-mathematische, räumliche, sprachliche, musikalische, kinästhetische, intra- und interpersonale Intelligenz[1]. Er bezeichnet diese als unterschiedliche symbolische Bereiche, durch die die Menschen etwas ausdrücken oder entwickeln. Jedes Symbolsystem hat seiner Ansicht nach eine eigene Entwicklungsgeschichte. Mittlerweile werden noch weitere Intelligenzen wie die existenzielle oder die naturalistische Form diskutiert. Grundsätzlich ist diese Sichtweise GARDNERs hilfreich, um sich der Vielfältigkeit von Intelligenzstrukturen bewusst zu werden. Deshalb wird sein Modell gerne in Weiterbildungsveranstaltungen zum Thema Hochbegabung verwendet. ROST (2000, 26ff) diskutiert die Schwierigkeit, dass GARDNER eine Unabhängigkeit der unterschiedlichen Begabungsformen behauptet, was den aktuellen empirischen Befunden widerspricht (vgl. auch GARDNERs Ansichten zur musikalischen Intelligenz in Kap. 4.2 dieser Arbeit). Nach dem aktuellen Stand der Forschung zu urteilen (vgl. ROST, 2000) ist an allen Intelligenzen ein allgemeiner Intelligenzfaktor mehr oder weniger stark beteiligt (vgl. SPEARMANs General-Faktor g in Kap. 1.2).

In Intelligenztests werden verschiedene logische, verbale, räumliche, soziale und konzentrative Fähigkeiten erfasst, je nach Ausrichtung eines Tests in unterschiedlicher Gewichtung. Auch erfassen viele Tests den mittleren Intelligenzbereich besonders exakt, während sie in den Randbereichen (also bei weit über- oder unterdurchschnittlich begabten Personen) weniger differenzieren. Das liegt daran, dass nicht alle Fragen für alle Differenzierungsniveaus

---

[1] Kinästhetische Intelligenz meint eine Bewegungsbegabung, interpersonale Intelligenz die Begabung für soziale Beziehungen und intrapersonale Intelligenz die Fähigkeit, innere Beweggründe differenziert zu erkennen.

geeignet sind, so dass man sich auf einen bestimmten Bereich bzw. Komple-xitätsgrad konzentrieren muss, wenn der Test nicht unendlich umfangreich werden soll. Rein rechnerisch wird bei der Messung der Intelligenz davon ausgegangen, dass der durchschnittliche Intelligenzquotient (IQ) der Gesamt-bevölkerung bei 100 Messpunkten liegt. Außerdem wird angenommen, dass die Intelligenz *normalverteilt* ist, d. h. dass sie wie eine Glocke dargestellt werden kann – mit einem Höhepunkt eben bei 100 Punkten und einer gleichmäßigen glockenförmigen Abnahme auf beiden Seiten. Der Rand einer Glocke ist sehr schmal, zur Mitte hin steigt die Kurve steil an. Der Durchschnittsbereich der Intelligenz umfasst die Bandbreite von 85 bis 115 Punkten. Dieser Bereich entspricht dem größten Teil der Glocke. Etwa 68 Prozent aller Menschen befin-den sich innerhalb dieses Spektrums. Wer einen IQ über 115 Punkte aufweist, gilt als überdurchschnittlich begabt, wer weniger als 85 Punkte erreicht, gilt als unterdurchschnittlich begabt. Etwa 95 Prozent aller Menschen erreichen einen IQ, der zwischen 70 und 130 Punken liegt. Den Intervallen von 15 IQ-Punkten folgend, beginnt ab 130 Punkten der Bereich der ‚über-überdurchschnittlich' Begabten, also der Hochbegabten. Im allgemeinen wird heute ab 145 Punkten von Höchstbegabten gesprochen. Der Gruppe der Hochbegabten zwischen 130 und 145 Punkten gehören – immer eine Normalverteilung vorausgesetzt – etwa 2 Prozent der Bevölkerung an, der Gruppe der Höchstbegabten mit einem IQ ab 145 Punkten noch etwa 0.2 Prozent. Nicht nur die Gruppe der Normalbegabten umfasst ein Spektrum von 30 IQ-Punkten (zwischen 85 und 115 Punkten), selbst innerhalb der Gruppe der Höchstbegabten kann dieses Spektrum ausge-macht werden (z. B. von 145 bis 175 Punkten) – innerhalb der Gruppe der Höchstbegabten finden sich also durchaus Unterschiede wie zwischen unter- und überdurchschnittlich Begabten. Es lässt sich leicht erkennen, wie schwierig es deshalb ist, aussagekräftige Untersuchungen mit einer genügend großen Stichprobe Höchstbegabter durchzuführen.

In der Begabungsforschung geht es trotz der Vielfältigkeit von Begabungen oft um die kognitive Hochbegabung – warum? Gerade die logischen Bereiche lassen sich leichter messen als beispielsweise soziale Intelligenz. Weil kognitive Intelligenz erfolgversprechend wirkt, wurde sie bisher am meisten untersucht – der erste Intelligenztest, der „Binet-Simon-Test"[2], kam 1905 zum Einsatz. Der Amerikaner Lewis M. TEARMAN entwickelte ihn weiter und ersetzte das Prinzip des Intelligenzalters durch William STERNs Konzept des Intelligenzquotienten. Dieser sog. „Stanford-Binet-Test" wurde in seiner Langzeitstudie zum Thema Hochbegabung eingesetzt (siehe Kap. 1.1).

---

[2] Der Test wurde von den Franzosen Alfred BINET und Theophile SIMON entwickelt.

Doch nicht nur aus messtheoretischen und kulturellen, auch aus anthropologischen Überlegungen heraus ist eine häufigere Konzentration auf einige wenige Intelligenzkategorien nachvollziehbar: GARDNER (1998, 36) stellt fest, dass z.b. logisch-mathematische Denkstrukturen kulturell universell sind, dass also Menschen auf der ganzen Welt sich aufgrund ihrer Zugehörigkeit zur Spezies Mensch damit auseinandersetzen müssen, dass aber andere Bereiche auf bestimmte Kulturen beschränkt sind, wie z.b. die Lesefähigkeit, geschicktes Fischen, Arten der Wahrnehmung usw., oder im Extremfall sogar auf eine Einzelperson. Wo fängt nun Hochbegabung an? Wann und warum macht es Sinn, den Begriff „Begabung" oder „Hochbegabung" im Hinblick auf eine Fähigkeit zu definieren und sogar durch Messungen fassbarer zu machen? Wenn der Begriff „Hochbegabung" auf jede herausragende Begabung angewandt wird vom geschickten Kartoffelernten bis zum gewieften Rechnen, besteht die Gefahr, dass er inflationär gebraucht wird. Für eine solche Ausweitung des Begriffes gibt es zwar gute und menschliche Gründe, doch verliert der Begabungsbegriff bei einer zu starken Ausdehnung seine Griffigkeit und ist dann auch nicht mehr hilfreich (vgl. ROST, 2000, 15). Sinnvoll dürfte es sein, sich auf wenige universell gefragte und anderen Fähigkeiten zu Grunde liegende Begabungen zu konzentrieren, womit wir wieder bei den verschiedenen Intelligenzformen nach GARDNER wären, vor allem aber bei der SPEARMANschen Annahme eines generellen g-Faktors, der an den verschiedenen Intelligenzformen mitbeteiligt ist, da diese nicht komplett unabhängig voneinander sein dürften.

Ich konzentriere mich in dieser Arbeit auf die kognitive Hochbegabung – nicht weil andere Begabungsbereiche weniger wichtig wären, sondern weil es mir gerade um die Frage geht, wie diese Begabungform in der Persönlichkeit harmonisch verankert werden kann. Zusätzlich wird die musikalische Begabung besprochen, da ich von einer besonderen Affinität der kognitiven Begabung zur Musikalität ausgehe.

1.1 Geschichte des Geniebegriffes

STAMM (1999, 10) unterscheidet fünf Hauptargumente, die für eine Begabungsförderung in der Schule angeführt werden: einen rechtlichen Anspruch, ein politisch-wirtschaftliches Interesse, ein soziales Interesse im Sinne des Chancenausgleichs für sozial benachteiligte Gruppen, ein präventives Interesse zur Vermeidung psychosozialer Auffälligkeiten und ein pädagogisches Interesse im Rahmen der schulischen Qualitätsentwicklung.

Gesellschaftliche Aspekte führten schon in weit zurückliegenden Zeiten zur Wertschätzung und Förderung geistiger Begabungen. Bereits nach dem

chinesischen Philosophen KONFUZIUS (551 – 479 v. Chr.) sollten hochbegabte
Kinder selektioniert und am Hofe des Herrschers erzogen werden. Kreative
Fähigkeiten, insbesondere schriftstellerische, wurden hoch bewertet, des
Weiteren eine ausgeprägte logische Denkfähigkeit und ein ausgezeichnetes
Gedächtnis. Eine große Sensitivität in der Wahrnehmung von Dingen galt als
Grundlage von Begabungen. URBAN (1982, 17) schreibt dazu: „Etymologisch
gesehen ist es interessant, dass aus den zwei chinesischen Charakteren Tsung
und Ming, welche eine außergewöhnliche Sehschärfe und Hörgenauigkeit
verkörpern, das Wort abgeleitet worden ist, das ‚intelligent' bedeutet."[3]

Der griechische Philosoph PLATO (428/27 – 348/347 v. Chr.) unterschied
zwischen Sinnesmenschen für die erwerbstätigen Berufe, Mutigen für
kriegerisches Handwerk und Vernünftigen, Erkennenden für das Herrschen. Als
Vernunftmenschen sollten letztere zuerst Mathematik und dann Philosophie
studieren. Ab dem fünfzigsten Lebensjahr seien dann die, welche überall als die
Besten hervorgegangen wären, „reif für das höchste Herrscheramt" (FEGER,
1988, 31). Das Überleben der griechischen Demokratie hing seiner Meinung
nach von der förderlichen Erziehung der Bürger ab, die in Führungspositionen
arbeiten würden (URBAN, 1982, 18). PLATO ging davon aus, dass Gerechtigkeit
dann herrsche, wenn jeder eine seinen Eignungen entsprechende Tätigkeit
ausübe (DE CRESCENZO, 1988, 86ff).

In der Neuzeit kamen neben dem gesellschaftlichen Nutzen individuellere
Gründe hinzu. Zur Zeit von Humanismus und Reformation tauchte die Forde-
rung auf, allgemeine Schulen für Jungen und Mädchen einzurichten. Dies ging
auf LUTHER zurück, der sich 1524 für christliche Schulen und einige Jahre
später für einen „Schulzwang für die Begabten" (FEGER, 1988, 31; vgl. auch
WIKIPEDIA zum Stichwort „Schulpflicht") einsetzte. Dies wurde in der Folge
vor allem von den protestantischen Gebieten befürwortet. 1598 war das
elsässiche Strassburg, damals Freie Reichsstadt in Deutschland, weltweit das
erste Territorium, das eine gesetzliche Schulpflicht einführte (WIKIPEDIA, ebd.).
Gesamthaft wurde die Einführung der allgemeinen Schulpflicht in den
verschiedenen Ländern zu einem über Jahrhunderte währenden Projekt, das
sogar im 21. Jahrhundert noch frappante Änderungen erfuhr (z.B. durch die
Möglichkeit der Schulbildung für Kinder von Asylanten).

Zur Zeit der Aufklärung wollte Thomas JEFFERSON (1743 – 1826), der
dritte Präsident der USA und Gründer der University of Virginia, talentierte
Heranwachsende, die sich seiner Meinung nach in allen Schichten
gleichermaßen finden ließen, auf Staatskosten ausbilden lassen (URBAN,
1982, 18).

---

[3] Vgl. auch Kap. 4.1 zu den griechischen Begriffen „aisthanomai" und „theoreo".

Der Philosoph FICHTE (1762 – 1814) forderte in seinen „Reden an die deutsche Nation", „dass zu den gelehrten Studien nur die Begabten zugelassen werden, diese allerdings ohne Ansehen von Stand und Geburt" (FEGER, 1988, 31).

1905 wurde der von BINET und SIMON entwickelte Intelligenztest zum ersten Mal angewendet – wobei es um eine Selektion der schlechten Schüler ging.

1921 begann eine spektakuläre Langzeitstudie von TERMAN und seinen Mitarbeitern der Stanford-Universität in Kalifornien zum Thema Hochbegabung: Sie umfasste 1528 Personen, von denen 857 männlich und 671 weiblich waren. Die Untersuchten waren bei der ersten Studie zwischen drei und 19 Jahren alt und wiesen einen Intelligenzquotienten von mindestens 140 Punkten auf, wobei der Durchschnitt bei 151 Stanford-Binet-Punkten lag. Der Rücklauf betrug selbst in den sieben „follow-up"-Studien etwa 90%. So folgte diese Untersuchung dem Lebensverlauf vieler Hochbegabter, auch „Termiten" genannt, bis ins Erwachsenenalter (siehe z.b. ODEN, 1968).

Als der Bereich der Hochbegabung in der Moderne zunehmend als Forschungsgegenstand entdeckt wurde, dominierten Extrempositionen und Spekulationen, wenn beispielsweise Zusammenhänge von „Genie und Irrsinn" diskutiert wurden (z. B. LANGE-EICHBAUM & KURTH, 1956) oder die starke Belastung Hochbegabter in ihrer durchschnittlichen Umgebung betont wurde.

Später galt, dass Hochbegabte ‚für sich selber schauen' könnten und keine besondere Unterstützung benötigten. Finanzielle Ressourcen sollten im Zuge der Chancengleichheit in die Lernschwächeren investiert werden. Das hat auch seine Richtigkeit, da für lernschwächere Schüler eine Unterstützung überlebensnotwendig sein kann. Umgekehrt ‚boomten' in den 70er- und 80er-Jahren die Legasthenie-Förderstunden, und fördergeldwirksame POS-Diagnosen wurden manchmal außerordentlich schnell verschrieben, was dank der Hochkonjunktur finanziell möglich war. Während Anfang der 90er-Jahre selbst in Fachbuchhandlungen nur wenige Bücher zur Hochbegabung zu finden waren, änderte sich die Situation in den folgenden Jahren – das Thema Hochbegabung wurde, nachdem es in Amerika schon länger Ernst genommen wurde, auch in Europa populärer. Der Zeitgeist hatte sich verändert, Begabungsförderung wurde salonfähig. Verschiedene Gründe mögen dafür eine Rolle gespielt haben: die Erfahrungen mit der willkürlichen Chancengleichheit der vorhergehenden Jahrzehnte, als fast jeder und jede zum Abitur durchgepuscht wurde (was sich für die Nicht-Abiturienten umso schwerwiegender auswirkte), die wirtschaftliche Hochkonjunktur der 80er Jahre, die die finanziellen Quellen fließen ließ, das Leistungs- und das individuellere Denken (anstelle einer Orientierung auf die soziale Entwicklung). Für Hochbegabte wurden sozial-emotionale Probleme herbeibeschworen – weil viele Forschungsergebnisse auf klinischen Erfahrun-

gen beruhten, vielleicht aber auch um Zuschüsse zu ihrer Förderung zu recht-
fertigen. Mittlerweile hat sich der Fokus auf eine differenziertere Konzeption
verlagert. Es geht nicht mehr um ein Entweder-Oder, sondern um die Frage,
unter welchen Bedingungen Probleme für Hochbegabte auftauchen.

Heutzutage gibt es in vielen Ländern Vereine zur Förderung Hochbegabter,
die oftmals auf Elterninitiativen hin gegründet wurden. Auf internationaler
Ebene wurde der „World Council for Gifted and Talented Children" gebildet.
Seit 1975 findet alle zwei Jahre eine Weltkonferenz statt. Der „World Council"
verfolgt den Zweck, die Aufmerksamkeit weltweit auf hochbegabte Kinder und
ihr Potential zu lenken, entsprechende Forschung zu fördern, ein Klima der
Akzeptanz für hochbegabte Kinder zu schaffen und den internationalen Austausch zu diesem Thema anzuregen.

1.2 Ausgewählte Theorien zur Intelligenz

Schon bei den Theorien zeigt sich, dass nicht alle vom selben sprechen:
Intelligenz ist kein eindeutig definierter Begriff. Ein Problem besteht darin, dass
manche Intelligenz als ein Konstrukt aus vielen unabhängigen Teilintelligenzen
betrachten, andere eine Art Grundintelligenz annehmen, auf der die Teilintelligenzen aufbauen. Ein weiteres Problem ergibt sich, wenn nicht sauber zwischen
Begabung und Leistungsprodukt unterschieden wird. Auch mischen sich in
manche Modelle noch weitere Persönlichkeitsvariablen hinein, insbesondere
Kreativität und Motivation, ohne das Zusammenspiel der verschiedenen Ebenen
näher zu bestimmen, oder es werden – um die Modelle ‚genauer' zu machen –
beliebig viele weitere Einflussfaktoren aufgelistet, doch exaktere Wirkungs-
zusammenhänge werden nicht erklärt (vgl. die kritische Sichtung bei LOREK,
2000, Kap. 1; ROST, 2000, Kap. 1.2 – 1.4).

In diesem Kapitel sollen zuerst drei Klassiker der Intelligenztheorien
dargestellt werden, die nach wie vor relevant sind, nämlich die „Zwei-Faktoren-
Theorie" von SPEARMAN, die „multiple Faktoren-Theorie" von THURSTONE und
das Konzept der „fluiden" und „kristallinen Intelligenz" von CATTELL. Danach
wenden wir uns zwei moderneren Intelligenztheorien zu. Zunächst wird das „3-
Ringe-Modell" von RENZULLI bzw. die von WIECZERKOWSKI & WAGNER
erweiterte Version dargestellt. Das 3-Ringe-Modell wird häufig im Zusammenhang mit Hochbegabungsfragen präsentiert. Es folgt STAPF & STAPFs „Allgemeines Bedingungsgefüge für außergewöhnliche Leistungen", welches plausibel
zwischen verschiedenen Wirkebenen differenziert. Es ist die Basis für LOREKs
„Bedingungsgefüge musikalischer Leistung" und somit für das Verständnis von
LOREKs Untersuchungen zur Musikalität (Kap. 3) hilfreich. Ein für die Kreativi-

tätsforschung interessantes, aber empirisch nicht gesichertes Modell ist das Modell der „structure of intellect" von GUILFORD (1967, nach AMELANG & BARTUSSEK, 1981), welches hier deshalb nicht dargestellt wird. Eine kurze Erläuterung findet sich in Kapitel 7.3, Fußnote 24, im Zusammenhang mit WEBSTERs Modell eines musikalischen Denkprozesses.

SPEARMAN (vgl. z.b. AMELANG & BARTUSSEK, 1981; FEGER, 1988, 62ff) entwickelte eine *Zwei-Faktoren-Theorie*, wonach sich Intelligenz aus einem ersten Faktor, der sog. „general intelligence" bzw. dem „g-Faktor", und einem zweiten Faktor, der sog. „specific intelligence" bzw. dem „s-Faktor", zusammensetzt. Auf den g-Faktor kann aufgrund hoher positiver Korrelationen zwischen verschiedenen Tests geschlossen werden. Die spezifischen Intelligenzleistungen, welche es für die einzelnen Aufgaben zusätzlich braucht, können je nach Aufgabenstellung größer oder kleiner im Verhältnis zum g-Faktor ausfallen.

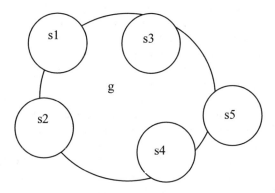

Abbildung 1: Die Zwei-Faktoren-Theorie von SPEARMAN

SPEARMANs Theorie wird durch aktuelle Untersuchungen bestätigt: ROST (2000, 25f) hält fest, dass alle aktuellen empirisch fundierten Intelligenzmodelle von einer *hierarchischen Strukturierung* ausgehen. Gerade der g-Faktor, also die allgemeine Intelligenz, erklärt dabei einen sehr großen Teil der IQ-Test-Untergruppen. Er befindet sich deshalb an der Spitze hierarchisch strukturierter Intelligenzmodelle. Allenfalls wird anstelle des g-Faktors eine Doppelspitze von G_f und G_c angenommen im Sinne der CATTELLschen Unterscheidung in „fluid intelligence" (G_f) und „crystallized intelligence" (G_c) (siehe übernächster

Abschnitt dieses Kapitels), aber auch diese korrelieren hoch mit SPEARMANS g-Faktor und auch untereinander.

THURSTONE verwarf SPEARMANS Idee einer hierarchischen Intelligenzstruktur und entwickelte 1938 ein Modell mehrerer gemeinsamer Faktoren, auch die „multiple Faktorentheorie" genannt. Die Zahl der sog. „primary abilities", der Primärfähigkeiten, ist nach THURSTONE niedriger als die Zahl der in einem Test untersuchten Fähigkeiten. Auch beanspruchen Testaufgaben nicht jedes mal alle Primärfähigkeiten gleichzeitig. Aufgrund dieser beiden Voraussetzungen kam THURSTONE zum Schluss, dass je nach Aufgabenstellung immer verschiedene Primärfähigkeiten in wechselnder Gewichtung beteiligt sind. Die Primärfähigkeiten stehen dabei gleichberechtigt auf einer Ebene. Die sieben „primary abilities" sind „verbal comprehension" (die Kenntnis von Wörtern und ihrer Bedeutung), „word fluency" (rasches, der Situation entsprechendes Produzieren von Wörtern), „number" (Geschwindigkeiten und Präzision bei einfach arithmetischen Aufgaben), „space" (räumliches Vorstellungsvermögen), „memory" (assoziatives Erinnerungsvermögen), „perceptual speed" (Wahrnehmungsgeschwindigkeit) und „induction", welches auch „reasoning" genannt wird und schlussfolgerndes Denken beinhaltet.

CATTELL, ein Schüler von SPEARMAN, der dessen „Zwei-Faktoren-Theorie" und THURSTONES „multiple Faktorentheorie" weiter entwickelte, bezeichnet in seinem Modell zwei Faktoren höherer Ordnung, nämlich die „fluid" und die „crystallized intelligence". Die „fluide Intelligenz" soll relativ kulturfrei und auch ziemlich unabhängig von Erziehungseinflüssen sein. Es ist die intuitive Komponente der Intelligenz, zu der das spontane Erfassen von Sachverhalten auf den ersten Blick gehört oder auch die synthetische Wahrnehmung. Die „kristalline Intelligenz" umfasst das erlernte und somit auch kulturabhängigere Wissen. Nach CATTELL würde die Entwicklung der fluiden Intelligenz mit ca. 14 bis 15 Jahren zum Stillstand kommen und die kristalline Intelligenz ihren Entwicklungshöhepunkt etwa vier bis fünf Jahre später erreichen (danach lernt man ganz allmählich weniger leicht).

Abbildung 2 zeigt das „3-Ringe-Modell" von RENZULLI mit seiner Erweiterung durch WIECZERKOWSKI & WAGNER (1985, 113). Es ist das für Begabungsfragen wohl am meisten herbeigezogene Modell. Das 3-Ringe-Modell definiert die Bereiche Intelligenz, Kreativität und Motivation als drei ineinandergreifende Ringe. Die Schnittmenge ergibt dann das Talent. Der Vorteil dieses Modells ist die leichte Nachvollziehbarkeit. Es wird in Veranstaltungen zum Thema Hochbegabung gerne präsentiert. Es birgt aber eine Reihe von Nachteilen: GAGNÉ (LOREK, 2000, 32f; WILD, 1991, 15f) kritisiert am 3-Ringe-Modell, dass hier verschiedene Faktoren gleichgesetzt und miteinander vermischt werden, die auseinander gehalten werden müssen. Das sog. Talent als

Schnittmenge entspricht eher einer Hochleistung als einem gegebenen Talent im üblichen Sinne (vgl. LOREK und WILD, ebd). Manchen Menschen gelingt es aus motivationalen wie auch anderen Gründen trotz Begabung nicht, entsprechende Leistungen zu erbringen. Solche Gründe sind sog. vermittelnde Faktoren, die dies verhindern. Dispositionelle (angeborene) und vermittelnde (erworbene) Faktoren auf einer Ebene zu vermischen, heißt, dass die vermittelnden motivationalen Faktoren wie relativ stabile persönlichkeitsinterne Merkmale betrachtet werden. So wird verhindert, dass pädagogische Einflussmöglichkeiten erkannt werden können (LOREK, 2000, 33f).

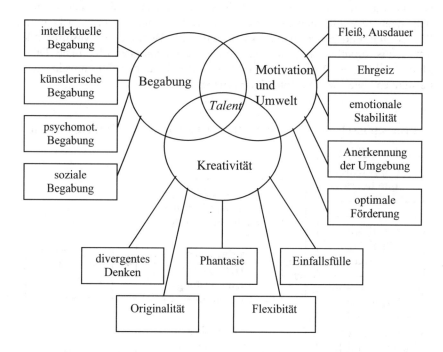

Abbildung 2:   Komponentenmodell der Talententwicklung nach WIECZER-KOWSKI & WAGNER (1985, 113); in Anlehnung an RENZULLIs 3-Ringe-Modell

Bei diesem Modell werden die verschiedenen Ebenen – die dispositionelle, die vermittelnde und die resultierende Ebene – in drei Ringen gleichgesetzt. Würden aber alle drei Bereiche als vermittelnde Faktoren fungieren, müssten sie alle drei pädagogisch beeinflussbar sein. Oder es müssten alles drei Dispositionen sein und eher stabil. Beides kann nicht der Fall sein. Deshalb bleibt das gegenseitige Verhältnis dieser drei Ringe trotz aller scheinbaren Offensichtlichkeit unklar. Wie EYSENCK das Problem zusammenfasst: „Dispositionelle Fähigkeitsfaktoren, Persönlichkeitsvariablen und Motivation in einem Konzept zu vermischen, bedeutet schlichtweg, dass dieses Konzept wissenschaftlich bedeutungslos ist und nicht gemessen werden kann." (1988, 5; nach ROST, 2000, 15).

STAPF & STAPF trennen in ihrem „Allgemeinen Bedingungsgefüge für außergewöhnliche Leistungen" (1991, 381; vgl. LOREK, 2000, 34f) angeborene von nicht-angeborenen Faktoren (Abb. 3). Auf der Dispositionsebene finden sich angeborene allgemeine und spezifische Begabungen, ferner nicht-kognitive Fähigkeiten und Persönlichkeitsmerkmale. Im Bereich der vermittelnden Katalysatorvariablen finden sich explizit keine angeborenen Merkmale. Dieses Modell bildet den Vorläufer von LOREKs „Bedingungsgefüge musikalischer Leistungen", welches in Kapitel 3 besprochen wird.

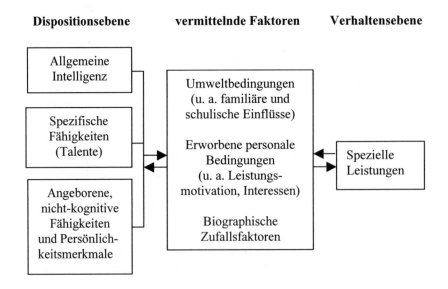

Abbildung 3:   Allgemeines Bedingungsgefüge für außergewöhnliche
                  Leistungen nach STAPF & STAPF (1991, 381)

Das Modell von STAPF & STAPF geht von einer hierarchischen Struktur aus. Die Dispositionen im kognitiven wie nicht-kognitiven Bereich bilden notwendige, doch keineswegs hinreichende Bedingungen für resultierende Leistungen. Die resultierenden Leistungen werden von vermittelnden Faktoren gefördert, geformt oder gehemmt.

Nach dieser Einführung in relevante Intelligenz- und Hochbegabungsmodelle kommen wir in Kapitel 2 zu Untersuchungen, die sich mit Lebensverläufen hochbegabter Menschen, also mit dem empirischen Zusammenhang von kognitiver und sozial-emotionaler Entwicklung beschäftigen. Dadurch lässt sich mehr über die Stärken und Verletzlichkeiten Hochbegabter erfahren.

2 Vom Zusammenspiel kognitiver und sozial-emotionaler Entwicklung

Kognitive und sozial-emotionale Entwicklung beeinflussen einander. Sie können einander positiv unterstützen oder in ungünstigen Situationen hemmen. Über welche sozialen und emotionalen Stärken Hochbegabte verfügen und unter welchen Umständen Probleme auftauchen können, wird in Kapitel 2.1 berichtet. Kapitel 2.2 ist dem Thema Isolation und Einsamkeit gewidmet. In Kapitel 2.3 wird im Zusammenhang mit Spiegelneuronen gezeigt, dass soziales Verstehen viel mit Spielen und der kognitiven Fähigkeit zur Perspektivenübernahme zu tun hat.

2.1 Wie beeinflussen sich sozial-emotionale Entwicklung und kognitive Hochbegabung?

TERMAN kam in seiner ersten Untersuchung zu dem Ergebnis, dass Hochbegabte seltener psychische Störungen aufweisen. In der Nachuntersuchung 1956/57 von TERMAN & ODEN (TERMAN & ODEN, 1959; nach SCHMIDT, 1977, 30) fand dies jedoch keine Bestätigung, was auf den Einfluss anderer Variablen hinweist. TERMANs Darstellung von Hochbegabten als psychisch Gesunden entspricht tendenziell dem Bild von Menschen mit den Ressourcen einer sozial höheren Schicht (SCHLICHTIG, 1968; nach SCHMIDT, 1977, 32). Die emotionale Angepasstheit wird von TERMAN (SCHENK-DANZINGER, 1959, 368ff) als überdurchschnittlich gut bezeichnet, wie sich aus persönlichen Angaben, denen der Eltern und Ehepartner sowie aus Persönlichkeitstests ermitteln ließ. Dies gilt aber nicht für die Höchstbegabten – und in dieser Gruppe am wenigsten für die Frauen.

Es ist zu bedenken, dass das private Umfeld durchaus eine gute emotionale Angepasstheit wahrnehmen kann und auch Persönlichkeitstests diese zeigen, dass die weitere Umgebung dies aber durchaus anders erleben kann. Wie werden denn Hochbegabte von der Allgemeinheit (also nicht den liebevoll verbundenen Familienmitgliedern) wahrgenommen? Und welche Konsequenzen hat dies für die soziale Einbettung, die Interaktionsfähigkeit und das Selbstwertgefühl? Außerdem ist zu überlegen: Bedeutet eine überdurchschnittlich gute soziale Anpassung, dass die Hochbegabten ihre emotionalen und sozialen Sehnsüchte im Einklang mit ihrer intellektuellen Persönlichkeit gut integriert haben, oder zeugt sie von einer Anpassung auf Kosten dieser kognitiven Anteile? WARREN & HEIST (1960) untersuchten hochbegabte Studenten, welche einen mittleren IQ von 150 und mindestens 130 Punkte aufwiesen. WARREN & HEIST stellten fest, dass reflektives, abstraktes Denken diese Gruppe besonders anspricht und die Annäherung an die Wirklichkeit vor allem auf der rational-kognitiven Ebene erfolgt. Hochbegabte werden in dieser Studie als unabhängig, zuversichtlich und reif in ihren Beziehungen zur Umwelt beschrieben. Sie reagieren weniger starr und autoritär, origineller, imaginativer und haben einen großen inneren Reichtum. Trotzdem verhalten sie sich weniger ausdrucksvoll, was den Gefühlsbereich betrifft, und auch weniger impulsiv! Ihre Wahrnehmung und Reaktionen sind komplexer als bei der Durchschnittsbevölkerung. Weder Frauen noch Männer weisen eine auffällige emotionale Gestörtheit oder Anpassungsschwierigkeiten auf. Die hochbegabten Frauen sind männlicher als andere Frauen, legen aber, wie es auch für andere Frauen üblich ist, mehr Wert auf ästhetische Erlebnisse als hochbegabte Männer. Hochbegabte Männer scheinen sich mehr für soziale Belange zu interessieren als andere Männer. Gemeinsam mit anderen Frauen ist es für die hochbegabten Frauen typisch, dass sie soziale Werte statt nützlichkeitsorientierter Wert stärker betonen, wohingegen für die Männer das Gegenteil gilt.

LEVINSON (1961) beschreibt die Empfindsamkeit hochbegabter Kinder. Er bezieht sich dabei auf seine klinischen Beobachtungen und kreative Kinder, welche einen Mindest-IQ von 150 haben. LEVINSON stellt fest, dass diese Kinder ihre Umwelt sehr rasch wahrnehmen und bereits auf minimale Stimuli reagieren, was zu einer reichen Erfahrungswelt führt, die organisiert werden will. Dabei gelangen die Kinder auch zu allgemeingültigen Schlussfolgerungen, was LEVINSON als Fähigkeit bezeichnet, neue Gestalten – d. h. den Einzelmerkmalen übergeordnete, prägnante Muster – ausfindig zu machen. Dies kann von anderen als übertrieben empfunden werden, das hochbegabte Kind wiederum fühlt sich unverstanden und zieht sich möglicherweise zurück oder entwickelt (und unterdrückt) Aggressionen. So beschäftigt sich nach LEVINSON das hochbegabte Kind, auch wenn es nicht den Anschein macht, ständig mit Selbst-Bewertungen, Abwertungen und „soul-searching", da es sich nicht direkt mit Gleichaltrigen messen kann. LEVINSON schreibt (1961, 85): „We must also realize that the extremely gifted child, by the very fact of his being gifted, is alone."

STAPF & STAPF (1991) fassen eigene und fremde Untersuchungen (z.B. STERNBERG & DAVIDSON, 1986; RABINOWITZ & GLASER, 1985; EYSENCK, 1985; HUNT, 1976, 1978) dahingehend zusammen, dass hochbegabte Menschen

Problemsituationen auf qualitativ unterschiedliche Weise zu erkennen scheinen und, dank schnell erfolgender Automatisierung von Informationsverarbeitungsprozessen, rasch Zugang zu relevanten Informationen haben. Hochbegabte scheinen sich nicht in der Geschwindigkeit der Informationsverarbeitung zu unterscheiden, sie können sogar langsamer bei der Analyse und Anwendung von Einsichtsprozessen vorgehen, sie machen aber weniger Fehler und automatisieren die Prozesse schneller. Die Automatisierung soll den Informationszugang erleichtern und Aufmerksamkeitsreserven für anderes offen lassen. Es geht bei der Bearbeitung von Problemkonstellation nicht nur um Problemlösefähigkeiten, sondern vor allem auch um bessere Problemfindungsfähigkeiten, beispielsweise in der Form, dass Hochbegabte relevante Fragen stellen, die den Kern oder einen neuen Kern treffen. Ihre Strategien sind innovativ-flexibler und effizienter. Auch verfügen sie über bessere metakognitive Fähigkeiten.

STAPF & STAPF (1991) stellen fest, dass sich hochbegabte Kinder durch eine erhöhte Reizsensibilität auszeichnen. Diese Sensibilität hängt mit einer ausgeprägten selektiven Aufmerksamkeit schon bei Neugeborenen zusammen und führt zu Reaktionen wie sehr intensivem, wachem Blickkontakt und frühem Lächeln. Die hohe Empfindsamkeit kann aber auch schnelles Weinen oder Aufbrausen zur Folge haben. Allgemein scheinen hochbegabte Kinder affektiv hochsensibel und erregbar zu sein. Diese Ansprechbarkeit führt auch zu einer hohen Aktivation und Konzentration, so dass sich hochbegabte Kinder einer Sache mit Eifer und Perfektionsdrang widmen. Hochbegabte Kinder erkennen typischerweise schon früh Muster, Strukturen und Regeln. Ein vierjähriges Mädchen sagte eines Morgens beim Aufwachen als erstes: „Zwei und zwei und eins ist fünf." Auf die Nachfrage der Mutter, wie sie darauf komme, antwortete sie, dass das Sonnenlicht, das durch die Rolladenritzen falle, dieses Muster gemacht habe. An diesem Beispiel ist nicht spektakulär, dass das Mädchen mit vier Jahren bis fünf rechnen kann, als das Bedürfnis, sich während der Dösephase des gemütlichen Aufwachens mit solchen Mustern und Strukturen zu beschäftigen, Sinnliches in seiner Sinnlichkeit wahrzunehmen und kognitiv umzusetzen. STAPF & STAPF (1991, 386) stellen fest, dass

„die kognitiven Fähigkeiten (Sensibilität für Reizunterschiede, effiziente Strukturierung und Systematisierung) [dazu führen], dass häufiger und stärker Diskrepanzen und Abweichungen erlebt werden, die bei der genannten Erregbarkeit mit Angst und Unsicherheit verbunden sind. Wir meinen, dass Unsicherheit und Ambiguität von diesen Kindern als äußerst unangenehm empfunden werden, und dass daher ein Streben nach Gewissheit oder Wissen ... ein weiterer wichtiger Antrieb für die außergewöhnlichen Interessen und Beschäftigungen darstellt, zusammen mit dem Kompetenzmotiv und dem positiven Affekt, der aus der Bewältigung der Aufgabe selbst entsteht."

Dieser Zusammenhang erscheint logisch, wenn man bedenkt, dass Hochbegabung wie physische Stärke eine (präventive) Bewältigungsstrategie werden kann. Den Zusammenhang von kognitiven Fähigkeiten mit Unsicherheit oder gar Angst kann ich auch aus eigenen Beobachtungen bestätigen: In Kapitel 8.3.3 wird ein Beispiel von einem hochbegabten Mädchen berichtet, dass sich durch große Empfindsamkeit und ängstliche Scheu auszeichnete. Ein anderes Beispiel für die Vermeidung von Unsicherheit (bzw. den Wunsch nach wirklich begriffenen Organisationskategorien) ist ein fünfjähriger Junge, der sich weigerte, weiter als bis fünf – selten bis sechs – zu zählen. Die Mutter dachte, er hätte womöglich Schwierigkeiten mit den Zahlenkonzepten, da alle anderen Kinder in der Umgebung bereits bis zehn oder zwanzig zählen konnten. Erst als der Junge ihr einmal sehr nachdenklich sagte, er könne „bis fünf oder sechs" zählen, wurde deutlich, dass er einfach nichts vorführen würde, was er nicht bis ins Detail begriffen hatte. Während also andere Kinder stolz zeigten, was sie schon konnten – nämlich Zahlen auswendig aufsagen, auch wenn sie das Zahlenkonzept von zwanzig nicht wirklich verstanden – zählte er exakt so weit, wie seine begriffliche Vorstellung sicher reichte. Unsicherheiten wurden nicht vorgeführt. Später entpuppte sich dieser Junge als mathematisch und naturwissenschaftlich außerordentlich begabt.

Nicht nur Angst, auch depressive Verstimmungen können m. E. mit Hochbegabung zusammenhängen. In der Depressionsforschung hat sich gezeigt, dass Depressive übertriebene Ansprüche an sich selbst stellen, was eine Form von Perfektionismus sein kann. Außerdem verfügen Depressive nicht über eine unexakte, sondern über eine viel zu realistisch-genaue Wahrnehmung, während die ‚Normalbevölkerung' dazu neigt, die Wahrnehmung der Dinge leicht zu ihren eigenen Gunsten zu verschieben: Vergleichspersonen schreiben positive Ergebnisse eher internen Ursachen und negative Ergebnisse eher externen Ursachen zu, bei Depressiven sind die Zuschreibungen unabhängig vom positiven oder negativen Ergebnis (PERREZ, 1988, 62). Der selbstwertförderliche Optimismus des Durchschnittsmenschen ist so gesehen eigentlich eine unrealistische Wahrnehmung. Manche Hochbegabte neigen dank ihrer Kategorisierungs- und logischen Fähigkeiten wie auch ihrer hohen Sensibilität zu Perfektionismus und einem nicht durch persönliche Vorteile motivierten Gerechtigkeitssinn. Diese Exaktheit der Wahrnehmung kann stimmungsvermindernd in Richtung einer depressiven Verstimmung wirken (vgl. THALMANN-HERETH, 2001, 301).

Übrigens stellen STAPF & STAPF (1919) fest, dass hochbegabte Jungen weniger aggressiv (im handfesten Sinne physischer Auseinandersetzungen) sind als andere Jungen, was STAPF & STAPF mit der hohen Sensibilität Hochbegabter erklären. Sie haben auch häufiger Mädchen als feste Spielkameraden im Unterschied zu anderen Jungen. Hochbegabte Mädchen interessieren sich aufgrund ihrer logischen kognitiven Kompetenzen eher für typische Jungenthemen wie Schach und Raumfahrt und geben häufiger an, lieber mit Jungen zu spielen. Außerdem mögen sie „ästhetische Beschäftigungen", wie die Forscher die Kategorien Denksportaufgaben und klassische Musik zusammenfassen. In ihrer Untersuchung interessierten sich aber selbst mathematisch hochbegabte Mädchen nicht für Computer – im Unterschied zu den mathematisch begabten Jungen. Zusammenfassend folgern STAPF & STAPF aus den Untersuchungsergebnissen, dass Geschlechterunterschiede zwischen hochbegabten Jungen und Mädchen geringer seien als bei anderen Kindern.

FREEMAN (1982) untersuchte, ob zwischen hochbegabten Kindern, deren Eltern sich einer entsprechenden Förderorganisation angeschlossen hatten (diese Kinder bildeten die sog. Zielgruppe), und anderen hochbegabten Kindern (1. Kontrollgruppe) Unterschiede bestehen; ferner ob beide Gruppen sich von einer Gruppe anderer Kinder (2. Kontrollgruppe) unterscheiden. Übereinstimmend mit den Lehrern nannten die Eltern der Zielgruppe im Vergleich zu den Eltern der 1. Kontrollgruppe mehr körperliche Schwierigkeiten und mehr Verhaltensprobleme. Die Kinder fühlten sich nicht so wohl in der Schule. FREEMAN schloss in einer weiteren Untersuchung aus, dass die signifikant höheren Verhaltensprobleme auf eine etwas höhere Intelligenz der Zielgruppe im Vergleich zur Kontrollgruppe (147 versus 134 Punkte im Stanford-Binet-Test) zurückgeführt werden konnten. Mögliche Gründe blieben noch der familiäre Hintergrund und Unterschiede zwischen den Kindern selbst. FREEMAN fand in der Zielgruppe doppelt so viele Kinder mit einem für die damalige Zeit ungewöhnlichen familiären Hintergrund (geschiedene Eltern, Geschwister mit einem Altersunterschied über zehn Jahre, nur ein Elternteil). Doppelt so viele Kinder der Zielgruppe litten an gesundheitlichen Problemen wie Magenbeschwerden, Atemschwierigkeiten, Sprachstörungen, Koordinations- und Sehschwächen. Auch fanden sich unter den Eltern der Zielgruppe im Vergleich zu den Kontrollgruppen drei Mal mehr Lehrer. FREEMAN kommt zum Schluss, dass hochbegabte Kinder mehr Problemverhalten zeigen und dass Eltern, die einer entsprechenden Organisation beitreten, oft ehrgeiziger für ihre Kinder sind. Die Mütter sind mit ihrer Erziehung häufig unzufrieden. Hohe Intelligenz führt, so FREEMAN, nicht zwangsläufig zum Unglücklichsein, auch wenn die Kinder nicht entsprechend gefördert werden. Trotzdem können hochbegabte Kinder sich irgendwie anders fühlen. Sie haben z. B. eine ungewöhnliche Erinnerungs- und Konzentrationsfähigkeit und sind in ihrem Denken wie auch

Entscheiden klar und deutlich. Dies gilt vor allem für Kinder mit IQ-Werten über 160.

TERRASSIER (1982) spricht vom „Asynchronie-Syndrom", das sich in verschiedenen Bereichen manifestieren kann. Die soziale Asynchronie kann sich auf die Diskrepanz zwischen der geistigen Entwicklung des hochbegabten Kindes und dem oft sehr fixen Lehrplan in der Schule beziehen; auf die Diskrepanz zwischen den elterlichen bzw. familiären Erwartungen und dem tatsächlichen So-sein des Kindes; oder auf die Diskrepanz zwischen den Spielgefährten und dem hochbegabten Kind, welches sich oftmals unterschiedliche Freundesgruppen für die jeweiligen Freizeitbeschäftigungen sucht. Eine innere Asynchronie kann zwischen psychomotorischer und intellektueller Entwicklung oder zwischen affektiver Reife und Intelligenz bestehen. Erschwerend kommt nach TERRASSIER für die emotionale Entwicklung hinzu, dass das hochbegabte Kind aufgrund seiner Intelligenz Informationen aufnehme, die es gefühlsmäßig noch gar nicht verarbeiten könne.

Hinsichtlich der Leistungen spricht TERRASSIER von einem „negativen Pygmalion-Effekt": mit Pygmalion-Effekt ist die fördernde Wirkung einer positiven Einschätzung durch den Lehrer gemeint, unabhängig vom tatsächlichen Intelligenzniveau. Negativ drückt sich der Pygmalion-Effekt in der Schule aus, wenn ein Vorurteil seitens des Lehrers die Realisierung der kindlichen Fähigkeiten behindert. Dieser Effekt kann sich natürlich auch in der Familie oder im sozialen Umfeld zeigen, wenn andere Kinder vom hochbegabten Kind implizit die gleichen Interessen und Entwicklungsstufen erwarten. Auch in seinem Innenleben kann das Kind einen negativen Pygmalion-Effekt erfahren: das kindliche Selbstbild repräsentiert die Meinungen der Umwelt. Wenn das Kind das Gefühl hat, mit seinen Fähigkeiten ‚falsch' zu liegen, kann dies seine Fähigkeiten und sein Selbstbild beeinträchtigen.

FREUND-BRAIER (2000, 203) entlarvte das Asynchronie-Syndrom im Marburger Hochbegabtenprojekt als unhaltbar, da sich keine solche Effekte in der Untersuchung fanden. Das heißt, dass durchaus für einzelne Hochbegabte Probleme entstehen können, dass sich diese Ergebnisse aber nicht für eine Mehrheit statistisch sichern lassen. Sie fand weder für eine problematische Seelenlage noch für eine mangelnde Integration der Hochbegabten Anhaltspunkte. Bezüglich Ängstlichkeit und Unsicherheit attestierte sich die Gruppe der Hochleistenden[4] die höchsten und die Gruppe der Hochbegabten die niedrigsten

---

[4] Im Marburger Hochbegabtenprojekt wurden Hochbegabte von Hochleistenden unterschieden. Zusätzlich wurden zwei Vergleichsgruppen gebildet, nämlich durchschnittlich Begabte und durchschnittlich Leistende. Die IQ-Werte wurden durch eine Zusammenstellung verschiedener Intelligenztests ermittelt und verteilen sich wie folgt: Der Mittelwert der 107 Hochbegabten liegt bei 136 Punkten (Standardabweichung: 8.4), derjenige der 107 durchschnittlich Begabten bei 102 Punkten

Werte (die Vergleichsgruppen „Durchschnittsleistende" und „Durchschnitts-begabte" liegen dazwischen), wobei auch die Werte der Hochleistenden weit unterhalb des theoretischen Mittelwertes liegen (FREUND-BRAIER, 2000, 193). Interessanterweise schreiben aber die Eltern der Hochleistenden ihren Kindern geringere Ängstlichkeitswerte zu als die Eltern der Vergleichsgruppen. Gesamt-haft können, so FREUND-BRAIER (2000, 204) „die Hochbegabten als im Schulsystem gut integriert und schulisch erfolgreich sowie sozial unauffällig, psychisch besonders stabil und selbstbewusst charakterisiert werden."

Die Diskrepanz der Ängstlichkeitswerte Hochleistender in der Eigenein-schätzung und der Einschätzung durch ihre Eltern könnte für manche tiefere Auswirkungen haben: Wieso nehmen die Eltern die Ängstlichkeit nicht wahr, wo ist dies Zutrauen oder positives Zumuten und wo fängt die Zumutung an?

In TERMANs Stichprobe brachen etwa 17% der Untersuchten das Studium vorzeitig ab. Als Gründe nannten sie vor allem eine große Konzentration auf Sonderinteressen wie auch eine schlechte Arbeitshaltung, da ihnen früher alles in den Schoß gefallen war (vgl. SCHENK-DANZINGER, 1959; SCHMIDT, 1977, 54f). Nach TERMAN & ODEN erfolgt die Graduierung sehr begabter Studenten im College etwa ein Jahr früher als für den Durchschnitt. Ungefährt 30% schlos-sen mit sehr guten Examina ab, aber im allgemeinen waren die Leistungen nicht so gut wie erwartet, was für den Einfluss anderer Variablen – Emotionalität? Ängstlichkeit? Widerstand gegen Leistungserwartungen? – spricht. Zehn Prozent der Studenten mussten aus dem College vorzeitig austreten, wobei dies vier Mal häufiger Männer als Frauen betraf. In der Berufs- und Studiumswahl bevorzugten die Hochbegabten beiderlei Geschlechts Sozialwissenschaften – was in die gleiche Richtung zeigt wie die weiter oben besprochenen Befunde von WARREN & HEIST. Danach folgte bei den Männern Technik und Physik, bei den Frauen Sprachwissenschaften und Biologie. Nur 9% der hochbegabten Frauen (im Vergleich zu 26% der übrigen Frauen) wählten den Beruf der Lehre-rin. SCHMIDT (ebd.) berichtet, dass RÜDIN anfangs der 50er Jahre feststellte, dass unter den hochbegabten Frauen fast die Hälfte der 35-jährigen Frauen voll berufstätig war, wobei sich auch unter ihnen auffällig wenige Lehrerinnen fanden – ein interessanter Befund, da sich unter den Eltern Hochbegabter besonders viele Lehrer befinden.

Die Ergebnisse sind für die heutige Zeit sicher nicht direkt übertragbar: der Lehrerberuf ist anders situiert als früher, Berufstätigkeit für Frauen ebenfalls. Doch legen die Ergebnisse nahe, dass Hochbegabte leicht in ein Dilemma zwischen potentieller Leistungsfähigkeit und praktischer Leistungsperformance

---

(Standardabweichung: 9.6), der Durchschnitts-IQ der 134 Hochleistenden beträgt 116.9 Punkte (Standardabweichung: 11.5), derjenige der 122 durchschnittlich Leistenden 102 Punkte (Standard-abweichung: 12.6) (ROST, 2000, 47f).

geraten können. Möglicherweise deutet dies auf die Sehnsucht nach etwas anderem hin: auf die Sehnsucht nach Lockerheit, ‚Freiheit' oder einem irgendwie anders gestalteten sozial-emotionalen Eingebettetsein? Hochbegabte sind mehr als ihre Hochbegabtheit. Die in der damaligen Untersuchung bevorzugte Wahl von Sozialwissenschaften könnte in die gleiche Richtung gedeutet werden, ebenfalls die Diskrepanz zwischen prozentualem Vorkommen des Lehrerberufes bei den Eltern und den Hochbegabten selber. Es bleibt die Frage: Wie wird den sozialen und emotionalen Bedürfnissen Hochbegabter Genüge geleistet, gerade den ‚Hätschel'-Bedürfnissen ganz kleiner Kinder, die schon so früh so vieles kapieren? Und wird der Verspieltheit der etwas älteren Kinder Genüge getan? Liegt das Abbrechen eines Studiums wirklich an einer inadäquaten Arbeitshaltung?

Die Begründung von der schlechten Arbeitshaltung mag von außen betrachtet stimmen – aber bei welchen Aufgaben hat jemand aus welchem Grund eine schlechte Arbeitshaltung? Gerade wegen der schnell erledigbaren Schulaufgaben haben Hochbegabte Zeit, ihren Hobbies und Interessen zu frönen. Wenn ein Hochbegabter stundenlang Schachspielen, an einer Erfindung tüfteln oder Klavier spielen kann, hat er ja grundsätzlich eine gute Arbeitshaltung entwickelt. Im allgemeinen dürfte es eher um das Problem gehen, ob ein Hochbegabter intrinsische Motivation entwickeln konnte, „macro"- und „microflow" (vgl. Kap. 6.4.1), um sich Interessantem hingeben und auch Langweiligem etwas abgewinnen zu können. Und: Manchmal ist der Abbruch eines Studiums durchaus gerechtfertigt, *wenn* andere sinnvolle Perspektiven entwickelt wurden, durch die die eigene Leistungsfähigkeit auf neue Weise befriedigend erfahren werden kann und die einen Menschen nicht aus dem gesellschaftlichen Bezugsrahmen ausklinken.

TERMAN verglich in seiner Untersuchung die hochbegabten Personen mit dem größten und dem geringsten Lebenserfolg. Darunter wurden die berufliche Bewährung, seelisches Gleichgewicht sowie Beständigkeit in Ehebeziehung und Arbeit gefasst. Für die beiden Extremgruppen ließen sich keine bedeutenden Unterschiede hinsichtlich der körperlichen Entwicklung, der intellektuellen Begabungen und der Schulleistungen während der Grundschule feststellen. Später waren drei Mal mehr Mitglieder der Gruppe mit dem geringsten Lebenserfolg unzufrieden verglichen mit der Gruppe mit dem größten Lebenserfolg, was daran lag, dass der Beruf oft nicht ihren Fähigkeiten entsprach. Wurde die berufliche Situation verändert, hatte dieser Wechsel keine Verbesserung der Lage zur Folge. Die Mitglieder dieser Gruppe verhielten sich weniger zielgerichtet, weniger ausdauernd und hatten weniger Selbstvertrauen, Gelassenheit, Aufmerksamkeit und Charme. Die Kindheit der beiden Gruppen unterschied sich nur im Milieu: die Erfolgreichen hatten mehr geistige Anregungen, eine zufriedenstellendere materielle Situation und eine gesündere emotionale Umgebung erfahren. Ab der Pubertät wurden die latenten Probleme manifest: Die Mitglieder der erfolgsärmeren Gruppe zeigten bereits jetzt Anpassungsschwierigkeiten und ein Absinken der Schulleistungen unter ihr eigentliches Niveau (vgl. SCHENK-DANZINGER, 1959, 372f).

TERMANs Ergebnisse fassen viel von dem zusammen, worum es bei der Problematik von Hochbegabung geht. Ich wiederhole die Stichworte: geistige Anregung *und* eine gute sozial-emotionale Einbettung in Familie und Umgebung, die Entwicklung von Zielgerichtetheit, Ausdauer, Selbstvertrauen, Gelassenheit und Charme. Charme entwickelt ein Mensch, wenn er verspielt, humorvoll und selbstbewusst handeln kann; Gelassenheit steht einem karrierefokussierten, Leistungsstress verursachenden Lernprogramm entgegen; Selbstvertrauen hat mit Angenommensein und So-sein-dürfen zu tun; Ausdauer mit geeigneten Arbeits- und Lerntechniken, intrinsischer Motivation und der Fähigkeit zu „micro"- und „macroflow"; Zielgerichtetheit mit einem starken Selbst, das weiß, was es will und den Weg wählen kann, der zu ihm passt. Dies widerspricht einer bloßen Laisser-faire-Erziehung. Das Fazit sollte deshalb lauten: geistige Anregung ja – und zugleich die Entwicklung der Fähigkeit, spielerisch „micro"- und „macroflow" im Leben einzubauen, um zielgerichte Ausdauer und zugleich Gelassenheit zu fördern.

Die Begabung der Ehepartner der hochbegabten ‚Termiten', wie die TEARMANsche Untersuchungsgruppe genannt wurde, lag beim Begabungsniveau von Durchschnittsakademikern (vgl. SCHENK-DANZINGER, 1959, 370f). Dabei waren die Unterschiede zwischen den hochbegabten Männern und ihren Frauen größer als die zwischen den hochbegabten Frauen und ihren Männern. Liegt das daran, dass eine Frau – im Rahmen ihrer weiblichen Anpassung an den Mann – diesem nicht allzustark überlegen sein will und ein Mann aufgrund seiner Rolle keine ebenbürtige oder sogar überlegene Frau verträgt? Spielen biologische Mechanismen hinein? Eine ethologische[5] Begründung könnte sein, dass Frauen traditionellerweise wählerischer sind als Männer, weil sie nicht mehrere Kinder von mehreren Männern gleichzeitig austragen können, und es dann natürlich wichtig ist, einen ebenbürtigen Mann zu haben. Es kann außerdem sozialpsychologisch argumentiert werden: Wir haben gesehen, dass hochbegabte Frauen in ihren Interessen eher den Männern ähneln. Auch halten sie ihre intellektuellen Fähigkeiten mehr zurück (zugunsten der Familie, der Karriere des Mannes, usw.) und haben dann weniger intellektuellen Austausch und Anerkennung. Die soziale Identifikation wird aufgrund ihrer Interessen, aber auch wegen des Unverständnisses normal intelligenter Frauen erschwert. Eine

---

[5] Ethologie ist die vergleichende Verhaltensforschung und als solche ein Teilgebiet der Zoologie. Die Psychologie gehört zu ihren Nachbargebieten.

hochbegabte Frau bedarf also quasi eines ebenfalls intelligenten Mannes, um sich mit ihren Fähigkeiten nicht alleine zu fühlen. Ein Mann hingegen hat weniger Probleme, im Beruf seine geistigen Fähigkeiten auszuleben und sich intellektuellen Austausch zu verschaffen. So ist es für ihn wahrscheinlich weniger entscheidend, ob seine Frau bei seinen intellektuellen Höhenflügen mithalten kann. Es braucht schon *sehr* ‚moderne' hochintelligente Männer, die sich ebenso intelligente Frauen suchen und diese wahrhaftig in ihrer Selbstentfaltung unterstützen, auch wenn es eine persönliche Einschränkung oder Umsortierung der Prioritäten bedeutet. Echte Unterstützung bedeutet schließlich nicht einfach, die berufliche Tätigkeit der hochbegabten Frau zu bejahen und die – (hochbegabten) Kinder – von klein auf und vollzeitlich in eine Krippe zu stecken. Echte Unterstützung bedeutet eben auch, die berufliche Tätigkeit *und* den Brutpflegeinstinkt der Mutter *und* die zeitlichen Ansprüche und Zärtlichkeitsbedürfnisse der Kinder zu unterstützen, auch wenn es an der eigenen Karriere ‚knabbert'.

Es war in TERMANs Untersuchung zu sehen, dass in der Gruppe der ‚Termiten' mit dem geringsten Lebenserfolg der Beruf oft nicht ihren Fähigkeiten entsprach. Ähnlich dürfte es in Beziehungskonstellationen mit traditionellen Rollenaufteilungen sein: Wahrscheinlich sind die meisten Mütter – nicht nur die hochbegabten – zu intelligent zum Abwaschen und Putzen. Und doch wird es aus Liebe zu den Kindern und zum Mann in Kauf genommen. Dabei die seelische Balance und ein gesundes Selbstwertgefühl zu bewahren, ist nicht immer einfach. Für hochbegabte Mütter muss dies ungleich schwieriger und oft nur durch ein Unterdrücken der eigenen intellektuellen Bedürfnisse zu erreichen sein. Die Gefahr ist dann groß, die eigenen Anerkennungswünsche durch Leistungsdruck und Karrierewünsche für die Kinder auszuleben, schneller in ein Burnout hineinzurutschen oder andere Störungen zu entwickeln.

Bei zwei hochbegabten Müttern, die sich voll und ganz der Kinderbetreuung widmeten bzw. widmen, hat mich beeindruckt, wie sie ihre Intelligenz hausfraulich ‚umgemünzt' haben: Die eine backt und kocht häufig (unentgeltlich) für viele Personen – für ihre kinderreiche Familie, die sich mittlerweile durch die Partner der Kinder vergrößert hat, wie auch für größere wohltätige Anlässe, was eine ziemlich aufwendige Logistik bedeutet. Die andere Mutter bastelt mit ihren Kindern und deren Freunden extrem viel und organisiert Bastelnachmittage mit riesigen Kindergruppen von etwa fünfzig Kindern ihres Wohnortes (unentgeltlich), was ebenfalls immenser Koordination bedarf. Beides sind Möglichkeiten, Fürsorge mit intellektuellem Anspruch zu verbinden, um selber nicht völlig zu kurz zu kommen. Auch ein genial organisierter Haushalt kann eine solche Strategie sein. Eine Haushaltsangestellte, die aus meiner vagen Einschätzung hochbegabt sein dürfte, wuchs in ihrer Heimat in bitterster Armut auf und hatte keinerlei Gelegenheit zu einer Ausbildung, ja kaum die Schule besucht. Trotzdem lernte sie innert Kürze und ohne jeglichen Sprachkurs die Sprache des Gastlandes außerordentlich gut. Selten habe ich derart intelligent organisiertes Putzen erlebt. Sie sagte stets, dass sie gerne den Haushalt machen würde. Sie hatte das Putzen als Chance erkannt und zu ihrer Berufung gewählt. Haushalten wurde bei ihr zu einer Art Jonglierkunst mit effizient organisierten Teilhandlungen, die sich zeitlich und räumlich optimal ergänzen. Dank ihres Verdienstes ermöglichte sie jedem ihrer Kinder ein komplettes Studium. Dies sind keine idealen Situationen, die von vornherein angestrebt werden, aber Situationen, die das Leben fordert. Es sind Beispiele von Frauen, die auf die Verantwortlichkeiten des Lebens selbstverständlich und mit viel Feinfühligkeit eingehen. Es sind Beispiele, wie sich Frauen ihr Leben, das aus vielen unterfordernden Aufgaben besteht, interessant und herausfordernd organisiert haben. Sie zeigen, wie unglaublich hilfreich die Fähigkeit ist, einer Tätigkeit intrinsische Motivation und somit viele kleine „microflow"-Einheiten abgewinnen zu können.

Aber es bleibt die Frage offen, ob sich manche hochbegabten Mütter (oder Väter) nicht zusätzlich mehr geistige Anregung nach ihrem ursprünglichen Wunsche verschaffen könnten. Ob die Gratwanderung, verschiedene gesellschaftliche und familiäre Bedürfnisse aufeinander abzustimmen, nicht noch ein wenig mehr ihre zusätzlichen eigenen Talente mitberücksichtigen sollte. Auf die Dauer könnten sich psychosomatische oder seelische Beschwerden einschleichen, wenn sich die eigenen Wünsche nicht eingestanden werden. So wurde mir die Geschichte von fünf Kindern einer armen Familie, die zu Beginn des 20. Jahrhunderts jung waren, erzählt: Die drei Brüder waren derart hochbegabt, dass sie gleich alle drei Stipendien für den Besuch des Gymnasiums erhielten. Die älteste, hochbegabte Schwester erhielt keines. Da die jüngste Schwester schon sehr früh heiratete und so ihr Glück machte, wurde es zur Lebensaufgabe der ältesten Tochter, die kranke Mutter zu pflegen. Nach einer unglücklichen Liebe mit ihrem Chef gab sie auch ihren Beruf als Sekretärin auf und widmete sich der Pflege der Mutter. Im Verlaufe der Zeit muss die hochbegabte Frau zunehmend in sinnierender Weise am Fenster gestanden haben, mit sich und ihren Gedanken allein. Alle hielten sie für etwas eigenartig. Was auf Hochbegabung, was auf eine kompliziertere seelische Verfassung, was auf familiäre Konstellationen und was auf ungünstige gesellschaftliche Bedingungen zurückzuführen ist, bleibt offen. Und doch ist es ein Beispiel, wie eine hohe Empfindsamkeit und großer Gedankenreichtum sich mit ungünstigen äußeren Bedingungen zu einer unbefriedigenden Lebenskarriere verdichten können. Übrigens verlief der Gymnasiumbesuch nicht für alle Brüder gleichermaßen erfolgreich: der jüngste flog von der Schule – der Lehrer hatte ihn, wie damals durchaus üblich, geohrfeigt, und der Junge hatte, gerecht ist gerecht, zurückgeschlagen. Die Ausgangsfrage dieses Kapitels lautete: wie beeinflussen sich Hochbegabung und emotionale Entwicklung. Wir haben gesehen, dass hochbegabte Menschen nicht von Natur aus Schwierigkeiten haben, sondern dass Hochbegabung – in Kombination mit einem hochsensiblen Wesen und einem besonders logischen bis eigensinnigen Denken – vor allem dann zu Schwierigkeiten führen kann, wenn ein abwertendes Umfeld, Leistungsstress oder ein Elternhaus vorhanden sind, in dem die hochbegabten Kinder nur wenig emotionale und geistige Nahrung bekommen. Solch ungünstige Situationen können einen inneren Rückzug bewirken. Wann und wie soziale Isolierung erlebt wird, ist das Thema des nachfolgenden Kapitels.

2.2 Soziale Isolierung und Einsamkeit

Soziale Isolierung bedeutet nach LAUTH & VIEHBAHN (1987, 11) das „negative individuelle Erleben unzureichender Sozialkontakte". Soziale Isolierung bedeutet Gefühle der Einsamkeit und Verlassenheit, weil sich der Mensch nicht als Individuum innerhalb eines sozialen Netzwerkes eingebettet fühlt. Die Interaktionen mit anderen Menschen werden als unbefriedigend erlebt. Soziale Isolierung begünstigt die Entstehung seelischer und körperlicher Störungen.

JONES et al. (1982) fanden heraus, dass Studenten, die sich einsam fühlen, dem Gesprächspartner weniger Aufmerksamkeit schenken. Sie beziehen sich weniger auf das vom anderen Gesagte, bezeugen weniger Aufmerksamkeit, stellen dem Partner weniger Fragen und behalten das vom anderen gewählte Thema weniger lang bei. So schränken sie die Entstehung von engen, überdauernden Freundschaften ein. Studenten, die sich sehr einsam fühlen, unterscheiden sich von Studenten, die sich nur ein bisschen alleine fühlen, nicht in der Häufigkeit der Gesprächskontakte an sich, aber in der Häufigkeit, mit welcher sie sich in einem engen, persönlichen Gespräch einbezogen finden.

Vielleicht fällt manchen Hoch- oder Höchstbegabten eine Gesprächsführung schwerer, weil sie mit ihren Gedanken immer schon woanders sind oder das Gesagte schnell – viel zu schnell für ihr Gegenüber – weiterdenken. Manche ‚lösen' das Problem, indem sie mehrere Tätigkeiten gleichzeitig machen – Lesen und Zuhören, Telefonieren und einen wichtigen Brief im Computer schreiben – was ein Zur-Ruhe-kommen und Zentrieren verhindert und zumindest für die Gesprächspartner schwierig sein kann, die sich dann weniger gemeint fühlen. Andere Hochbegabte sind eher schweigsam und sprechen nicht viel mit anderen, weil es sich aus ihrer Sicht schnell langweilig oder unpassend anfühlt. Ein gutes Gespräch mit Interesse führen zu lernen, eben diese Pflege der Achtsamkeit und ,Langsamkeit', könnte für Hochbegabte wichtig sein.

STOKES (1985) berücksichtigte in seiner Untersuchung zum Thema Einsamkeit und soziale Einbettung vier Dimensionen, um die Einbettung in ein soziales Netzwerk zu beschreiben: erstens die Anzahl Leute, die als wichtige Figuren im Leben eines Menschen das soziale Netzwerk ausmachen; zweitens die Anzahl Menschen unter diesen, die einem nahestehen; drittens die Anzahl Verwandte innerhalb des Netzes; und viertens die Dichte, die dadurch gekennzeichnet ist, ob die Bekannten eines Menschen untereinander auch Kontakte pflegen. Von diesen Variablen zeigte die Dichte der Beziehungsnetze den größten Zusammenhang zur Einsamkeit, während die Größe des sozialen Netzwerkes und die Anzahl der einem nahestehenden Leute eher wenig zur Verhinderung der Einsamkeit beitragen.

Auf die sozial-emotionale Entwicklung Hochbegabter bezogen, lässt sich fragen, ob manche Hochbegabte insofern etwas erschwerte Bedingungen haben, wenn sie sich in unterschiedlichen Freundeskreisen bewegen, die ihren verschiedenen emotionalen, körperlichen und geistigen Fähigkeiten entsprechen, da diese Freundeskreise untereinander nicht sonderlich stark verbunden sein könnten. Wenn ein Kind einen Schachclub besucht, der nichts mit dem Fußballspiel im Hinterhof zu tun hat, und kein Fußballspieler aus der Tagesschule des Kindes stammt, kann das ein Stück Wahlfreiheit bedeuten, aber auch die Suche nach dem eigenen Zentrum erschweren und zu Gefühlen der Einsamkeit führen. Es wird einem früh bewusst, dass man letztlich alleine dasteht. Manche Untersuchungen berichten davon, dass sich Hochbegabte eher ältere Freunde und Freundinnen suchen, was die Unverbundenheit unterschiedlicher sozialer Gruppen erhöhen dürfte. Allerdings konnte dies in der Marburger Hochbegabungsstudie nicht untermauert werden (vgl. SCHILLING, 2000, 402). SCHILLING (2000, 415) erklärt dazu, dass sich Behauptungen bezüglich einer Wahl älterer Freunde häufig auf die TERMAN-Studie stützen und die dort untersuchten Jugendlichen oft die jüngsten in ihrer Klasse waren. Wenn Kinder ihre Freunde aber unter ihren Schulkameraden finden, erstaunt dieses Ergebnis nicht mehr.

PETZOLD (1993, 734f, 741) spricht im Zusammenhang mit der Persönlichkeitsentwicklung wie auch in seinen Ausführungen zu ressourcenhaften bzw. vulnerablen Verlaufskarrieren von „convoys", von sozialen Zusammenschlüssen, die ein Stück des Lebensweges gemeinsam reisen, vergleichbar einer Karawane, innerhalb derer sich die Vehikel immer wieder neu gruppieren. Die Mitglieder eines Konvois prägen die jeweilige Lebensphase. Der Begriff Konvoi zeigt auf, dass Entwicklungsverläufe einen dynamischen Charakter haben und in stetem Wandel begriffen sind. So können (hochbegabte) Menschen je nach Alter und Lebenssituation in andere Formierungen eingebettet sein. Aber eine Karawane wird nicht ständig neu gebildet. Es gibt keinen sprunghaften, sondern einen kontinuierlichen Wandel – außer in Fällen von Krisen. Die Neubildung bzw. Umstrukturierung des Konvois erfolgt ganz allmählich. Gewissermaßen ist der Begriff „convoy" die Dynamisierung des Begriffes „soziales Netzwerk" und erklärt, dass es zwar wechselnde Netzwerke gibt im Lebensverlauf, aber diese im Sinne von STOKES nicht unverbunden sein sollten, sondern sich auseinander heraus entwickeln oder umformieren. So werden Brüche im Lebenslauf vermieden, welche potentielle Risikofaktoren darstellen. Für hochbegabte Kinder sollte deshalb daran gedacht werden, bei Spezialprogrammen auf die soziale Vernetzung und Beständigkeit zu achten.

PIELSTICK (1963) untersuchte, wie Hochbegabte von ihren Klassenkameraden wahrgenommen werden. Die Schüler besuchten die vierte, fünfte und sechste Klasse. PIELSTICK unterteilte die Hochbegabten in leicht Hochbegabte mit einem IQ zwischen 130 und 140 im Stanford-Binet-Test und in stark Hochbegabte mit einem IQ über 140. Dann verglich er sie mit den übrigen Klassenkameraden. Die Kinder mussten in einem „guess-who"-Test solche Fragen zu Eigenschaften und Interessen ihrer Klassenkameraden beantworten, die sich seit TERMANS Befunden und auch in anderen Untersuchungen als typisch für Hochbegabte erwiesen hatten. Zusätzlich wurde gefragt, wer ihnen am ähnlichsten, wer am unähnlichsten sei, wem sie selber am liebsten ähneln und von wem sie sich am liebsten unterscheiden würden. Die Fragen bezogen sich auf die ganze Klasse, nicht nur auf die Hochbegabten. Ferner wurden die Schulen nach niedrigem und hohem sozialökonomischen Status unterschieden, wobei der sozialökonomische Status einer Schule durch die Merkmale Einkommen, Beruf und Ausbildung der Eltern definiert wurde. Es stellte sich heraus, dass leicht und stark Hochbegabte beide signifikant häufig von ihren Klassenkameraden als hochbegabt gemäß der Kriterienliste erkannt wurden. Dabei wurden stark Hochbegabte in Schulen mit niedrigem sozialökonomischem Status öfters als hochbegabt identifiziert als leicht Hochbegabte in diesen Schulen. Diese wurden, im Gegensatz zu den stark Hochbegabten, eher in Schulen mit höherem Status als hochbegabt identifiziert, wobei diese Identifikation weniger deutlich war. Stark Hochbegabte wurden von den Klassenkameraden als von ihnen verschieden wahrgenommen, bei leicht Hochbegabten war dieses Ergebnis nicht signifikant. Beiden aber, den stark wie den leicht Hochbegabten, wollten die Klassenkameraden gerne ähneln, wobei vor allem Schüler in sozialökonomisch höher eingeordneten Schulen den stark Hochbegabten ähneln wollten. PIELSTICK (1963, 51) vermutet, dass sich die stark hochbegabten Schüler, welche er in Schulen mit niedrigem gesellschaftlichem Status seltener fand, deutlicher von ihren Klassenkameraden unterscheiden und deshalb häufiger identifiziert werden. Es wäre m. E. denkbar, dass sich in Schulen mit hohem sozial-ökonomischenm Status zusätzlich ein persönlicher Ehrgeiz der Klassen-kameraden hineinmischt, weshalb dort eher leicht Hochbegabte als solche anerkannt werden (als Kriterium, das man selber schon fast erreicht): Hier geben signifikant mehr Kinder an, wie die stark Hochbegabten sein zu wollen. In Schulen mit niedrigem Status hingegen dürfte starke Hochbegabung quasi jenseits von Gut und Böse liegen, weil sie (das wäre allerdings die Leistungssei-te) auch nicht ansatzweise auf elterliche Förderung zurückzuführen ist. Mögli-cherweise sind für verschiedene Schichten unterschiedliche Deutungsmuster heranzuziehen.

Der Wunsch, Hochbegabten zu ähneln, stützt nach PIELSTICK (1963, 52) Befunde von TERMAN und anderen Forschern, die auf eine gute soziale Integra-tion hochbegabter Kinder hinweisen. Ohne die prinzipielle gute Integration in Abrede stellen zu wollen, könnte es aber sein, dass sich die stark Hochbegabten manchmal trotz der von den anderen Kindern erwünschten Eigenschaften einsam fühlen: Welches Kind möchte nicht dem Größten, Intelligentesten, Überlegensten usw. ähneln? Ob diese Unterschiede aber im gemeinsamen Spiel immer noch erwünscht sind, wenn das hochbegabte Kind dann ständig irgendwo überlegen ist? Auch heißt „wünschenswerte Eigenschaften" ja lediglich, dass die anderen die Eigenschaften *für sich* wünschen (und dies beurteilen sie aus ihrer persönlichen sozialen Einbettung heraus). Ob sie diese Eigenschaften ständig an ihrem Gegenüber sehen wollen, ist eine andere Frage. Falls ein hochbegabtes Kind es schafft, sich zurückzuhalten oder sozial besonders reif ist (was ihm als Fähigkeit laut ROST et al. bzw. FREUND-BRAIER und SCHILLING im allgemeinen bescheinigt wird, 2000), kann es wohl von den anderen akzeptiert werden und soziale Einbettung erfahren, aber mit seinen Gedanken bleibt es in manchen Bereichen allein. So kann es sich trotzdem ein Stück einsam fühlen.

Interessant ist auch der Befund, dass die Identifikation der stark Hoch-begabten mit steigender Schulstufe abnimmt und die Identifikation der leicht Hochbegabten zunimmt. PIELSTICK (1963, 51) zieht als Grund in Erwägung, dass die stark hochbegabten Kinder zunehmend eine gewisse Schulmüdigkeit zeigen und entsprechend weniger hochbegabungstypische Leistungen. Die Schule begünstige, wie er folgert, die Entwicklung leicht Hochbegabter, während die Fähigkeiten stark Hochbegabter nivelliert würden.

SHELDON (1959) untersuchte, inwiefern sich höchstbegabte Kinder mit einem Mindest-IQ von 170 isoliert fühlen und in welchem Ausmaß sie von ihren Kameraden und von Erwachsenen als isoliert wahrgenommen werden. SHELDON kam zum Ergebnis, dass ein hoher IQ alleine nicht als Isolationsfaktor ausreicht, aber zur Einsamkeit beitragen kann. Die Isolation scheint eher in der Rolle der Hochbegabten innerhalb der familiären und schulischen Umgebung begründet zu sein und nicht in der Intelligenz. Doch stellte SHELDON eine

Diskrepanz zwischen der selbst wahrgenommenen Isolation und der Meinung der Klassenkameraden fest: Mehr als die Hälfte der Hochbegabten fühlte sich im Innersten unzulänglich, und es mangelte ihnen an Zuversichtlichkeit. Aber ‚nur' bei sechs der fünfzehn Höchstbegabten mit Minderwertigkeitsgefühlen urteilte auch die Umgebung negativ. Einschränkend ist zu sagen, dass die Untersuchungspopulation nicht sehr groß war. Auch wurde ein beträchtlicher Teil der Untersuchten durch psychologische Dienste identifiziert, was die Häufigkeit emotionaler Probleme in der Untersuchung mitbegründen kann. Andererseits besuchten fast alle untersuchten Kinder Sonderschulen, wo der minimale IQ 130 betrug, so dass die Differenzen zwischen den Klassenkameraden ein Stück weit minimiert war.

SCHILLING (2000) untersuchte im Rahmen des Marburger Hochbegabtenprojektes die Peer-Beziehungen von Hochbegabten und Hochleistenden. In der Untersuchung zeigten sich ungünstigere Werte für die Hochbegabten im Unterschied zu durchschnittlich Begabten, was die generelle Kontaktbereitschaft und den Kontakt zu Freunden betrifft. Allerdings gab es keinerlei Unterschiede, wenn die *direkte* Situation (z. B. Zugehörigkeit zu einer Clique oder Existenz eines guten Freundes) erfragt wurde. SCHILLING (2000, 414ff) stellt deshalb die Frage, ob Hochbegabte eventuell über ein reiferes Freundschaftskonzept verfügen und mehr Wert auf die Qualität von Beziehungen legen als auf ein allgemeines ‚In-sein': Es wurden nämlich Aspekte wie „mit Freunden und Freundinnen herumhängen" oder „... telefonieren" erfasst. Gerade beim Herumhängen gaben die Hochbegabten den niedrigsten Wert an. Keine bedeutsamen Unterschiede zwischen durchschnittlich Begabten und Hochbegabten zeigten sich hingegen bei „mit dem besten Freund oder der besten Freundin zusammen sein". Für Hochleistende sieht es im Unterschied zu den durchschnittlich Leistenden wieder anders aus: Die Hochleistenden wiesen in allen Items Unterschiede zu ihren Ungunsten auf.

Soziale Einsamkeit scheint nach den Befunden mehr indirekt mit Hochbegabung zusammenzuhängen, vor allem mit fremd verursachtem oder durch hohe Empfindsamkeit selbst verursachten (Leistungs-)Stress. Im folgenden Kapitel soll deshalb das achtsame Gewahrsein der eigenen Gefühle besprochen werden. Gewahrsein der eigenen Empfindungen und Gewahrsein der Empfindungen anderer machen das soziale Verstehen aus. Das soziale Verstehen hat eine biologische Basis in den Spiegelneuronen. Dieser Zusammenhang wird im nächsten Kapitel erklärt und aufgezeigt, wie wichtig das kindliche Spiel ist, um soziales Verstehen zu üben und neurobiologisch zu verankern.

2.3 Spiegelneurone, soziales Verstehen und Kognition

Die sozial-emotionale und die kognitive Entwicklung müssen einander nicht entgegenlaufen, wenn Emotionen und Kognitionen differenziert erlebt und beide im Sinne einer nach innen lauschenden, ganzheitlichen Achtsamkeit eingesetzt werden. Hier ist das Konzept der „reflexiven Sinnlichkeit" von DREITZEL (1992) und in der Folge das Konzept der „sinnlichen Reflexivität" von PETZOLD (HEURING & PETZOLD, 2005) anzusiedeln: DREITZEL (1992, 30) schreibt,

> „dass das gegenwärtige Stadium des Zivilisationsprozesses am besten als das Entstehen eines reflexiven Naturverhältnisses begriffen werden kann. Was an der heutigen Kultur neu ist, ist der reflexive Gebrauch des Körpers, der Gefühle, der äußeren Natur und, allgemeiner, der realitätskonstruierenden Tätigkeiten in Interaktionen. Und damit ist beides gemeint, eine reflektierende Haltung, die bewusst die Qualität, die Intensität und paradoxerweise sogar den Grad der Spontaneität im Audruck körperlicher und emotionaler Bedürfnisse wählt, wie auch die eigene Selbstreflexivität solcher Ausdrucksformen."

Und etwas später führt DREITZEL (1992, 32) aus:

> „Der reflexive Gebrauch der Sinnlichkeit ist aber nur dadurch möglich, dass ich meiner Sinnes- und Gefühlstätigkeit stets gleichzeitig auch gewahr sein kann. Erst dieses Vermögen zum Gewahrsein, zu einer inneren Achtsamkeit, macht es möglich, dass Fragen des Gefühls und der Körperkontrolle selbst zum Gegenstand reflektierter Verhaltensweisen werden können."

DREITZEL geht es um ein Gewahrsein, ein Fühlen, das vom Denken unterlegt und durchwirkt ist. Der Begriff „reflexive Sinnlichkeit" ist eine Weiterentwicklung der gestalttherapeutischen Aufforderung von Fritz PERLS: „Loose your mind and come to your senses." Dieser Satz hat den aktuellen Kontakt im Hier und Jetzt, ohne Wenn und Aber, im Blick und ist ein Kind der Befreiungsbewegungen der 60er- und 70er-Jahre. DREITZEL hat diesen Satz zum „Keep your mind and come to your senses" erweitert (HEURING & PETZOLD, 2005, 40). PETZOLD geht – entsprechend unserem heutigen Zeitgeist der Postmoderne – einen Schritt weiter und propagiert ein Denken, das vom Fühlen durchdrungen ist. Während es also bei der reflexiven Sinnlichkeit darum geht, sich das Denken beim Fühlen zu erlauben, geht es bei der sinnlichen Reflexivität darum, sich das Fühlen beim Denken zu erlauben. Beide Konzepte ergänzen einander.

Gelingt es Hochbegabten, diese achtsame, gewahrsame Haltung einzunehmen und sich die Zeit zu nehmen, den Gefühlen und Atmosphären nachzuspüren, stehen emotionale und kognitive Entwicklung nicht im Widerspruch zueinander, sondern sind miteinander positiv und ergänzend verbunden. Auch wenn für Hochbegabte zunächst die Entwicklung von „sinnlicher Reflexivität" nahe liegen mag, also der Fähigkeit, dem Denken das Gewahrsein für die eigenen Gefühle zu Grunde zu legen, möchte ich sie doch nicht losgelöst von der Entwicklung zu „reflexiver Sinnlichkeit" sehen, also der Fähigkeit, Gefühlen zu folgen unter bewusster Berücksichtigung der eigenen Gedanken zur auslösenden Situation.

Emotionen sind mehr als nur Zulieferanten fürs Denken. Zwar gelten die abstrahierenden kognitiven Fähigkeiten in ihrem Ausmaß als menschliches Spezifikum und als höchste Fähigkeit in der Entwicklung zum Menschen. Doch kann es gefährlich sein, wenn Gefühle bei Entscheidungen ausgeschaltet werden oder sich völlig unerkannt hineinmischen. So dürfte die *Integrationsfähigkeit*, die Fähigkeit Kognitionen und Emotionen auf differenziertem Niveau zu integrieren, eine noch höhere Fähigkeit sein. Gelingt diese Integration durch achtsames Gewahrsein, können die eigenen und fremden Beweggründe besser verstanden werden. Solch achtsames Gewahrsein für Eigenes und Fremdes wird durch die Fähigkeit zur Perspektivenübernahme ergänzt, d. h. durch die Fähigkeit, sich in die Bedürfnisse anderer Menschen hineinzuversetzen, und so zu einer „Theory of Mind" zu gelangen:

Die Fähigkeit, Absichten und innere Vorgänge anderer Menschen zu erfassen, wird auch als „Theory of Mind" (TOM) bezeichnet. Die neurobiologische Basis für solche Repräsentationen bildet das Netzwerk der *Spiegelneurone*. Spiegelneurone wurden 1996 von der Forschergruppe um den Physiologie-Professor RIZZOLATTI an der Universität Parma entdeckt (GALLESE, 2001; BAUER, 2005): Sie untersuchte mit Hilfe von Affen, welche Neuronen bei welchen Handlungen, aktiv wurden. Dafür wählten die Forscher einen naturalistischen Ansatz und ließen Affen beispielsweise nach Nüssen und Rosinen greifen. Eines Tages verhalf den Wissenschaftlern der Zufall zu einer sensationellen Entdeckung: Als einer der Forscher seine Hand in Richtung des Tabletts mit den Rosinen bewegte, das dem Affen gezeigt worden war, ‚feuerten' dessen Nervenzellen heftig – allein durch die Beobachtung der Handlung. Dies war die Entdeckung der sog. Spiegelneuronen, einer Gruppe von Nervenzellen, die nicht nur dann aktiv werden, wenn eine bestimmte Handlung ausgeführt wird, sondern auch, wenn sie bei jemand anders beobachtet wird. Weder der alleinige Anblick des Zielobjektes (z. B. Rosinen) noch des Anderen genügt, um diese Neuronen zu aktivieren, ebenso wenig die Handlungsausführung ohne Zielobjekt. Spiegelneurone bilden ein kortikales System, das die Beobachtung einer Handlung mit einem Handlungsziel verbindet. Handlungsziele können somit von den Teilnehmern einer sozialen Gemeinschaft gegenseitig erkannt werden – was eine Grundkompetenz für soziale Kommunikation und empathisches Verstehen bildet. Spiegelneurone dürften auch mit der Entwicklung der Sprachfähigkeit verbunden sein, da die Sprache erstens auf solchen Fähigkeiten zur Vorauserkennung oder -planung basiert, zweitens evolutionär eine Kontinuität von Sprachentwicklung und der Entwicklung feinmotorischer Arm-Hand-Bewegungen ausgemacht werden kann und drittens die prämotorischen Areale der Spiegelneurone teilweise identisch mit der „Broca-Region" sind, welche mit der Sprachproduktion verbunden ist.

LAHAV et al. (2007) untersuchten Zusammenhänge zwischen auditiven Stimuli und einer Aktivierung durch Spiegelneurone. Dazu wählten sie ein kleines Musikstück aus und trainierten Nicht-Musiker an fünf Tagen, dieses nach Gehör auf dem Klavier zu spielen. Sie bekamen also keine Noten zu sehen, um mögliche visuomotorische Verbindungen auszuschließen. Als die Versuchsteilnehmer am fünften Tag Passagen aus dem Stück hörten, wurden bei ihnen die entsprechenden Hirnregionen aktiviert, die auch bei einer Handlungsbeobachtung ,feuern'. Wurden die Noten in einer etwas anderen Weise und Reihenfolge präsentiert, reagierten die Spiegelneurone in geringerem Ausmaß; hörten die Versuchsteilnehmer hingegen vertraute, aber motorisch nicht eingeübte Musikpassagen, wurde das Netzwerk der Spiegelneuronen gar nicht aktiviert. LAHAV et al. folgern daraus, dass das Hören-Tun-System („hearing-doing system") sehr eng mit dem motorischen Repertoire einer Person verknüpft ist, dass dieses sich zweitens sehr schnell aufbauen lässt und dass drittens die Broca-Reagion auch hier den Angelpunkt bildet. Sie scheint zusätzlich zu ihrer Beteiligung an der Sprache eine Art sensomotorische Integrationsfunktion für sequentielle Handlungen zu erfüllen (BINKOFSKI & BUCCINO, 2004, 2006; BAUMANN et al., 2005; nach LAHAV et al., 2007). So reichen Teile einer Handlungssequenz aus, um die gesamte Handlungsfolge vorauszuerkennen (BAUER, 2005, 31). Dies erinnert an die Befunde von LOREK (2000; vgl. Kap. 3.1 in diesem Buch), welche einen Zusammenhang zwischen Musikalität und dem Intelligenz-Untertest „Reihenfortsetzen" fand und auch von einer Sensitivität musikalischer Menschen für Verlaufsqualitäten spricht. Mit Bezug auf andere Untersuchungen (GREZES & DECETY, 2001; PATUZZO et al., 2003; CISEK & KALASKA, 2004) stellen LAHAV et al. fest, dass die auditiven und visuellen (und möglichen weiteren) Operationen des Spiegelneuronen-Systems miteinander funktional verbunden sein dürften oder sogar Formen von dem jeweils anderen sein könnten.

GAZZOLA et al. (2006) fanden heraus, dass Personen, die höhere Werte im Empathiefaktor[6] „Perspektivenübernahme" aufwiesen, auch eine stärkere Akti-

---

[6] Empathie bedeutet die Fähigkeit mitzufühlen – aber nicht einfach mitzuweinen, wenn jemand traurig ist, sondern so mitzufühlen, dass man den anderen trösten kann und ahnt, was ihm gut tun könnte.

vierung des Spiegelneuronen-Netzwerkes zeigten. Unterschiedliche Aspekte von Empathie scheinen unterschiedliche Hirnreale zu aktivieren: „Empathic concern" (empathische Betroffenheit, z. B. wenn man die Schmerzen eines anderen Menschen leibhaftig miterlebt) aktiviert die sog. Insula, welche wahrnimmt, wie sich innere Körperorgane anfühlen. „Perspective taking", also Perspektivenübernahme, welche auch kognitive Anteile enthält, ist hingegen eng mit dem System der Spiegelneurone verbunden.

Die verschiedenen Untersuchungen zu den Spiegelneuronen lassen in Anlehnung an LAHAV et al. (2007) oder BAUER (2005) vermuten, dass hier ein schnelles, intuitives System existiert, dass eine spontane Orientierung an der Umwelt ermöglicht und so das Überleben in der sozialen Gemeinschaft wie in der Natur sichert – wenn beispielsweise die Erwartungen anderer ,erahnt' werden können, wenn Handlungsnischen in sozialen Räumen genutzt werden oder wenn das auditive Spiegelneuronensystem das visuelle zur Orientierung in der Umwelt ergänzt oder ersetzt, z. B. bei Schritten in der Dunkelheit. Es zeigte sich in den Untersuchungen auch, dass die stärkste Aktivierung dann erfolgt, wenn eine beobachtete oder gehörte Handlung exakt der selbst durchgeführten Erfahrung entspricht.

Welche Bedeutung diese Befunde für die Förderung ausgiebigster Spielmöglichkeiten für Kinder haben, lässt sich schnell erahnen! Spielen ist stets auch Lernen. Wie können die Handlungsmöglichkeiten und Umweltgefahren sicher eingeschätzt werden, wenn sie nicht selber durchgeführt wurden? Die Lernpsychologie weiß, dass diejenigen Sachen am besten erinnert werden, die nicht nur gelesen wurden, sondern gelesen, gehört und vor allem auch motorisch ausgeführt wurden. Theoretisch kann jeder Einrad fahren oder ein physikalisches Phänomen berechnen – in der Praxis sieht dies anders aus.

Nun gilt aber für die Orientierung in der sozialen Umwelt, dass man nicht alles selber durchführen kann. Kaum jemand will seine Mitmenschen verprügeln oder sich selbst verprügeln lassen, um später zu wissen, dass ein bestimmtes Geräusch oder eine bestimmte beobachtete Bewegung Schläger ankündigt. Wer als Kind aber viel gespielt hat – sei es ,indirekt' mit Puppen, sei es ,direkt' als Indianer – kann eine sicherere Einschätzung entwickeln, was herannahende soziale Situationen betrifft, aber auch welche Grenzen wann gesetzt sind.

So sind die wundervollen Kinderbücher von Astrid LINDGREN Werke voller Spiegelneuronen-Aktivität. Astrid LINDGREN, die selber so viel spielte, „dass es ein Wunder ist, dass wir uns nicht totgespielt haben" (ohne Zitatangabe), schafft es, in den vielen Erlebnissen, die sie in ihren Büchern beschreibt, soziale Situationen in wenigen einfachen Sätzen mit einem Maximum an Perspektivenübernahme zu schildern. Ihre Schilderungen sind soziales Verstehen pur.

Wem als Kind nur wenig aktiver sozialer Austausch und Spielmöglichkeiten zur Verfügung standen, kann sich ein Stück weit über die kognitive
Vorstellungsebene weiterhelfen – zumal die Fähigkeit zur Perspektivenübernahme, welche in enger Beziehung zum Spiegelneuronensystem steht, auch ein
kognitives Element enthält: Ein Mädchen, das in einem an sozialen Anregungen
eher mageren und durch Zwiste belasteten Elternhaus aufwuchs, erzählte, dass
es sich oft unsicher und in sozialen Situationen ‚außen vor' fühlte, obwohl es
gerne mit anderen Kindern spielte und zum Glück auch gute Freundinnen hatte.
Es förderte intuitiv seine eigene soziale Entwicklung, indem es über erlebte
soziale Situationen nachdachte, z. B. auf welche Weise andere Kinder mit dem
Puppenhaus spielten oder warum sie welche Rollen verteilten. Es beobachtete
quasi die Gruppendynamik. Das Mädchen las außerdem viel und leitete von den
sozialen Situationen in den Kinder- und Jugendbüchern manche Verhaltensregel
ab. Dies mag ein Beispiel dafür sein, wie kognitive Fähigkeiten und Spiegelneurone einander unterstützen können, wenn eine Handlung nur ansatzweise
erlebt wurde. Grundsätzlich jedoch reagieren die Neuronen am stärksten, wenn
eine Handlung konkret *erlebt* wurde. Umgekehrt hilft eine Förderung differenzierter kognitiver Strategien, solch intuitive Einschätzungen auszuweiten oder
zu relativieren, wenn die Umgebungsbedingungen sich verändern – z. B. wenn
bei Kontakt mit einer anderen Kultur ein Verhalten plötzlich eine andere
Bedeutung erhält.

„Prozesse der Mentalisierung", d. h. des „Verstehens von Gedanken und
Gefühlen als geistigen Zuständen" (KERNBERG, Vortrag vom 1. April 2008 in
der Psychiatrischen Universitätsklinik Zürich) werden bei diesem Zusammenspiel in Gang gesetzt – d. h. die leiblichen, neurobiologischen Erfahrungen
werden, so PETZOLD, durch kognitive, (ko-)reflexive[7] Prozesse sowie mit ihnen
verbundene Emotionen und Volitionen (Wollen) in bewusste Informationen
transformiert. Und er ergänzt: „Prozesse der *Mentalisierung* wurzeln grundsätzlich in (mikro-)gesellschaftlichen Ko-Respondenzprozessen zwischen Menschen, wodurch sich individuelle, *intramentale* und kollektive, *intermentale*
‚Repräsentationen' unlösbar verschränken." (PETZOLD, 2006, Kap. 2.1.4)

Hier schließt sich der Kreis zu den Spiegelneuronen, die eben solche
Prozesse ermöglichen. Kognitive Denkstrategien und intuitives soziales Verstehen durch Spiegelneuronen ergänzen sich – vor allem wenn Spiegelneurone in
vielfältigen Erfahrungen aktiviert werden; und das heißt, wenn den (hochbegabten) Kindern zeitlich, räumlich und atmosphärisch genügend Spielräume
eingeräumt werden.

---

[7] Mit Ko-Reflexivität bezeichnet PETZOLD eine Reflexivität, die sich im gegenseitigen Austausch
entwickelt (vgl. auch Kap. 7.1 zur Therapietheorie der Integrativen Theorie).

3 Musikalität

„Ich bin nicht musikalisch" oder „mein Kind ist nicht musikalisch" – solche Sätze hört man immer wieder. Es mag Unterschiede geben: Genauso wie nicht alle Landschaftsmaler werden oder Videoinstallationen produzieren, können nicht alle Menschen gleich virtuos singen, Musik analysieren oder ein Instrument spielen. Auch nicht-virtuose Menschen haben ein Gefühl für Musik, für Farben, für Formen. Jeder kann – auf seine Art – malen, singen, werken. Vieles davon ist eine Frage der Übung, Zeit und Lust. Ich kenne Erwachsene, die beim Singen mit ihren Kindern noch lernten, die passenden Töne zu finden. Es gibt Menschen, die kein Instrument lernten, weil sie sich angesichts ihrer hochmusikalischen Geschwister für unbegabt hielten, während die selben Menschen in einer ‚normalmusikalischen' Familie für durchaus begabt gehalten worden wären. Andere Menschen, auch solche, die kein Instrument spielen, hören hochdifferenziert die verschiedenen Instrumente in Musikstücken heraus. Es ist leicht zu sehen, wie stark übernommene Bewertungsmuster hineinspielen, wenn Musikalität beurteilt wird.

Aber warum sollte ein Mensch keine Musik machen können? Musik ist sozusagen die Ursprache. Babys geben als erstes vergnügte Tönchen von sich, deren sinnliche Einübung die Vorstufe zum Sprechen bildet (siehe Kap. 7.2 zu den Untersuchungen von PAPOUSEK). Wie in Kapitel 3.1 zu sehen sein wird, ist Musikhören eine stark emotional geprägte Handlung und hat mit innerem ‚Angeschlossensein' an die eigene Empfindsamkeit zu tun (vgl. auch Kap. 4.2). Diese Fähigkeit zu Fühlen besitzt a priori jeder Mensch. Wie Kurt PAHLEN[8] schon sagte, gibt es keine unmusikalischen Menschen.

3.1 Was heißt musikalisch?

Musik wird als kulturelles Element von unterschiedlichsten Gesellschaften und Gruppierungen geschätzt. Zu einem Teil mag die Wertschätzung von Musik auf

---

[8] Der österreichische Dirigent, Komponist und Musikwissenschaftler Kurt PAHLEN wurde weltweit berühmt für seine lebendige Vermittlung von Musik. Er gründete einen „Chor für Unmusikalische" und in Lenk (Berner Oberland) die „Musiktage für Kinder".

der kulturübergreifenden und -vermittelnden Funktion von Musik beruhen. Es wird wahrgenommen, dass sie ein Kommunikationsmedium ist, das dort greift, wo Menschen im Begriff sind, ihre Narrationsfähigkeit[9] im Dunst der Hetze und organisatorisch-terminlichen Kommunikationsanforderungen verbleichen zu lassen. Musik ermöglicht im sozialen Bereich Identifikation mit einer Gruppe oder Kultur. Sie ermöglicht innerpsychisch, sich zu beruhigen oder zu aktivieren. Musik wird aus vielen Gründen geschätzt und nimmt in Schule oder Beruf wie in der Freizeit eine besondere Stellung ein. Sie ist nicht wie ein Bild an der Wand, das einfach ruhig da hängt und auch übersehen werden kann, oder ein selbstverständliches Hobby, zu dem sich viele Menschen in täglich wechselnden Formationen treffen wie Fußballspielen auf dem Pausenplatz oder Herumhängen in einer Clique. Musik hat irgendwie eine besondere Stellung.

LOREK stellt fest, dass dem musikalischen Begabungsbegriff eine „andere soziale Wertigkeit" (2000, 37f) innewohnt als dem auf Intelligenz bezogenen Begabungsbegriff. Sie bezieht sich dabei auf DE LA MOTTE-HABERs Feststellung (1981, 75; nach ebd.), dass es in unserer Gesellschaft wohl als beleidigend empfunden wird, jemanden als unintelligent zuzeichnen, während es viel weniger schlimm ist, als unmusikalisch zu gelten. Umgekehrt aber gilt das Vorhandensein von Musikalität als besonderes Privileg, das bis hin zum Starkult bewundert wird. Diese Ambivalenz begründet LOREK durch die Alltagsmeinung, dass musikalische Fähigkeiten angeboren seien – wobei sich der Begriff Musikalität in der Alltagssprache auf die Wiedergabe und Komposition von Musik bezieht, nicht aber auf höranalytische Fähigkeiten oder eine besonders starke Empfindsamkeit für musikalische Stimmungen. Nach LOREK liegt ein weiterer Grund für diese Ambivalenz in der romantischen Verklärung von musikalischer Begabung im 19. Jahrhundert, der bis heute wirksam sei.

In der ambivalenten Wertigkeit spiegelt sich vielleicht auch die intuitive Wahrnehmung, dass Musikalität und Intelligenz nur teilweise identisch sind. So bedeutet scheinbar fehlende Musikalität keine grundlegende Bedrohung der Intelligenz. Die vorgeburtlich erfahrenen Geräusche und Klänge wie auch Kinder- und Abendlieder könnten m. E. dazu beitragen, mit Musik angenehme Erinnerungen zu verbinden, die zu einer Wertschätzung beitragen. Vor allem aber dürfte ganz pragmatisch hinzukommen, dass Musik in unserem Bildungssystem nur teilweise verankert ist. Wenn Eltern ihren Kindern Musikunterricht

---

[9] Dies ist Fähigkeit, die Lebensereignisse zu einer Lebensgeschichte zu verweben, wie es früher geschah, wenn die Menschen an langen Winterabenden miteinander erzählten und die Erzählungen gemeinsam weiter entwickelten. Zur Narrationsfähigkeit und der Funktion von sog. Narrativen siehe auch Kap. 7.1 dieses Buches; zur Bedeutung der „narrativen Praxis" PETZOLD, 1993, 386ff, 859; zum Stellenwert von Musik, Sprache und Kommunikation vor allem für die Jugendgeneration, vgl. THALMANN-HERETH, 2001, 344f.

ermöglichen wollen bzw. es sich leisten können, ist das ein wunderbarer Zusatz – leider aber nichts, was zum obligatorischen Unterricht gehört. Da Musikunterricht viel kostet, werden die (gemieteten) Instrumente schnell aufgegeben, wenn das Kind nicht jeden Tag übt. Das selbstverständliche Bedürfnis nach musikalischem Ausdruck, das den Menschen von klein auf innewohnt (und auch zur Sprachentwicklung gehört), wird mit Leistungsstress verbunden und nicht in seinen natürlichen Schwankungen verstanden. Eltern, die selber kein Instrument spielen oder dieses aufgegeben haben, erwarten, dass ihr Kind selbstverständlich und täglich von sich aus übt. Doch wir Erwachsene frönen unseren Hobbies auch nicht jeden Tag. Und welches Kind macht schon jeden Tag seine Aufgaben mit der gleichen Intensität oder schiebt nicht mal etwas heraus?

Wenn musikalische Bildung einen derart inkonsistenten Stellenwert hat, kann es nicht verwundern, dass scheinbar fehlende Musikalität oder das Aufgeben eines Instrumentes nicht weiter stört. Musik und damit Musikalität scheint nicht immer wichtig und wird doch geliebt. Musikalität ist in unserem Gesellschaftssystem eine stark schwankende, wenngleich leicht steigende ,Aktie'. Und woraus diese Aktie besteht, was ihren Wert ausmacht, ist nur schwer in Begriffe zu fassen.

Begriffsdefinitionen wirken sich letztlich auf Beurteilungen aus, deshalb ist eine Beschäftigung mit ihnen unumgänglich. Wie kann musikalische Begabung möglichst objektiv definiert werden und was könnte sie mit der allgemeinen Intelligenz (SPEARMANs g-Faktor) und anderen Intelligenzbereichen zu tun haben (vgl. Kap. 1.2)? Um diese Fragen zu beantworten, beziehe ich mich in diesem Kapitel zu einem großen Teil auf eine Untersuchung von LOREK (2000) zur musikalischen Hochbegabung bei Jugendlichen, die mit 114 Jugendlichen eines Musikgymnasiums in Weimar durchgeführt wurde[10]. LOREKs spannendes Projekt ist für die Fragestellung dieses Buches wichtig, weil sie das Thema Musikalität aufzuschlüsseln versucht und sich zugleich mit Begabungskonzepten auseinandersetzt. Hier geht es um die umgekehrte Fragestellung, nämlich was intellektuelle Hochbegabung mit Musikalität zu tun hat, oder genauer: warum sich Musiktherapie besonders für Hochbegabte eignet.

Bei Definitionen zur musikalischen Begabung findet sich der gleiche Zwiespalt wie bei Definitionen zur intellektuellen Begabung: erstens die Frage, wieviel einer gezeigten Leistung angeboren und wieviel davon erlernt ist; und

---

[10] LOREK untersuchte die 12- bis 19jährigen mit einem eigens von ihr konstruierten Fragebogen, in dem sie beispielsweise musikalische Vorlieben, Übverhalten, allgemeine Interessen usw. erfasste; Des weiteren untersuchte sie die Intelligenz mit einer Kurzform des CFT20-Intelligenztests und Persönlichkeitsmerkmale mit dem Persönlichkeitsfragebogen Deutscher HSPQ. Auch die Intrumentallehrpersonen wurden zu ihrer Einschätzung der einzelnen Schülerinnen und Schüler befragt.

zweitens die Frage, ob die Begabung durch eine allgemeine Grundfähigkeit oder viele unabhängige Spezialfähigkeiten bestimmt werden kann. Hinzu kommt im Falle musikalischer Begabung die Frage, ob und wieviel ein allgemeiner Intelligenzfaktor mit hineinspielt. Theodor BILLROTH[11] (1896, 228; nach LOREK, 2000, 40) hat es pointiert formuliert: „Die Frage: Wer ist musikalisch? muss eigentlich lauten: Woran erkennt man, dass jemand musikalisch *veranlagt* und dass er musikalisch *gebildet* ist?" LOREK (2000, 48f) stellt nach einem Aufriss über verschiedene Musikalitätstests fest, dass es bisan keine befriedigenden Tests gibt, zumal gerade der Beurteilung der Intepretationsfähigkeit die traditionelle Vorspiel-methode nach wie vor am besten gerecht wird – außerdem setzen die meisten Begabungstests etwa ab 7 bis 8 Jahren ein, Musikalität und ihre Entwicklung aber schon sehr viel früher.

LOREK (2000, 42) vertritt die Ansicht, dass es eine Art musikalische Grundbegabung gibt, die an der Leistungsfähigkeit in den drei Musikalitäts-bereichen Höranalyse, Performance bzw. Interpretation und Komposition beteiligt ist (vgl. WEBSTER, 1988; siehe Kap. 7.3 dieses Buches). Diese Grund-begabung wird durch verschiedene Spezialfähigkeiten ergänzt, so dass ein individuelles Musikalitätsprofil entsteht. Im Alltag wird unter musikalischer Begabung meist eine interpretatorische Begabung verstanden. Für Musik-therapeutinnen möchte ich anfügen, dass interpretatorische Begabung auch bedeuten kann, die einer Musik innewohnende Stimmung bewusst heraus-zuhören und in Bezug zu innerpsychischen Prozessen zu setzen (vgl. das Komponenten-Modell nach HEGI in Kap. 7.2).

Ein differenziertes Modell, das die verschiedenen Aspekte erfasst, die zur Wahrnehmung von Musikalität führen, hat LOREK in enger Anlehnung an das allgemeine Modell der Leistungsentstehung von STAPF & STAPF (siehe Kap. 1.2) entwickelt und als „Bedingungsgefüge musikalischer Leistungen" bezeichnet (Abb. 4). Sie unterscheidet eine Dispositionsebene, vermittelnde Faktoren und eine Verhaltensebene. LOREK (2000, 56) integriert in der Disposi-tionsebene musikalischer Leistungen auch eine allgemeine Intelligenz, da

> „deren Rolle als grundlegende Voraussetzung zur Entstehung musikalischer Leistungen in der Forschung heute allgemein anerkannt ist ..., auch wenn die Frage nach der Art des Zusammenhangs von intelligenten und musikalischen Leistungs-potentialen bislang nicht endgültig geklärt ist."

---

[11] BILLROTH war ein berühmter Chirurg für Kehlkopf-, Speiseröhren- und Magenoperationen sowie Mikrobiologe (Entdeckung der Streptokokken). Neben seiner Tätigkeit als Medizinprofessor spielte er Violine und war mit Johannes Brahms befreundet.

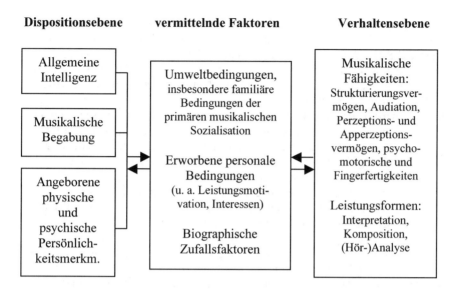

Dispositionsebene   **vermittelnde Faktoren**   **Verhaltensebene**

Allgemeine Intelligenz		
Musikalische Begabung		
Angeborene physische und psychische Persönlich- keitsmerkm.		

| Umweltbedingungen, insbesondere familiäre Bedingungen der primären musikalischen Sozialisation

Erworbene personale Bedingungen (u. a. Leistungsmotivation, Interessen)

Biographische Zufallsfaktoren |

| Musikalische Fähigkeiten: Strukturierungsvermögen, Audiation, Perzeptions- und Apperzeptionsvermögen, psychomotorische und Fingerfertigkeiten

Leistungsformen: Interpretation, Komposition, (Hör-)Analyse |

Abbildung 4:   Bedingungsgefüge musikalischer Leistungen nach LOREK (2000, 56)

Neben der musikalischen Begabung als solcher und der Intelligenz gehören auf der Dispositionsebene psychische und physische Persönlichkeitsmerkmale dazu. Beispiele für letztere sind das Gehör, die Länge der Finger oder die Form des Mund-Rachen-Raumes. Als psychisches Dispositionsmerkmal fielen in verschiedenen Untersuchungen *Sensitivität bzw. Feinfühligkeit* besonders deutlich auf. LOREK (2000, 57) beschreibt diese Sensitivität auch als „Empfänglichkeit für Verlaufsqualitäten …, wodurch einsichtig wird, dass hierin der Schlüssel des Verhaltens sowohl emotionalen wie auch musikalischen Zeitstrukturen gegenüber zu suchen ist".

Im Zusammenhang mit den vermittelnden Faktoren weist LOREK darauf hin, dass die Tatsache, ob und wie die Mutter ihren Kindern vorsingt bzw. mit ihnen singt, sich als besonders wichtige musikalische Sozialisationsbedingung herausgestellt hat. Der bildungsmäßige Einfluss der Mutter spielt ebenfalls eine Rolle für Reproduktionsleistungen. Die Schichtzugehörigkeit der Eltern hingegen ist eher für den Musikstil mitverantwortlich und somit für Art und Weise der (kostenaufwendigen) Ausbildung der Kinder. Trotzdem ist hier nicht von einem Schichtenprivileg, sondern von einem Schichtenphänomen zu sprechen: LOREK, die ihre Untersuchung an einem Musikgymnasium in Weimar durchführte und ebenfalls überdurchschnittlich häufig einen hohen Sozialstatus der

Eltern fand, betont, dass noch zu DDR-Zeiten höchstens ein Privileg in umgekehrter Richtung existierte, indem Arbeiterkinder bevorzugten Zugang zu musikalischen Fördereinrichtungen erhielten. Umso bedeutsamer sind die starken Zusammenhänge zwischen hohem Bildungs- und Sozialstatus der Eltern und längerer musikalischer Ausbildung der Kinder. Auch wenn auf keinen Fall im Sinne eines 1:1-Verhältnisses von einem hohen Bildungsstatus auf sehr hohe Intelligenz oder umgekehrt geschlossen werden darf, gibt es Überschneidungen zwischen Intelligenz und Bildungsstatus sowie eine Mitbeteiligung von Intelligenz an Musikalität (siehe weiter unten in diesem Kapitel), weshalb hier ein indirekter Beleg für die ‚Passung‘ von musiktherapeutischen Ansätzen in der Arbeit mit hochbegabten Kindern zu finden ist.

Zu den familiären Umweltbedingungen gehört ein weiteres interessantes Ergebnis aus LOREKs Untersuchung: Die (erfolgreichen) Instrumentalschüler stammen überdurchschnittlich häufig aus kinderreichen Familien mit drei und mehr Kindern und sind eher selten Einzelkinder. Es lässt sich überlegen, in welchem Zusammenhang musikalisch-gefühlsmäßige Äußerungsfähigkeiten und ein Aufwachsen in einem reichhaltigen sozialen Umfeld stehen – in Kapitel 2.3 zum Thema Spiegelneurone wurde dargelegt, wie wichtig es für Kinder ist, ihre Fähigkeit zur Perspektivenübernahme im gemeinsamen Spiel zu entwickeln und so zu einem gut entwickelten sozialen Verständnis zu gelangen. Möglicherweise wirkt sich diese ‚Spiegelneuronen-Fähigkeit‘ auch auf die musikalische, emotionale Ausdrucksfähigkeit aus.

Im Zusammenhang mit der Verhaltensebene in ihrem Modell erwähnt LOREK (2000, 63) das absolute Gehör: Ein absolutes Gehör stellt keine notwendige Voraussetzung für Musikalität dar, sondern ist Ausdruck einer besonderen musikalischen Fähigkeit. Es ist m. E. zusätzlich denkbar, dass ein absolutes Gehör Ausdruck einer besonderen musikalischen Gedächtnisleistung ist, evtl. sogar einer besonderen *Fixierung* auf (musikalische) Regeln. Dann wäre es – ähnlich wie für intellektuell Hochbegabte, die sich bisweilen fast zwanghaft an logischen Regeln und Argumentationen festhalten – *Strukturhilfe* wie auch *Abwehrstrategie*. Menschen, die (viel) Umgang mit Musik haben, können einen Ton oft auf einen halben bis zwei Töne ‚genau‘ zuordnen, wobei diese Zuordnungsfähigkeit bei ein und derselben Person je nach Tagesform und Instrumentenqualität (ist das Klavier, auf dem täglich gespielt wird, sorgfältig gestimmt?) variieren kann. Oder man denke an das Phänomen, dass häufig gesungene Lieder wie Kinderlieder oder Tischgebete automatisch von der ganzen Familie in der gleichen Tonhöhe angefangen werden, weil man diese Tonhöhe etwa in Erinnerung hat und dann leicht adjustieren kann. Die Erinnerungsfähigkeit von Tonhöhen scheint in gewissem Ausmaß für alle

Menschen möglich zu sein, wenn auch nicht so präzise wie bei Menschen mit absolutem Gehör.

LOREK hat ihr theoretisches Modell in ihrer Untersuchung im Weimarer Musikgymnasium mathematisch überprüft. Das theoriebasierte „Bedingungs-gefüge musikalischer Leistungen" wird durch ein „regressionsanalytisches Modell der Leistungsdifferenzen" genauer aufgeschlüsselt (siehe Abb. 5). Dieses ist als Gesamtmodell hochsignifikant, d. h. die darin aufgelisteten Bereiche wirken sich als Gesamtes auf die musikalische Leistungsfähigkeit äußerst deutlich aus. Mit den Zahlen (sog. Beta-Werten) wird ausgedrückt, in welchem Ausmaß die gemessenen Prädiktoren zum gemessenen Kriterium beitragen. LOREK maß in der Regressionsanalyse solche Teilbereiche, die sich bereits als wichtig erwiesen hatten (z. B. den Intelligenzuntertest „Reihenfort-setzen" anstelle eines ganzen Intelligenztestes).

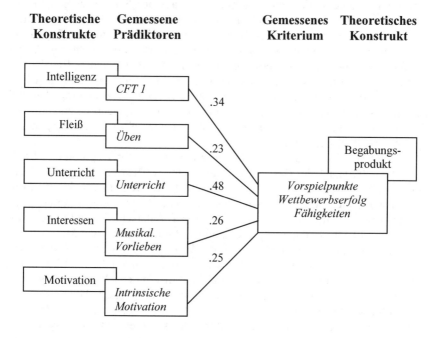

Abbildung 5: Regressionsanalytisches Modell der Leistungsdifferenzen nach LOREK (2000, 163)

Ein besonders einflussreicher Bereich ist nach diesem Modell der Unterricht, welcher zu den vermittelnden Faktoren in ihrem „Bedingungsgefüge musikalischer Leistungen" gehört. Der Unterricht ist die einzige Variable, die eher außerhalb der Person liegt, wobei natürlich die Persönlichkeit der Schüler mit hineinspielt, da diese die Einschätzungen vornahmen. Die Wichtigkeit des Unterrichts führt zu LOREKs klarem wie einleuchtendem Appell (2000, 165): „Auch das größte ‚Talent' bedarf der fachgerechten Förderung, wenn es sich in konkreten Leistungen niederschlagen soll". Für den Unterricht spielte gemäß Schülereinschätzungen vor allem das vertrauensvolle Verhältnis zur Lehrperson aufgrund ihrer charakterlichen Eigenschaften eine Rolle. Fachgerecht unterrichten können heißt deshalb, will man die Untersuchungsergebnisse ernst nehmen, nicht nur über Fachkenntnisse zu verfügen, sondern über Fachkenntnisse (die von den Schülern vielleicht als selbstverständlich genommen wurden) *und* über eine menschliche starke Persönlichkeit, so dass der Schüler seinen Lehrer anerkennen kann und sich durch die menschliche Vorbildfunktion motiviert fühlt. Dieses Zusammenspiel zwischen Talent und fachgerechter Förderung durch fachliche wie menschliche Kompetenzen dürfte wohl nicht nur für die musikalische Begabung, sondern auch für intellektuelle und andere Begabungsformen gelten. LOREKs Ergebnis stützt das zentrale Anliegen dieses Buches, dass kognitive Förderung eng mit einer reichhaltigen sozial-emotionalen und persönlichkeitsentwickelnden Förderung zu verbinden ist, wenn sie zu konstruktiven und lustvollen Ergebnissen führen soll. Zu solch einer Förderung gehören auch menschlich starke Vorbilder.

LOREK unterscheidet in Anlehnung an BEHNEs Hörertypologien (1986; nach ebd., 103ff) die vier Hörweisen „analytisch", „diffus" (z. B. ‚nur mit einem Ohr zuhören'), „emotional" und „synkretisch" (z. B. wenn man sich zur Musik am liebsten gleich bewegen möchte oder bildhafte Vorstellungen auftauchen). In ihrer Untersuchung fand LOREK (2000, 165ff) unterschiedliche Formen, wie Menschen mit Musik, mit Vorspielsituationen, Lernstrategien und Motivationen umgehen. Doch egal, zu welcher Form des Umgangs mit Musik die Menschen in ihrer Untersuchung neigen, gemeinsam ist ihnen eine hohe Intelligenz und Feinfühligkeit – und für alle ist, obwohl im Musikunterricht eine analytische Hörweise gefördert wird, eine emotionale Hörweise *die* typische Hörweise.

Gefühlsmäßiges Hören von Musik ist also die vorherrschende Hörweise, dies dürfte für Menschen, die nicht durch Musikunterricht zu analytischem Hören angehalten werden, erst recht gelten. Interessant wäre zu untersuchen, ob dies bei Hochbegabten ebenso ist oder ob sich dort vermehrt ‚Analytiker' finden. Analytisches Hören kann durchaus als eine Form des Intellektualisierens gesehen werden. In der Musiktherapie kann bewusstes Aufeinander-Hören ebenso geübt werden wie die Fähigkeit, sich emotional zu vertiefen. Sie bietet eine ideale Möglichkeit, (hochbegabte) Menschen, die zu Intellektualisierung und/oder gefühlsmäßiger Selbstentfremdung neigen, wieder zur nötigen emotionalen Zentrierung und Bodenhaftung zurückzuführen. Zum Schluss dieses Kapitels – und als Überleitung zum nächsten, wo Hochbegabung und Musikalität zusammengeführt werden – sei der Zusammenhang zwischen Musikalität und Intelligenz beschrieben, wie ihn LOREK in ihrer Untersuchung fand: Das Intelligenzniveau als Gesamtes versprach in der Untersuchung keine besseren musikalischen Leistungen, hingegen fand LOREK (2000, 145ff und 186) einen positiven Effekt auf die musikalische Leistung für den IQ-Untertest „Reihenfortsetzen", also für Weiterführungen von angefangenen logischen Mustern, deren implizite Struktur sich durch den Verlauf ergibt und erkannt werden muss. Das bedeutet, dass man zwar von einer Beteiligung von Intelligenz an der Musikalität ausgehen kann, nicht aber von Intelligenzunterschieden auf hohem Niveau auf entsprechend bessere musikalische Leistungen schließen darf. Der IQ-Mittelwert für die Untersuchungsgruppe lag zwar im oberen Durchschnittsbereich verglichen mit der Normalbevölkerung, doch wurde ja ein Gymnasium untersucht. Weil Musik einer gewissen Strukturierungsfähigkeit bedarf, ist von einer Beteiligung von Intelligenz an musikalischen Leistungen auszugehen, mindestens von der Fähigkeit, die für den IQ-Untertest „Reihenfortsetzen" benötigt wird. SERAFINE (1988; nach WEBSTER, 1988, 177) bezeichnet den Zeitverlauf („temporality") sogar als das hervorstechendste Merkmal von Musik, noch vor Merkmalen wie Lautstärke oder Klangeigenschaften. Die kognitive Fähigkeit des „Reihenfortsetzen" entspricht dem prozessorientierten Charakter der musikalischen Vorgänge und verlangt die Fähigkeit, Einzelmerkmale passend zu gewichten und so miteinander in Beziehung zu setzen, dass eine logische bzw. harmonische ‚Fließgestalt' entsteht. Es ist eine Form der *ästhetischen Gestaltbildung im Zeitkontinuum*.

4 Musikalität und Hochbegabung

Musik ist ein sinnliches Phänomen – und Hochbegabung? Wer selber oder bei anderen erlebt hat, wie viel „flow" Menschen erleben können, wenn sie sich in eine intellektuelle Herausforderung vertiefen, und wie der ganze Leib dabei involviert ist, kann nicht umhin, die sinnliche Einbettung intellektueller Phänomene anzuerkennen. Dabei gibt es Unterschiede in der Qualität der Sinnlichkeit. Im nachfolgenden, philosophisch orientierten Kapitel 4.1 werden Musikalität und Hochbegabung als sinnliche Phänomene und in ihrer Beziehung zur Ästhetik erläutert. In Kapitel 4.2 werden verschiedene Zusammenhänge zwischen Musikalität und Intellekt bzw. Hochbegabung aufgezeigt.

4.1 Sinnliche Zugänge zur Welt: Musizieren und Theoretisieren als zwei Wahrnehmungsweisen

Grundsätzlich lässt sich sagen, dass alle sinnlichen Phänomene eine leibliche wie auch eine ästhetische Dimension haben. Ästhetik bedeutet sinnliche Erkenntnis. FROHNE-HAGEMANN (2001, 1) schreibt, dass die Geschichte der Ästhetik eine Geschichte der Verdrängung unserer leiblichen Verfassung ist. Ich würde lieber von *Gestaltung unserer leiblichen Verfassung in Abhängigkeit vom Zeitgeist* anstatt von Verdrängung sprechen. FROHNE-HAGEMANN zeigt sehr schön, wie eng Sinnlichkeit, Leiblichkeit und Ästhetik zusammenhängen – und dass sich in Fragen zur Ästhetik immer auch die Frage nach der Wirklichkeit und ihrer Wahrnehmbarkeit verbirgt. Es ist also eine erkenntnis*theoretische* Frage mit Fragen nach der sinnlichen Erfahrung verbunden. Sinnliche und theoretische Erkenntnis, Sinneserfahrung und theoretische Weltwahrnehmung gehören zusammen. Jedoch sind sie unterschiedliche Formen der Wahrnehmung: „theoreo" bedeutet „sehen, beobachten, wahrnehmen" und „aisthanomai" meint „mit den Sinnen (vor allem dem Gehör) wahrnehmen". Die genaue Bedeutung der beiden Wörter hat der Philologe Jörg BÜCHLI, ehemaliger Griechisch-Spezialist an der Universität Zürich, in seiner Antwort auf meine Anfrage formuliert:

„*Theoreo* ist abgeleitet von *theoros*, das im klassischen Griechisch den Festteilnehmer bezeichnet, der im Auftrag eines befreundeten Staates ein Fest in einer anderen Stadt besucht. Das Verb bedeutet daher … *sich einen Festumzug anschauen, zuschauen, sich etwas ansehen* … und dann allgemeiner *sehen, wahrnehmen, entdecken, erkennen*. In der Philosophie, und zwar durch den bestimmenden Einfluss von PLATON, bedeutet es dann *(im geistigen Sinn) anschauen, betrachten, erwägen, untersuchen*. Diese Bedeutung geht dann über in die modernen Fremdwörter. Für den Griechen ist dabei die *theoria* immer das Höhere gegenüber der Praxis, wie das besonders bei ARISTOTELES zum Ausdruck kommt … *Aisthanomai* meint zunächst *mit den Sinnen wahrnehmen*, und zwar meist mit dem Gehör (da das Verb stammverwandt ist mit lat. *audire*). Doch kann es auch *riechen, sehen, fühlen* bedeuten. Im übertragenen Sinn meint das Verb (wieder bei PLATON) *wahrnehmen, einsehen* im Bereich des Ethischen … Was das Verhältnis der Griechen zur Sinneswahrnehmung anbelangt, so sind sie außerordentlich den Sinnen zugetan, wobei der Sehsinn ganz eindeutig überwiegt … Auch die griechische Sprache mit ihrer Fähigkeit, die sinnliche Wirklichkeit genau nachzubilden, geht eigentlich immer auf das Anschauliche."

„Aisthanomai" hat also die Bedeutung des Hörens als Grundlage, meint aber eine vielfältige sinnliche Wahrnehmung inkl. Sehen in einer weiter gefassten Bedeutung. Aus diesem Begriff hat sich der Begriff der Ästhetik herausgebildet und aus „theoreo" der Begriff der Theorie.

Mit einem theoretisch orientierten Blick auf die Welt wird, der Bedeutung des Wortes „theoreo" entsprechend, somit ein Teil der Sinne (nämlich die nichtvisuellen Sinne) abgespalten oder, wie es FROHNE-HAGEMANN nennt, anästhesiert. Denken wird aber durch eine Abspaltung der leiblichen Wahrnehmung nicht objektiver, sondern im Gegenteil anfechtbarer, weil einem selber nicht mehr klar ist, aus welchen Quellen das an einen Leib und seine Umwelt gebundene Denken schöpft. Eine gewisse *kurzfristige Abstrahierung* vom Leib kann den Blickwinkel objektiver machen, nicht aber eine Entfremdung, ein Unberücksichtigt-sein-lassen der leiblichen Eigenwahrnehmung.

Gerade die Musik als Grundlage von sinnlicher und sinnesbezogener Ästhetik kann hier ein Bewusstsein für vielfältige sinnliche und ästhetische (Selbst-)Wahrnehmung schaffen und so den Bogen zu einer theoretisierenden Wahrnehmungsweise, der mehr distanziert-betrachtenden Sinnlichkeit, spannen. Auch wenn die Wissenschaft das Theoretisieren und somit das Visuelle fokussiert, ist die „Wissenschaft selber ästhetisch konstituiert", wie es FEYERABEND (1984, 39; nach FROHNE-HAGEMANN, 2001, 9) formuliert hat. Immanuel KANT behandelte in seiner „Kritik der Urteilskraft" die Ästhetik (1790; nach FROHNE-HAGEMANN, 2001, 13; RÖD, 2000, 285f; DTV-ATLAS PHILOSOPHIE, 2007, 145). KANT beschrieb die Erfahrung des Schönen als „interesseloses Wohlgefallen" (RÖD, 2000, 286) und kristallisierte heraus, dass ein ästhetisches Urteil

Gültigkeit beanspruchen kann und auch notwendig ist, weil es einen Gemeinsinn aller Menschen in Anspruch nehme. KANT schreibt: „Schönheit ist die Form der Zweckmäßigkeit eines Gegenstandes, sofern sie, ohne Vorstellung eines Zwecks, an ihm wahrgenommen wird" (DTV-ATLAS PHILOSOPHIE, 2007, 145). Hier lässt sich bereits das Prinzip der „guten Gestalt", welches im 20. Jahrhundert in der Kunst- und Wahrnehmungspsychologie entwickelt werden sollte, erahnen[12]. FROHNE-HAGEMANN (2001, 13; vgl. auch) beschreibt, das nach KANT Ästhetik „weder ausschließlich in der lustvollen Empfindung noch bei der Wahrnehmung der Gesetzmäßigkeiten des Gegenstandes [liegt], sondern Schönheit entsteht ,aus dem freien Spiel der Erkenntniskräfte'". FROHNE-HAGEMANN (2001, 13) stellt fest, dass somit seit KANT erstmalig die subjektive, leibliche Empfindung mit einer gegenstandbezogenen Wahrnehmung, also mit einer Wahrnehmung der Qualitäten eines Gegenstandes, verknüpft wird – theoretische und sinnliche Erkenntnis, Kognition und Kunst (z. B. Musik) reichen sich hier bewusst die Hand. Im therapeutischen Sinne entspricht diese Kongruenz von Denken und Gefühl dem bewussten eigenleiblichen Nachspüren, welches mit äußeren Erlebnissen verknüpft wird, und das zur Bildung „guter Gestalten" führt.

4.2 Zusammenhänge von Intellekt und Musikalität

Der postulierte Zusammenhang zwischen kognitiver Hochbegabung und Musikalität und somit einer Ansprechbarkeit für musiktherapeutische Ansätze in der Arbeit mit Hochbegabten lässt sich bisher nicht exakt beweisen. Doch deuten verschiedene Befunde darauf hin: So wurde im vorherigen Kapitel besprochen, dass Intelligenz an musikalischer Hochbegabung mitbeteiligt ist, insbesondere die Fähigkeit logischer Verlaufsentwicklungen, wie sich bei LOREK (2000, 145ff und 186) zeigte. Das heißt nicht, dass von einem Je-intelligenter-desto-musikalischer-Zusammenhang gesprochen werden kann und auch nicht, dass umgekehrt Musikalität eine Bedingung für intellektuelle Hochbegabung sein muss. Die Mitbeteiligung von Intelligenz an der musikalischen Strukturierungs-

---

[12] Dieses Prinzip der „guten Gestalt" liegt auch der Integrativen Musiktherapie zu Grunde. Es besagt, dass Menschen neurophysiologisch darauf angelegt sind, Erlebnisse in eine klare Form zu bringen: Am leichtesten lässt sich das mit dem bekannten Bild des Dreiecks erklären, dessen Linien nicht bis in die Ecken durchgezogen wurden – trotzdem werden diese Linien gedanklich ergänzt und der Betrachter sagt, dass er natürlich ein Dreieck sehe. Werden die Linien des unvollständigen Dreiecks aber noch weiter verkürzt oder in einen größeren Abstand voneinander gesetzt, ,kippt' die Gestaltbildung irgendwann und der Betrachter sieht kein Dreieck mehr, sondern unzusammenhängende Linien. Dies ist ein wahrnehmungspsychologisches Phänomen, welches auch für innerpsychische und soziale Prozesse funktioniert.

fähigkeit macht aber deutlich, dass ein – noch nicht geklärtes – Zusammenspiel naheliegt. Beide Bereiche ergänzen einander, wenn intellektuelle Hochbegabung in luftig-geistige Höhen entführt und musikalische Begabung das ebenfalls atmosphärische Element Musik in leibliche Zentrierung mit entsprechender Ausdrucksprägnanz überführt. Beide Bereiche sind – obwohl einander ergänzend – mindestens über den Intelligenzbereich der temporal orientierten Kategorie „Reihenfortsetzen" auch miteinander verbunden. GARDNER (1998, 119) schreibt:

> „Die Musik hat tatsächlich vielfältige Beziehungen zur Palette der menschlichen Symbolsysteme und intellektuellen Kompetenzen. Außerdem stellt ihre hartnäckig beibehaltene zentrale Stellung in der menschlichen Erfahrung ein faszinierendes Rätsel dar, gerade weil sie nicht ausschließlich der Kommunikation vorbehalten ist. Der Anthropologe LÉVI-STRAUSS ist nicht der einzige Wissenschaftler, der behauptet, dass wir möglicherweise den Hauptschlüssel zum menschlichen Denken fänden, wenn wir Musik erklären könnten …"

Trotz solcher Feststellungen ist GARDNER gleichzeitig von der Unabhängigkeit unterschiedlicher Intelligenzformen überzeugt und schreibt (1998, 115):

> „Die Versuchung ist groß, Analogien zwischen menschlicher Musik und Sprache zu sehen … Ich weise aber nachdrücklich darauf hin, dass diese Autonomie experimentell erwiesen ist. Forscher, die mit normalen und hirngeschädigten Menschen arbeiten, haben kaum widerlegbar gezeigt, dass die mit der menschlichen Musik befassten Prozesse und Mechanismen nicht mit den für die Sprache verantwortlichen identisch sind."

Für GARDNER gibt es allenfalls enge Beziehungen zwischen verschiedenen Intelligenzen wie musikalischer und kinästhetischer oder logischer oder linguistischer oder räumlicher Intelligenz. Diese Beziehungen finden auf gleicher Ebene statt und schließen aus, dass eine Intelligenzform aus einer anderen hervorgegangen sein könnte. GARDNER plädiert für „autonome intellektuelle Kompetenzen" und eine „Eigenständigkeit sowohl der Entwicklungsgeschichte als auch der neuralen Repräsentation der musikalischen Intelligenz" (1998, 121). Dazu argumentiert er beispielsweise (1998, 114ff), dass Vogelgesang in der linken Hälfte des Vogelgehirns lateralisiert ist, während musikalische Fähigkeiten bei den Menschen meist rechts lokalisiert sind und linguistische Kapazitäten bei Rechtshändern im allgemeinen in der linken Hemisphäre[13].

---

[13] In der rechten Hemisphäre wird bei Rechtshändern das bildhaft-kreative, assoziative, synthetische, räumliche Denken angesiedelt. Der linken Hemisphäre ist das logisch-analytische, sprachliche, sequentielle Denken zugeordnet.

Weitere Argumente für eine Trennung der beiden Intelligenzen bieten nach
GARDNER Untersuchungen mit hirngeschädigten Patienten, da es möglich ist,
dass bei ihnen nur eine der beiden Fähigkeiten beeinträchtigt ist. Er beschreibt
aber auch ein interessantes Phänomen: Personen können bei dichotomen
Hörtests die Wörter und Konsonanten besser verarbeiten, die dem rechten Ohr
und somit der linken Hemisphäre angeboten werden. Musikalische Einheiten
werden aber besser über das linke Ohr, also die rechte Hemisphäre, verarbeitet.
Sind die Personen hingegen musikalisch versiert, verlagert sich die
Verarbeitung um so mehr in die linke Hemisphäre, desto geübter die Probanden
sind. Dies gilt aber nicht für alle Arten von musikalischen Inputs, denn auch
Musiker nehmen harmonische Analysen teilweise mit der rechten statt der
linken Hemisphäre vor, wie GARDNER ergänzt (1998, 116).

M. E. könnte gerade hier ein Beweis für den Zusammenhang zwischen
sprachlicher und musikalischer Intelligenz liegen: Je musikalisch versierter
Personen sind, desto mehr ist ihnen die Musik doch ein rhetorisches Mittel zur
Kommunikation. Vielleicht ist eben doch eine gemeinsame Basis da, nur haben
sich bei den Menschen im Verlaufe der Zeit noch andere Fähigkeiten hinzuge-
sellt als bei den Vögeln. Es wäre auch denkbar, dass sich die Verarbeitung von
musikalischen Einheiten teilweise auch ontogenetisch während des Spracher-
werbs verändert. Eine Unabhängigkeit der sprachlichen und musikalischen
Intelligenz lässt sich aufgrund der von GARDNER beschriebenen Phänomene
m. E. nicht schlussfolgern.

GARDNER hält außerdem fest, dass z.b. die Lokalisierung musikalischer
Fähigkeiten in der rechten Hemisphäre auf eine Verbindung (nicht Abhängigkeit) mit der räumlichen Intelligenz hinweisen könnte – eine spannende Feststellung, denn die räumliche Zuordnung von Tönen ist in der Natur wichtig, wie
LAHAV (2007) feststellte (vgl. Kap. 2.3). Auch im übertragenen Sinn werden
durch Musik, trotz ihres temporalen Charakters, emotionale Räume gestaltet,
wenn Musik beispielsweise Gefühle der Enge oder Weite vermittelt. Räumliche
Vorstellungskraft, Musikalität und Kreativität sind somit alle drei auf der
rechten Hemisphäre angesiedelt. Vielleicht war für die Menschen eine andere
Weiterentwicklung von musikalischer und sprachlicher Intelligenz nötig, aber
das bedeutet nicht zwingend, dass Intelligenzformen unabhängig voneinander
sind. Sie können zuerst auseinander hervorgegangen sein und nach einem
Entwicklungssprung andere Funktionen entwickelt haben.

Die (mögliche) Verbindung von Musik zu sprachlichen wie auch
räumlichen Fähigkeiten spricht für eine besondere Stellung der musikalischen
Intelligenz. Es ist m. E. denkbar, dass es sich mit der musikalischen Intelligenz
zu anderen Intelligenzbereichen wie mit dem g-Faktor innerhalb der kognitiven
Intelligenzbereiche verhält: Sie könnte einer allgemeinen Grundlage entspre-

chen und als Boden in einem kegel- oder sanduhrförmigen hierarchischen Intelligenzmodell verstanden werden. Dafür spricht die frühe Reifung dieser Intelligenz schon im Mutterleib. Die Beziehungen zwischen musikalischer und kognitiver Intelligenz sind nicht eineindeutig. Sonst müssten sie auch nicht unterschieden werden. LOREK (2000, 43) fasst verschiedene Untersuchungen zum Verhältnis von kognitiver und musikalischer Begabung zusammen:

> „Festzustehen scheint, dass zum Erbringen hoher musikalischer Leistungen ein bestimmes Intelligenzniveau Voraussetzung ist. Dabei handelt es sich wohl um eine notwendige, aber keinesfalls hinreichende Bedingung. Auch ist der Umkehrschluss von einer hohen Intelligenz auf hohe musikalische Leistung nicht möglich."

Weitere Überlegungen verweisen – aus anderen Perspektiven – ebenfalls auf eine Beziehung zwischen musikalischem Empfinden und intellektueller Begabung, nämlich über die Verbindung mit der oralen Phase, wie Psychoanalytiker die erste Säuglingszeit bis etwa eineinhalb Jahre bezeichnen. Aus therapietheoretischer Sicht ist bei Problemen, die in die orale Phase zurückreichen, Musiktherapie besonders indiziert, auch wegen ihres präverbalen Aspektes. Musik ist quasi das Medium der oralen Phase. Die orale Phase wiederum steht in enger Beziehung zur kognitiven Entfaltung. Es gibt verschiedene Möglichkeiten, Zusammenhänge zwischen Intellekt und oraler Phase herzustellen:

Ein Blickwinkel ist ein psychoanalytischer, welcher den Intellekt über die Triebtheorie mit der oralen Phase verbindet: Intelligenz ist nicht mit Intellektualisieren gleichzusetzen. Intellektualisierung ist sozusagen die Leistungsebene der Intelligenz. So wie ein Steinzeitmensch seine körperliche Stärke zum Überleben brauchte, ist auch Intelligenz eine Stärke und ihre Anwendung kann ein (versteckt) aggressiver Akt sein. Die Kinderpsychoanalytikerin Anna FREUD hat die frühkindliche Entwicklung mit der Fähigkeit zum Intellektualisieren verbunden und Intellektualisieren als Abwehr- und Bewältigungsstrategie bezeichnet. Die Intellektualisierung erklärt sich aus psychoanalytischer Sicht als Zuwendung zum Trieb (und nicht als Abwehr vom Trieb wie die Askese) – allerdings auf einer ungefährlichen Ebene. Anna FREUD (1994, 159) nennt Denken ein „Probehandeln unter Verwendung kleinster Triebquantitäten". In der infantilen (wie nochmals später in der pubertären) Sexualperiode wird die Libido, also die Triebquantität, gesteigert, was eine Triebbewältigung erfordert. Nach Anna FREUD liegt in dieser Triebgefahr ein Grund für die auffälligen intellektuellen Leistungen der Kleinkinder (und später der Jugendlichen), denn in Zeiten der Gefahr und Angst muss ein Lebewesen besonders wachsam und aufmerksam sein. In dieser psychoanalytischen Auffassung wird über die Bewältigung von Trieben und Angst ein Bogen zur oralen Entwicklungsphase gespannt.

Ein anderer Blickwinkel ist der medizinisch-psychologische: Die westliche Forschung hat festgestellt, dass die Nerven im Bauchbereich, welche in einer hohen Dichte vernetzt sind, auch mit dem limbischen System im Gehirn interagieren. In der (chinesischen) Medizin wird Migräne mit Magen- und Verdauungsproblemen in Verbindung gebracht. Essgestörte wiederum sind häufig sehr intelligent und kreativ, haben aber gelernt, ihr kognitives und/oder kreatives Potential zu unterdrücken. Sie entwickeln eine Unruhe bis hin zu Konzentrationsstörungen, die sich in Folge der Ess-Störungen verstärken können (vgl. CODA & THALMANN, 1990; THALMANN-HERETH, 1991). Kopf und Bauch ergänzen einander und reagieren aufeinander. Essen oder die Betonung des Bauchgefühls kann Boden geben, wenn viel Denken angesagt ist, oder das Denken kann das Essen vergessen lassen und umgekehrt. Nahrung kann nicht nur fassbar sein, sondern auch gedanklicher Austausch kann nähren. Man spricht dann von ‚geistiger Nahrung', was den Zusammenhang zwischen Kopf und Bauch sprachlich-symbolisch aufnimmt.

Als weiterer Blickwinkel sei ein entwicklungspsychologischer beschrieben: Das Bauchgefühl hat nicht nur mit Essen zu tun, auch wenn sich das Beispiel als erstes anbietet, um den Bezug zur frühkindlichen oralen Phase deutlich zu machen. Die orale Phase ist die Zeit, in der die Babys gestillt werden. Es ist außerdem die Zeit, in der die Babys liebevoll getragen und mit Wiegenliedern und anderen Liedern erfreut und beruhigt werden. So können sie sich wohlig geborgen fühlen. Und sie ist die Zeit, in der über Klänge und Musik eine Kommunikation auf nonverbaler, affektiver Ebene zwischen (meist) Mutter und Kind stattfindet.

Der Genfer Kinderpsychiater Daniel STERN hat die Sprachentwicklung des Säuglings über sog. „Vitalitätsaffekte" beschrieben. Diese sind eigentlich musikalischer Natur. Wenn eine Mutter sich ihrem Baby zuwendet und sagt: „Das ist aber traurig", klingt die Melodie ihrer Stimme anders, als wenn sie sagt: „Hallo, du kleiner Schatz, tust du lächeln?" Wenn die Mutter sagt: „Oooh, ist das aber ein großer Ball" und dem Kind einen großen, weichen Ball in die Finger gibt, erfährt das Baby etwas anderes, als wenn die Mutter sagt: „Oooh, du hast soo süße kleine Fingerchen" und mit feinen Bewegungen mit dem Baby spielt. Allmählich wird der Säugling dem Wort Ball ein bestimmtes Tastgefühl zuordnen können, ebenso bestimmte dynamische Klänge, wenn die Mutter vor einem heranfliegenden harten Ball warnt im Unterschied zur Aufforderung, einen weichen Ball aufzufangen. Das Kind hört eine fröhliche Stimme in Zusammenhang mit Liebkosungen oder Lob, und ein Wort des Ärgers wird durch die Dynamik in der Stimme schon früher als das Wort selber verstanden, weil das Kind erfühlen kann, worum es geht. Das Ab- und Anschwellen der Melodie, ihre Dynamik (vgl. zur Dynamik Kap. 7.2), verleiht Informationen, die

Übergänge zum sprachlichen Verstehen schaffen. Die dynamischen Gefühlsver-
änderungen, d. h. die Vitalitätsaffekte mit ihren unterschiedlichen *Aktivierungs-
konturen* (STERN, 1992, 88f), werden vor den Worten verstanden und führen aus
einem Klangbrei heraus zu einem differenzierten gefühlsmäßigen Begreifen von
Gefühlswahrheiten. Diese kognitiven Prozesse laufen wie die emotionalen
schon in frühester Kindheit ab. Sie sind ganz eng mit dem Bauchgefühl, mit
dem Gefühl von Stimmigkeit verbunden (vgl. Begriff der „guten Gestalt" in
Fußnote 12), während sich das „archaische Leib-Selbst" nach PETZOLD (1993,
Bd. 2, 677ff) bzw. das „auftauchende Selbst" nach STERN (1992, Kap. 3)
allmählich herausbildet.

PETZOLD (1993, Bd. 2, 1000) bezeichnet das Gefühl von Stimmigkeit als
„vitale Evidenz". „Vitale Evidenz" tritt ein, wenn sich leibliches Erleben, emotionale Erfahrung, rationale Einsicht (soweit dies bei Babys in ihrer Form möglich ist) und soziale Orientierung zu einer Einheit verdichten. So steht die kognitive Entwicklung in enger Beziehung zur oralen Phase mit ihren musikalischen
Verständigungsformen wie Klang, Rhythmus und dynamische Veränderungen.
Musik kann an solch frühe Atmosphären und emotionale Klimata anrühren. Sie
kann eingeengte Kognitionen in Fluss bringen oder mit Gefühlen verbinden.

Einen ebenfalls entwicklungspsychologischen, aber mehr spirituellen
Blickwinkel bietet der Ansatz der Theologin und Musiktherapeutin Monika
RENZ (1996). Sie verweist indirekt auf einen Zusammenhang zwischen emotio-
naler Einbettung, Musikalität und Hochbegabung: Nach ihrer Theorie entwickelt sich der Mensch von einem geborgenen „Drin-Sein" (im Bauch der
Mutter mit seinen Geräuschen und gefilterten Klängen, anfangs als kleines
Baby, aber auch überhaupt als spirituelle Geborgenheit) über eine ambivalente
Phase zu einer bewussten Ich-Identität. Wird ein Mensch aus der Phase des
(vorgeburtlichen) „bekömmlichen Drin-Seins", wie RENZ (1996, 103) dieses
früheste Sein nennt, zu früh herauskatapultiert, können sich Probleme ergeben,
weil das Gefühl von Urvertrauen oder Urgeborgenheit fehlt.

Interessant ist für das Anliegen dieses Buches, wie man aus diesem
bekömmlichen Drin-Sein zu früh hinausbefördert werden *kann* – denkbar sind
Frühgeburten (vor allem mit Brutkasten) oder mangelnder Schutz für die
Schwangere, welcher das Ungeborene oder frisch Geborene stresst. Bei stark
gefühlten Unstimmigkeiten (also Inkongruenzen im Gegensatz zu den weiter
oben beschriebenen kongruenten Prozessen, die zu vitaler Evidenz führen) bzw.
bei sehr großer gefühlsmäßiger Empfänglichkeit selbst für leichte Unstimmigkeiten kann unter Umständen eine Konzentration auf kognitive Prozesse
erfolgen, um den Überblick in einer irritierenden Umgebung zu bewahren und
sich selber zu schützen. Ein Kind wird natürlich deswegen nicht hochbegabt. Es
kann sich aber auf den intellektuellen Bereich übermäßig fixieren und zu

schützen versuchen, indem es sich – in Ermangelung anderer Sicherheiten – der Sicherheit des eigenen Überblickes zuwendet. Aber auch ohne irgendwelche widrigen Umstände zu beanspruchen könnte Hochbegabung per se, also ein genetisch bedingtes frühes Einsetzen des bewussten und weitreichenden Denkens, dazu führen, sich aus der Urgeborgenheit herauszukatapultieren – einfach weil schon mehr bewusst erlebt statt geschehen gelassen wird, weil Dinge wahrgenommen werden, die eigentlich überfordern (z. B. STAPF & STAPF, 1991; siehe Kap. 1.2). Ich möchte nochmals betonen: Nicht alle hochbegabten Kinder werden zu früh aus einer Geborgenheitserfahrung herausgerissen. Es *kann* aber sein, wenn Probleme auftauchen, dass solch überfordernde Erfahrungen mit hinzukommen, die ein Baby nicht verdauen konnte. Im Falle einer wie auch immer bedingten Überforderung kann Intellektualisieren als Abwehr- oder Bewältigungsstrategie sensu Anna FREUD eingesetzt werden. So kann das bekömmliche Drin-Sein, das ozeanische, konfluente Erleben, welches in dieser Entwicklungsphase seine volle Berechtigung hat, zu früh gestört werden (zu den Gefahren des konfluenten Erlebens vgl. Kap. 7.1). Da diese Zeit des „bekömmlichen Drin-Seins" auch die Zeit ist, in der das Baby von Klängen, Geräuschen und Tönen umgeben ist, wird hier ersichtlich, dass an diese Phase, in der möglicherweise eine zu schnelle Entflechtung von Kognitionen und Emotionen stattfand, mit Musik angeknüpft werden kann.

Es ist wichtig, dass die primären Bezugspersonen gerade bei sehr aufmerksamen und verständigen Babys besonders bewusst Geborgenheitserfahrungen gewährleisten, weil Verständigkeit dazu führen kann, ihnen stets noch ein bisschen mehr zuzumuten oder zu schnell mit Verwöhnen aufzuhören. Durch Geborgenheitserfahrungen wird ein tragfähiger Boden geschaffen, den das Baby verinnerlicht. Um mit dem Vergleich des Rennautos zu sprechen: Der gefühlsmäßige Schwerpunkt des Babys bleibt noch im Bauch und rutscht nicht zu früh in den Kopf. Mit diesem bodennahen Schwerpunkt kann das Kind gut starten.

Es dürfte deutlich geworden sein, dass es enge Verbindungen gibt zwischen Kognition und „Sensation" (der Begriff ist hier in seiner Bedeutung als Gefühltem, nicht als Spektakulärem gemeint), zwischen Kopf und Bauch(gefühl), zwischen denkendem und hörend-sinnlichem Wahrnehmen, zwischen Intellekt und den frühen Entwicklungsphasen mit ihrer musikalischen Kommunikationsweise. Es sind keine leicht messbaren Zusammenhänge, aber die verschiedenen Befunde verdichten sich auf dieses Ergebnis hin, so dass man von einer „vitalen Evidenz" für diese Zusammenhänge sprechen kann.

II. TEIL:
Konsequenzen für die pädagogische und therapeutische Praxis

5   Dilemmata im Umgang mit hochbegabten Kindern

Wie wir bereits gesehen haben, gibt es die alten Theorien von „Genie und Wahnsinn" oder die neueren von den sozial auffälligen Hochbegabten. Andere Forscher konnten zeigen, dass Hochbegabte gerade sozial besonders unauffällig oder sogar geschickt sind und ihr Leben auch sonst gut und problemlos meistern (vgl. Kap. 1 und 2). Eine weitere Frage ist zu bedenken: Ist Hochbegabung ein hausgemachtes Problem unserer Industriegesellschaften? Gibt es Hochbegabung als problematische Lebensbedingung auch bei Naturvölkern? Wie werden – intellektuell, kinästhetisch, musikalisch usw. – Hochbegabte dort in die Sozialstruktur integriert?

Hochbegabung muss nicht Probleme machen, sie *kann* Probleme machen. Es handelt sich nicht um einseitige „nature"- bzw. „nurture"-Prozesse, also einseitige Anlage- oder Umwelt-Prozesse, die zu einer Problemlage führen. Hingegen dürfte es grundsätzliche Sensibilitäten geben, die sich in Abhängigkeit vom Umfeld zu Stärken oder Schwächen entwickeln können. Leben gedeiht mit all seinen Facetten in ökologischen Nischen.

Wenn von Hochbegabung die Rede ist, muss man sich bewusst sein, dass man möglicherweise eine Art „terra incognita" betritt, die man vielleicht nur in Teilgebieten kennt – zumal sich die Hochbegabten hinsichtlich ihrer Fähigkeitenstruktur auch innerhalb ihrer eigenen Gruppe sehr deutlich voneinander unterscheiden können. So bieten WEBB at al. (1998, 45f) einen plastischen Vergleich: Man stelle sich ein Leben in einer Welt vor, in der der mittlere IQ bei etwa 50 liege, wo also die meisten Menschen, d.h. die Norm, eigentlich retardiert sind. Es gibt nur diese eine Welt, und um sich in ihr zurechtzufinden, müssen hochbegabte Kinder lernen zu warten und „Torheit lächelnd zu ertragen", wie HOLLINGWORTH (1975; zit. nach WEBB et al., 1985, 34) es nennt. Hier möchte ich noch ergänzen, dass diese Kinder auch lernen müssen, sich dieses Lächeln nicht anmerken zu lassen, damit die Mitmenschen keinen Affront gegen sie aufbauen. Doch sei auch angemerkt, dass dieser Vergleich mit dem IQ von 50 wahrscheinlich nur teilweise stimmt, da in einer Welt mit einem Durchschnitts-IQ von 50 kaum logisch-abstraktes Denken angewandt würde; in unserer jetzigen Welt können wir aber doch davon ausgehen, dass ein notwendiges Maß an abstrakter Logik vorhanden ist, so dass Hochbegabte mit ihren differenzierten Gedanken nicht grundsätzlich allein sind (auch wenn ihnen oft einiges unlogisch und inkonsequent erscheinen mag). Trotzdem ist der von HOLLINGWORTH angeführte Vergleich überlegenswert, um sich möglicher Inkompatibilitäten bewusst zu werden. Das Denken Hoch- und vor allem Höchstbegabter kann im Vergleich zu anderen durchaus einen erneuten ‚Quantensprung' darstellen, wenn komplizierte Dinge auf einen Blick intuitiv erfasst werden oder komplexer argumentiert oder selbst-abstrahierender gedacht wird. Gerade die Situation Höchstbegabter lässt sich nur schwer erfassen, so dass wir uns vor allem auf die Beschreibungen Betroffener, auf Untersuchungen und die sogenannte „unterstellte Intersubjektivität" der Integrativen Therapie (PETZOLD, 1993, 508; siehe Kap. 7.1 in diesem Buch) stützen müssen. Für diese unterstellte Intersubjektivität aber ist es wichtig, sich mit größtmöglicher Ehrlichkeit und Differenziertheit auf das Thema einzulassen.

Wie WEBB et al. (1998, 46) schreiben, tut „Hochbegabtsein manchmal weh", weil das hochbegabte Kind lernen muss zu erkennen, wann Anpassung an die Werte der Durchschnittsumgebung angesagt ist und wann es bei seinem Standpunkt bleiben kann, auch wenn die Umgebung diesen als unwichtig oder unvernünftig oder überrissen beurteilt. Zu beurteilen, wann es Kompromisse mit der Umgebung schließen sollte und wann es Kompromisse aus tiefster Überzeugung ablehnen kann, mag eine schwierige Schulung bedeuten, weshalb WEBB et al. (1998, 47) folgern: „Ein starkes Selbstkonzept ist wesentlich für hochbegabte Kinder, und ihre emotionale Entwicklung verdient mehr Aufmerksamkeit, als Eltern, Lehrer und andere Fachleute ihr bisher gewidmet haben."

Wenn es einfach heißt: „Ach, die sind so begabt, die können für sich selber schauen", machen wir Umstehenden es uns zu einfach – und warum? Ist es Abwehr? Neid? Ignoranz? Oder fehlendes Einfühlen-können? Wenn wir aber Hochbegabte notwendigerweise als Problempakete verhandeln, heften wir ihnen unnötige Zuschreibungen an, die mehr über unsere gesellschaftlichen Integrationsfähigkeiten als über die Hochbegabten selber aussagen – und erschweren ihnen (zusätzlich) das Leben. Gerecht werden wir ihnen damit auch nicht.

5.1 Ausgrenzung durch Zuschreibung

In Kapitel 2 wurde deutlich, wie sensibel hochbegabte Kinder und Jugendliche auf Wertungen in ihrem sozialen Umfeld reagieren. Solche Wertungen können durch die Bewunderung oder den Neid der Umgebung entstehen, sie können aber auch durch das innere Bewusstsein mancher Hochbegabter, etwas Besonderes zu sein, hervorgerufen werden. Schön ist es, wenn unterschiedliche

Fähigkeiten gleichermaßen wertgeschätzt werden, so wie von einem Achtjährigen: Er erklärte, wie toll ein Klassenkamerad Fußball spielen könne – so wie er selber halt sehr gut im Rechnen sei – und bewunderte ihn schwer dafür.

Der Begriff „Hochbegabung" ist als Zuschreibung an sich schon problematisch, denn er bezeichnet eine ‚Außenposition', ein Sich-außerhalb-vom-Normalbereich-bewegen. Damit bringt eine solche Zuschreibung die Kinder und Jugendlichen in ein Dilemma: Sie sollen sich integrieren und innerhalb ihrer Peer-Group eine gute soziale Rolle einnehmen – gleichzeitig wird ihnen durch eine solche Zuschreibung eben diese Integration, dieses Gefühl von Geborgenheit erschwert – einfach durch das ständig vermittelte Bewusstsein, etwas Anderes, etwas Besonderes zu sein. Mangelndes Geborgenheitsgefühl oder Gefühle der Einsamkeit leisten aber leicht einer verstärkten narzisstischen Entwicklung Vorschub. Dieser Begriff wird im nachfolgenden Unterkapitel 5.1.1 erläutert.

Zuschreibungen sind so heikel, vor allem wenn sie jemanden in eine Außenseiterposition bringen! Wie eine Bekannte es spontan ausdrückte, als eine Mutter herumerzählte, dass ihr Sohn hochbegabt sei: „Wenn es stimmt, ist er arm dran – und wenn nicht, noch viel mehr!" Die Bekannte, eine junge Ärztin aus einer kinderreichen Familie, ist übrigens selber mit Sicherheit hochbegabt, aber Hochbegabung macht nur *einen* Teil ihres vielfältigen Selbstkonzeptes aus und ihre Kindheit wurde nicht durch das Hochbegabungskonzept definiert.

Um eine Identitätsentwicklung zu vermeiden, die auf einer Außenseiterposition beruht, sollte der Begriff „hochbegabt" möglichst wenig gegenüber den Kindern verwendet werden – und auch bei den Eltern zurückhaltend im Rahmen eines Gesamtbildes des Kindes, wo verschiedene Bereiche in ihrem „Entwicklungspotential" angeschaut werden: „Ihr Kind ist in vielen Bereichen sehr begabt, wobei ihm insbesondere x liegt und es sich in y noch weiter entwickeln kann", „dieser Bereich liegt Ihrem Kind besonders", „hier erfüllt es locker die Anforderungen und weiß sogar darüber hinaus noch Bescheid". Selbst ein außerordentlich begabtes Kind hat ein Stärken- und Schwächenprofil, in vielen Bereichen einfach auf einem höheren Niveau. Interessanterweise fühlen sich gerade hochbegabte Kinder wenig befriedigt von einer pauschalen Begeisterung und sind für differenzierte Aussagen empfänglich.

Natürlich darf die Begabung angesprochen werden, aber ohne undifferenzierte Kategorisierung, weil ein Kind schließlich als ganzes Wesen wahrgenommen werden möchte und nicht als Kopffüßler – und mit dem Bewusstsein im Hinterkopf, dass Eltern dadurch leicht überfordert werden können. Wenn Eltern eine solche Information erhalten und dann stehen gelassen werden, kann dies zu Handlungsstress führen: Ein Schulpsychologe teilte einer Mutter mit, dass ihr Sohn über einen IQ von etwa 135 Punkten verfüge. Das ist schön und gut, aber aus meiner Sicht nicht wirklich beunruhigend. Es ist eine Größenordnung, bei

der die Kinder sehr viele Möglichkeiten haben, ohne allzufest unter Anders-
artigkeit leiden zu müssen. Sie nehmen sich allerdings so manche Sache mehr
zu Herzen als andere Kinder ihres Alters, weil sie einfach weiter denken und
sehen. Förderung ist deshalb angebracht, ein ständiges Fokussieren aufs Intellektuelle unnötig! Die Mutter dieses Kindes wurde vom Psychologen mit dem
Testergebnis stehen gelassen. Als verantwortliche und fürsorgliche Mutter wollte sie ihrem Kind die passende Förderung angedeihen lassen. So wurde der
Junge umgehend früheingeschult – mitten während des Schuljahres. Das Kind
wurde um einen sensiblen Anfang gebracht, um das *normale* Einschulungs-
erlebnis, das es mit anderen Kindern teilen würde, die gemeinschaftlich erlebte
Aufregung eines Übergangs und Neuanfangs.

Übrigens ist der jüngere Bruder des Jungen ebenso intelligent, doch behielt
er sich den Freiraum des Spielens offen, indem er lange Zeit am liebsten mit
Autos spielte und vieles anderes tat, was intellektuell unauffällig war. Natürlich
blitzte seine Intelligenz immer wieder durch, stand aber nicht so sehr im
Mittelpunkt erzieherischer Überlegungen. Verspieltheit statt Vernunft zu zeigen,
ist eine Strategie, die gerade Zweitgeborene gerne einsetzen, da sie auf andere
Weise in die Verantwortung genommen werden als die Erstgeborenen und diese
oftmals schon den Platz des Vernünftigen in der Familie besetzen. Als der
jüngere Bruder dann mit knapp fünf Jahren ohne Hilfe munter zu lesen anfing,
zeigte sich seine Begabung doch sehr eindeutig. Er wurde übrigens nicht früher
eingeschult, weil die Grundschule in der Zwischenzeit eine neue Grundstufen-
form eingeführt hat, in der drei Klassen in zwei Jahren absolviert werden
können.

Vielleicht überlegen sich manche Psychologen oder Pädagogen gar nicht,
was sie mit einem solchen *Urteil* anrichten: Natürlich macht es Spaß, gute
Nachrichten zu überbringen, der Entdecker von Talenten zu sein und Eltern zu
noch stolzeren Eltern ,upzugraden'. Aber dann werden Eltern und Kinder stehen
gelassen, höchstens wird vermittelt, dass eine intellektuelle Förderung die
angemessene Reaktionsweise sei.

Wie ging es mit dem hochbegabten Jungen weiter? Er hatte schon immer
viel am Computer gespielt und tat dies auch weiterhin, er bekam Schachspiel,
Zweitsprachförderung und, weil er sehr musikalisch ist, Musikunterricht
geboten. Nach meinem Eindruck, den ich allerdings nicht ganz so eng verfolgen
konnte, nahm das Kind die Angebote zunächst mehr oder weniger motiviert hin.
Es wären sogar Angebote gewesen, die dem Kind durchaus gelegen wären, aber
nun haftete diesen Angeboten atmosphärisch das Stigma der Hochbegabung
(und Leistungsbewährung?) an – und das Kind tat das Gesündeste, was es
machen konnte, es interessierte sich eine Zeit lang nur mittelmäßig dafür.

Diese Entwicklung zu mangelnder Motivation habe ich bei mehreren Kindern beobachten können, die früheingeschult wurden oder/und (selbst gesetztem) Leistungsstress ausgesetzt waren: Kinder reagieren leicht mit Leistungsverweigerung trotz oder gerade aller Angebote. Manche Eltern berichten Jahre später, dass ihr Kind irgendwie nie den „Knopf aufgetan" hat, wie es in der Schweiz so plastisch für „begreifen" heißt (wobei „Knopf" mit „Knoten" zu übersetzen ist), dass ihr Kind also kein motivationales Aha-Erlebnis gefühlt hat. Die Anstrengungen, um dies zu kompensieren, können enorm sein und reichen von jahrelangen sorgevollen Diskussionen und psychologischen Abklärungen bis zu ein- oder mehrjährigen Internatsaufenthalten und Privatschulen mit konsequenter, engmaschiger Betreuung und sozialer Einbindung. Schön ist es, wenn die Eltern und auch die Umgebung akzeptieren, dass ein Zwischenjahr oder andere Spielräume gut tun können und weder einen Verlust noch Makel bedeuten, und wenn sie erst recht stolz auf ihr Kind sind, weil es die Kraft mobilisiert, etwas Wichtiges nachzuholen.

Das Wollen als solches verhindert das Sehnen. Das Wollen der Eltern von Sicherheiten für das Leben (durch Anpassung, Leistung und Kategorisierung) verhindert bei den Kindern das eigene Entdecken von ureigenen Sehnsüchten. Doch wie sagt SAINT-EXUPÉRY (ohne Zitatangabe): Willst du jemanden ein Schiff bauen lehren, so lehre ihn die Sehnsucht nach dem weiten Meer.

5.1.1   Zum Verständnis des Begriffes „Narzissmus"

Weil in diesem Kapitel häufig von der Problematik einer narzisstischen Entwicklung die Rede sein wird, ist hier der Moment, diesen bekannten, aber oft uneindeutig verwendeten Begriff zu erläutern.

Von Narziss heisst es in der griechischen Mythologie, dass es ein schöner, selbstbewusster Jüngling gewesen sei, der beim Betrachten seines Spiegelbildes starb. Diese Geschichte wird auf unterschiedliche Weise erzählt – SCHLAGMANN (2008) unterscheidet sieben Versionen. In drei der Versionen geht es um den Verlust von geliebten Bezugspersonen und die Sehnsucht nach ihnen, während er in seiner Sehnsucht sich selbst erblickt (Vater, Mutter, Zwillingsschwester), in einer vierten greift Narziss zum Spiegelbild im Wasser, was zum Symbol des unaufhaltbar verrinnenden Lebens wird. Diese Varianten umschreibt SCHLAGMANN mit „Leiden an der Vergänglichkeit von geliebten Angehörigen und von sich selbst". In den anderen Versionen geht es um Begegnungen mit Gestalten (Echo bzw. zwei Jünglinge namens Ameinias und Ellops), mit denen Narziss keine Beziehung eingehen möchte. Auf die verschmähte Liebe reagieren diese ohne Frustrationstoleranz, sie machen ihm

Schuldgefühle und bringen ihm direkt oder indirekt den Tod. SCHLAGMANN beschreibt diese zweite Mythen-Klasse dadurch, dass die berechtigten Wünsche des Narziss, sich selbst und seine qualitativen Beziehungsansprüche zu behaupten (Narziss wollte kein kernloses Echo als Partnerin und auch keine gleichgeschlechtlichen Beziehungen eingehen), nicht akzeptiert werden. Beide Mythen-Klassen zusammenfassend schreibt SCHLAGMANN (2008):

> „Narziss ist ein Mensch der über differenzierte soziale Kontakte verfügt. Es gibt etliche Menschen, an denen er sehr hängt. Aber es gibt auch Menschen, deren Beziehungswünsche er ablehnt. Beides kann zum Problem werden: Das vergebliche Bemühen um Kontakt zu denjenigen, die man liebt, wenn sie einem – am nachhaltigsten durch den Tod – verloren gehen …, genauso wie die Schwierigkeit, sich von aufdringlichen anderen abzugrenzen, die darauf mit Vermittlung von Schuldgefühlen oder mit blanker Gewalt reagieren …"

In der Psychoanalyse wird der Begriff „Narzissmus" etwas anders gebraucht. So schreibt der Psychoanalytiker KERNBERG (1993, 261):

> „Narzisstische Persönlichkeiten fallen auf durch ein ungewöhnliches Maß an Selbstbezogenheit im Umgang mit anderen Menschen, durch ihr starkes Bedürfnis, von anderen geliebt und bewundert zu werden, und durch den eigenartigen (wenn auch nur scheinbaren) Widerspruch zwischen einem aufgeblähten Selbstkonzept und gleichzeitig einem maßlosen Bedürfnis nach Bestätigung durch andere."

SCHLAGMANN (2008) hält KERNBERGs Auffassung entgegen, dass dieser Aspekt der sog. narzisstischen Persönlichkeit wohl eher für die anderen mythologischen Gestalten (Echo bzw. die beiden Jünglinge) typisch ist und bezüglich Narziss, wie er in den griechischen Mythen dargestellt wird, eine Verkehrung ins Gegenteil darstellt.

Der Begriff „Narzissmus" bzw. „narzisstisch" scheint also leicht missverständlich zu sein bzw. nicht genau mit der Mythologie übereinzustimmen. Ich verwende ihn in dieser Arbeit in dem Sinne, dass ein narzisstischer Mensch ein starkes Bedürfnis hat, von anderen geliebt und bewundert zu werden, und dass er dieses erreichen will, indem er durch hervorstechende Leistungsausweise zu glänzen versucht. Dies führt dazu, sich überhöhte Leistungsvorgaben zu machen, die dann wirklich oder angeblich erfüllt werden. Dieser Druck, positive Beziehungen durch tolle Leistungen erwirken zu müssen, kann darauf zurückgeführt werden, als Kind nicht als der gesehen worden zu sein, der man eigentlich ist – in seinem kindlichen, verspielten, lustigen, ernsten usw. Wesen nicht wahrgenommen und akzeptiert worden zu sein, sondern nur in denjenigen Aspekten (oftmals Leistungsnormen), die den anderen Personen wichtig waren (entsprechend der zweiten Mythenklasse). Wenn die nächsten Personen (Vater, Mutter, Zwillingsschwester in der ersten Mythenklasse) nicht mehr gegenwärtig sind und einen nicht mehr mit liebendem Blick und familiärer Ähnlichkeit spiegeln können, kann es schwierig sein, sich in seinem Wesen und mit seinen Bedürfnissen erkannt zu fühlen – auch bei dieser Mythenklasse geht es darum, der sein zu dürfen, der man ist und gerne sein würde. Hier entspricht der Begriff, wie ich ihn verwende, auch SCHLAGMANN, wenn von einer grundsätzlichen Beziehungsfähigkeit des Narziss ausgegangen wird, die er aber nicht realisieren konnte, so dass er sogar starb (oder im übertragenen Sinn: so dass etwas in ihm starb). Wenn ein Kind von seinen Eltern sehr stark auf Leistung ‚getrimmt' wird, sind diese als liebevolle Bezugspersonen nicht eindeutig verfügbar. So versucht das Kind eventuell ein Leben lang, durch überhöhte Leistungen die vermisste liebevolle Anerkennung zu finden. Es ist das vergebliche Suchen derer, die man liebt, wie es SCHLAGMANN bei Narziss beschreibt. Wo kein Gegenüber ist, muss das eigene Selbstkonzept als Resonanzkörper herhalten, was logischerweise zu großer Selbstbezogenheit führt. Das von KERNBERG beschriebene überzogene Selbstkonzept und Bestätigungsbedürfnis ist Realität. Doch soll ergänzt sein, dass sich dahinter die große Sehnsucht eines potentiell hoch beziehungsfähigen und glücklicherweise auch selbstbewussten Menschen, der sich selbst nicht aufgeben will, nach Beziehung verbirgt. Der Begriff „Narzissmus" ist hier in diesem Sinne zu verstehen – also im Sinne einer Selbstwertproblematik mit entsprechenden Reaktionen, nicht aber als grundsätzliche Beziehungsunfähigkeit (die KERN-BERG meines Wissens auch nicht zu Grunde legt), sondern im Gegenteil als ungeschickte Suche nach Beziehung. Bei Förderangeboten ist auf die Möglichkeit narzisstischer Entwicklungen zu achten – und zugleich die Leistungsfähigkeit mit liebevollem, wertschätzendem Blick anzuerkennen.

5.2 Die Rolle der Außenstehenden

Nicht nur hochbegabte Kinder werden durch die Identifikation ihrer Begabung beeinflusst, sondern auch Eltern, Pädagogen und Psychologen. Was macht das Thema mit uns Außenstehenden? Typisch scheint mir das Thema des versteckten Stolzes bei einem gleichzeitig starken, aber nicht immer zugegebenen Bedürfnis nach Anerkennung zu sein. Öfters traf ich auf Eltern, die selber sehr intelligent sind, aber als Kinder kaum Möglichkeiten hatten, ‚etwas daraus zu machen', vielleicht als Mädchen nicht studieren durften, aus einfachen Verhältnissen kamen usw. Diese Eltern kümmern sich nun rührend darum, dass ihren Kindern nicht das gleiche Schicksal widerfährt. Ihre Kinder sollen es besser haben, alle Möglichkeiten sollen ihnen offen stehen. Nicht jedes Thema, mit dem wir uns beschäftigen, wirkt auf gleiche Weise. Ein Beispiel: Wenn jemand eine Arbeit über Prostitution schreibt, wird niemand zu denken wagen, dass der- oder diejenige aus einer persönlichen Erfahrung heraus schreibt. Als eine Studienkollegin und ich die Lizentiatsarbeit über Ess-Störungen schrieben (CODA & THALMANN, 1990), tauchte ab und zu die Frage auf, ob wir da persönliche Erfahrungen hätten, wobei die Fragen noch mit Scham und Peinlichkeit formuliert wurden. Wenn man sich mit dem Thema Hochbegabung beschäftigt, steht den anderen Menschen fast auf der Stirn geschrieben, dass sie denken, man habe direkt etwas damit zu tun. Ich habe mehrfach wahrgenommen, dass sich eine Atmosphäre von Respekt, aber auch Distanz ausbreitete. Als ich einer Lehrerin meiner Kinder erzählte, dass ich mit Hochbegabten arbeite, meinte sie spontan: „Oh, pardon!", obwohl es da nichts zu ‚pardonnieren' gab. Wenn im Zusammenhang mit dem Thema Hochbegabung in einem Gespräch die Frage auftauchte, ob die erwachsene Person denn selber ‚direkt Betroffene' sei (wie auch immer die Frage im Gespräch formuliert wurde), kam manches Mal so eine stolze Verlegenheit auf, die entfernt wie eine Art ‚kichernde Atmosphäre' anmutete, wie sie kleine Mädchen bei Geheimnissen verbreiten, die sie am liebsten endlich preisgeben würden. Diese ‚kichernde' bis stolze Atmosphäre konnte aber sehr schnell durch eine sehr logisch-sachliche Atmosphäre überspielt werden. Nie habe ich jemanden getroffen, der so etwas selbstverständlich bestätigte oder in Bezug auf seine Kinder glücklich ausrief: „Mensch, ist das nicht schön, dass mein Kind hochbegabt ist? Da können wir es uns ja richtig spannend oder gemütlich und nett machen, wenn mein Kind so begabt ist, weil dann ganz viel Zeit zum Spielen bleibt!"

Zurück zu der Feststellung, dass sich so eine achtungsvolle Atmosphäre oder stolz-verlegene Betroffenheit breit machen kann: Wie gut tut es eigentlich *uns* als Bezugspersonen, sich mit dem Thema Hochbegabung zu beschäftigen? Welche nicht erhaltenen (oder auch zwiespältigen) Anerkennungen bekomme ich jetzt als erwachsener Mensch, wenn ich mich mit dem Thema beschäftige? Und welche Möglichkeiten biete ich dem Kind, die ich nicht hatte oder nicht realisiert habe? Es ist leicht zu erkennen: Es geht wieder um das Thema des Narzissmus. Als Bezugspersonen, seien wir Eltern, Lehrkräfte, Psychologen und andere, sollten wir uns immer wieder hinterfragen, welchen Nutzen wir persönlich daraus ziehen, auf die Hochbegabungsschiene abzufahren. Die Beschäftigung mit dem Thema Hochbegabung ist nicht notwendig wie die Beschäftigung mit dem täglichen Essen. Sie hat aber eine Affinität zur Bildung – und diese spielt in unserer Gesellschaft eine große Rolle. Bildung ist ein außerordentlich wichtiger Präventionsfaktor, der den Menschen Zugang zu

gesellschaftlichen Ressourcen verschafft und gleichzeitig zu einem selbstbewussten Denken wie auch zu einem Denken in Zusammenhängen verhilft, so
dass das eigene Leben sinnvoll geplant werden kann. Gerade aber weil Bildung
so wichtig für uns Menschen und unsere Gesellschaft ist, kann sie leicht
überstrapaziert und unüberlegt eingesetzt werden.

5.3 Die Schwierigkeit mit Hochbegabung umzugehen

Wenn wir Hochbegabte nicht problematisieren, sie aber trotzdem beachten
wollen, bietet sich im allgemeinen die Lösung der zusätzlichen (Früh-)
Förderung an. Dabei soll auch (potentiellem) Stören des Unterrichts vorgebeugt
werden: Ein Kind mit guten Noten stört in der Klasse durch sein Verhalten –
also ist es hochbegabt. Ein Kind mit schlechten Noten stört in der Klasse durch
sein Verhalten – also ist es vielleicht auch hochbegabt. In beiden Fällen wird
argumentiert, dass das Kind unterfordert ist und deshalb die anderen stört oder
gewissermaßen auch sich selbst stört bis hin zu schlechten Leistungen. Das kann
so sein. Nun ist aber nicht jedes unerzogene Kind hochbegabt. Umgekehrt
rebelliert auch nicht jedes unterforderte hochbegabte Kind.

Es wird den Lehrern und Lehrerinnen seitens der Hochbegabungsforschung
erzählt, dass hochbegabte Kinder bei Unterforderung auffällig werden – allen
voran die wilden Buben, während die sanften Mädchen eher depressiv werden.
Deshalb achten die Lehrkräfte jetzt auf die wilden Buben und die sanften
Mädchen und schicken sie in Förderkurse. Die starken Mädchen werden auch
noch beachtet, die stillen Jungen werden vermutlich am schlechtesten erkannt.
Hier sei ein Beispiel eines introvertierten Jungen erwähnt: Der Junge sagte, dass
er in der Primarschule immer spät ins Bett gegangen sei, weil er so gerne lang
lese und leicht müde der Unterricht nicht so langweilig gewesen sei. Er ging bei
einer ausgezeichneten und liebenswürdigen Lehrerin in die Schule, die zwar
nicht viel Extraförderung betrieb, aber eine überaus lernförderliche und
integrierende Atmosphäre schuf. Der Junge wollte partout keine Förderkurse
besuchen, weil er dann Zeit mit seinen Freunden verpasst und auch im Klassenverband gefehlt hätte.

Die Aussage des Jungen zeigt nicht nur einen rührenden Selbsthilfemecha-
nismus, sondern ist meiner Meinung nach auch eine sozial starke und sehr
differenzierte Aussage, in der viel über kindliche Bedürfnisse erzählt wird: Das
Verbleiben in der Klasse, das Spielen mit den Freunden in der Pause und in der
Freizeit wie auch das Nicht-durch-Extrarollen-auffallen-wollen, was für diesen
Jungen ebenfalls wichtig war, denn er vermied große Rollen beim Kindertheater
und liebte hingegen Schattentheater, wo er gleich drei Rollen zugleich spielte.

Hier zeigt sich beispielhaft, zu welch kreativen Lösungen Kinder fähig sind. Diese können je nach Veranlagung anders aussehen. Ein extravertierteres Kind wäre möglicherweise trotzdem in einen Förderkurs gegangen.

Bei dem genannten Beispiel wird aber durch das Kind implizit noch ein anderes Problem angesprochen: das der Zurschaustellung oder, anders gesagt, des Narzissmus. Ich habe in meiner Arbeit mit hochbegabten Kindern ab und zu Kinder angetroffen, die unbedingt einen Förderkurs besuchten wollten. Manches Mal schien es fast, in diesen Fällen sei weniger die Begabung das Problem gewesen, sondern der Wunsch, etwas Besonderes zu sein, oder sich in der Rolle des Besonderen wohl zu fühlen. Auch hatte ich manchmal den Eindruck, dass teilweise der Ehrgeiz der Eltern oder Bezugspersonen eine Rolle spielte. So müssen wir uns fragen: Was tun wir den hochbegabten Kindern eigentlich an, wenn wir sie zusätzlich zu ihrer vorhandenen Begabung auch noch auf Besonderheit hin ‚triggern'? Wenn wir ihnen ‚helfen', eine narzisstische Persönlichkeit zu entwickeln? Dann werden sie möglicherweise erfolgreich – wie so viele narzisstische Menschen, die von Geltungsdrang beseelt sind. Aber werden sie auch glücklich? Und bleiben sie so liebenswert, wie sie einst in (fast) aller Unschuld waren?

Wir bieten hochbegabten Kindern, weil wir sie beachten, aber nicht problematisieren wollen, Förderung an. Das ist eine gute Idee. Die Begabungen sollen unterstützt werden. Ich denke, dass es ausgesprochen wichtig ist, dass ein Kind fühlt, dass es *denken darf*, dass es *angenommen ist, so wie es ist* – d.h. mit seinen besonderen Fähigkeiten. Dass es geistigen Input braucht, geistige Nahrung, ist unbestritten. Aber *wie* fördern wir es? Und wie erfolgt der *Weg* bis zur Förderung?

Muss ein Kind erst auffällig, d. h. entsprechend den Rollenvorgaben aggressiv (eher Jungen) oder depressiv (eher Mädchen) werden, damit es beachtet wird? Abgesehen davon: Was ist mit den starken Mädchen und den sanften Jungen? Bei den Hochbegabten lässt sich feststellen, dass die Jungen eher zurückhaltendere, feinfühlige Typen sind und die Mädchen sich vermehrt für ‚männlich-logische' Themen interessieren. Gerade hier sind Rollenklischees also gar nicht angebracht!

Sobald das hochbegabte Kind ‚entdeckt' worden ist (bzw. sich hat entdecken lassen), entsteht bei den Eltern und Lehrpersonen oftmals Stress: Sobald man weiß, dass das Kind begabt ist, kann sich ein Druck entwickeln, nun auch handeln zu müssen. In der Folge werden die begabten Kleinen in diverse Kurse geschickt – sei es nach der Schule oder auch während der Schule, außerhalb der Schulklasse oder sogar außerhalb des Schulhauses. Glauben wir im Ernst, dass dadurch bestehende oder vorweggenommene sozial-emotionale Probleme gelöst werden? Oder auch wenn wir als Eltern unsere (hochbegabten)

Kinder von daheim aus von einem Kurs zum nächsten schicken: Glauben wir im Ernst, dann das Bestmögliche für unsere Kinder zu tun?

Sollte sich Hochbegabung bei einem Kind als Problem herausstellen, werden wir das Problem nicht lösen, indem wir mehr vom selben hinzufügen! Wir müssen es *anders* tun. Sonst bringen wir das Kind nur auf eine narzisstische oder zwanghafte Schiene, weil es sich im ständigen Fokus seiner Besonderheit entwickeln muss. Ein hochbegabtes Kind ist ein besonderes Kind – wie jedes andere auch. Es soll auch geistige Nahrung bekommen, so wie es sich diese wünscht (und nicht wie es sich die Eltern oder andere Bezugspersonen gewünscht hätten). Nicht zuviel, das würde zu ‚Ess-Störungen', das heißt zur Verweigerung der geistigen Nahrung, führen, sondern in verdaulichem Maße. Außerdem soll es seine seelische und soziale Nahrung bekommen, nicht so eben ‚en passant', sondern mit dem gleichen Stellenwert und Enthusiasmus wie die geistige Nahrung. Wichtig ist, das eine zu tun und das andere nicht zu lassen. Dann werden vielleicht ein paar Kinder weniger in frühester Jugend mit Erfolgen brillieren. Vielleicht geht sogar ein bisschen verloren von all dem geistigen Potential, das die Wirtschaft so gerne umsetzen würde. Aber dafür geht etwas weniger seelisches Potential verloren – und das macht uns Menschen doch ebenso aus wie unser Intellekt. Oder anders gesagt, erst in Verbindung mit einer umfassenden seelischen Reifung wird unsere Intelligenz zutiefst geistvoll, wird Wissen zur ganzheitlichen Bildung und Kultur.

Es kann nicht darum gehen, die Situation von hochbegabten Kindern zu bagatellisieren („Die können für sich selber schauen") oder mit dem Finger auf sie zu zeigen („Hochbegabte sind etwas Besonderes") – sogar wenn dieser Finger gut gemeint ist. Auch rein kognitiv ausgerichtete Förderkurse greifen allfällige Probleme nicht immer an der Wurzel.

Hingegen hilft es, sich für die *Dynamik* zu interessieren, die sich zwischen dem hochbegabten Kind und seiner Umwelt entwickelt (hat), und auf diese individuell zu reagieren – vielleicht mit Früheinschulung, vielleicht aber gerade nicht; vielleicht mit viel Programm in der Freizeit, vielleicht aber eben auch mit dem Aushalten von Langeweile, um zweckfreie Räume zu schaffen, in denen Kreativität und das Entdecken der ureigenen Sehnsüchte erst möglich werden.

6 Wie können positive schulische Sozial- und Lernerfahrungen gefördert werden?

Wir haben im vorhergehenden Kapitel gesehen, welchen Dilemmata man im Umgang mit hochbegabten Kindern begegnen kann. Jetzt geht es um Möglichkeiten, die soziale Integration und positive Lernhaltungen zu unterstützen. Überlegungen zur sozialen Integration finden sich in Kapitel 6.2. Soziale Integration ist nicht jenseits von positiven Lernhaltungen zu denken. Das Gefühl, sozial eingebunden zu sein, ist integraler Bestandteil von umfassenden Bildungsprozessen, wie vor allem in Kapitel 6.3 bei den Kriterien zur Früheinschulung zu sehen sein wird. In Kapitel 6.4 werden verschiedene Fördermöglichkeiten für Schulkinder besprochen.

STAMM (2001) stellt fest, dass viele Hochbegabte ihre Schulzeit ganz glücklich durchlaufen, ab und zu unterfordert, aber im allgemeinen von ihren Lehrern und Lehrerinnen gut unterstützt werden. Wie auch FREUND-BRAIER und SCHILLING in ROST et al. (2000) stellt sie fest, dass viele Hochbegabte sich sogar durch eine sehr gute Leistungs- und Sozialentwicklung auszeichnen, in ihrer Untersuchung sind dies etwa zwei Drittel der Hochbegabten. Allgemein gilt, so STAMM (1999, 20), „dass zwischen Begabung und Hochbegabung fließende Übergänge wahrscheinlicher sind als kategoriale Unterschiede".

Lernerfahrungen sind eng mit den dahinter stehenden Bildungskonzepten verknüpft, welche die Unterrichtsplanung der Lehrpersonen leiten. Bildungskonzepte beeinflussen auch die Bewertung des Verhaltens der (hochbegabten) Schüler und Schülerinnen, wenn diese beispielsweise Widerspruch wagen oder lieber mit ihren Fähigkeiten zurückhalten. Deshalb folgt in Kapitel 6.1 eine Erläuterung des Begriffs Bildung und zweier grundlegender Bildungskonzepte.

6.1 Bildungskonzepte

Im Zusammenhang mit Fördermaßnahmen stellen sich folgende Fragen bezüglich des dahinter liegenden Bildungskonzeptes:

1. Wann spricht man überhaupt von Bildung – bzw. in welchem *Verhältnis* steht Bildung zu Wissenserwerb?
2. Was unterscheidet ein *instruktionsorientiertes* Bildungskonzept von *ko-konstruktiven* Ansätzen?

Zur ersten Frage: Bildung umfasst mehr als nur Wissenserwerb. Es geht nach Wilhem von HUMBOLDT darum, sich in Beziehung zur Welt zu setzen, indem man sich mit dieser auseinandersetzt. Bildung beschreibt das Verhältnis des Individuums zur Welt. Bildung ist somit mehr als nur Wissensanhäufung. Sie ist eine Auseinandersetzung, die die Entwicklung der individuellen Persönlichkeit wie auch der äußeren Werkzeuge beinhaltet. SCHÄFER (2006, 34) schreibt dazu:

> „Ziel ist dabei die höchste und ‚proportionierlichste' (HUMBOLDT) Bildung der Kräfte zu einem Ganzen, was nur gelingen kann, wenn die Aufgabe des Menschen nicht mit seinen Funktionen in der Gesellschaft und seinem Nutzen für die Gesellschaft in eins gesetzt wird."

Oder, wie es der Pädagogikprofessor REUSSER (2007) in einer Vorlesung formulierte: „Bildung ist *ich-haft gewordenes Kulturwissen*" [Hervorheb. durch Verf.]. REUSSER beschreibt Bildung als bearbeitetes Wissen, das „einen etwas angeht" (ebd.) und durch diese Betroffenheit die Identität mitformt. Dazu muss man sich mit intrinsischer Motivation auf Bildung einlassen können und wollen. Bildung ist aus diesem Blickwinkel ein ko-konstruktiver Prozess, der in wechselseitigem Austausch mit der Gesellschaft geschieht.

Zur zweiten Frage, was ko-konstruktive Ansätze von instruktionsorientierten unterscheidet: Bei der Instruktion steuert die Lehrperson bzw. Bezugsperson die Lernprozesse, bei der Ko-Konstruktion steuert das Kind durch aktive Konstruktion des Lernstoffes und in wechselseitiger Auseinandersetzung mit seiner sozialen Umgebung (Klassenkameraden, Lehrperson) seinen Lernprozess. Unterricht geschieht oft in Form von Instruktionsprozessen. Diese sind teilweise nötig, kommen aber auch dort vor, wo Ko-Konstruktionsprozesse möglich und vor allem motivierender wären. Unvorhergesehene Übergänge zwischen Instruktions- und Ko-Konstruktionsprozessen können von Hochbegabten eingeleitet werden, wenn diese mal schnell einen besseren Lösungsweg herausfinden oder mit treffsicherer Logik auf eine Ungenauigkeit hinweisen. Dies mag Lehrer verunsichern oder herausfordern. Sie können das Gefühl haben, dass ihnen die Fäden aus der Hand genommen werden oder Zeit für Unwichtiges vergeudet wird (was aber ein Vorwand sein kann, um sich zu schützen). In der Zeitschrift GEO (1996, 54) wird der Lehrer Kopp einer Förderschule zitiert: „Es hat keinen Zweck, allwissend sein zu wollen, dann lassen sie dich auflaufen. Du musst Mut zur Wissenslücke haben." Denn, so

GEO (ebd.), „Hochbegabte zu unterrichten erfordere die ständige Bereitschaft, die eigene Autorität in Frage stellen zu lassen. Aber es biete auch die faszinierende Auseinandersetzung mit Jugendlichen [und Kindern; Anm. d. Verf.], die sehr erwachsen seien."

SCHÄFER (2007) kritisiert, dass in der Bildungsdiskussion mit Ko-Konstruktion, Selbsttätigkeit, Kompetenz und Eigenaktivität der Kinder hinsichtlich der Lernprozesse argumentiert wird, de facto aber Instruktionsvorstellungen überwiegen. Er beschreibt, wie Kinder an naturwissenschaftliche Denkweisen durch Experimente herangeführt werden und hinterfragt angebliche Ko-Konstruktionsprozesse. Wegen der Brisanz von SCHÄFERs kritischen Fragen, die m. E. ein Kernproblem der Hochbegabungsförderung bei jungen Kindern treffen, schließt hier ein längeres Zitat an:

> „Woher weiß man, dass dies nicht nur allgemeine Themen sind, die Kinder irgendwie interessieren könnten, sondern Fragen, die sie ernsthaft beschäftigen? ... Sind Kinder wirklich von Anfang an Naturwissenschaftler oder werden sie nicht als solche sozial konstruiert? **Sind sie nicht erst Entdecker einer sinnlich wahrnehmbaren Welt?** [Hervorhebung durch Verf.] Macht es Sinn, über nicht wahrnehmbare Antworten nachzudenken, wenn man die wahrnehmbare Wirklichkeit noch gar nicht erfasst und sortiert hat? Wo sind diese Fragen, Experimente und Antworten in den Alltagskontext der Kinder, in ihre Alltagstheorien, eingebunden? Wo und in welcher Weise sind Kinder auf einer gleichwertigen Ebene ko-konstruktiv an ihrem Lernprozess beteiligt? Dürfen sie nur die Antworten selbst konstruieren, die man ihnen zugedacht hat?" (SCHÄFER, 2007, 5f).

Es geht nicht darum, jegliche Instruktionsprozesse zu vermeiden, sondern diese klar als solche zu kennzeichnen und darauf zu achten, dass diese sich nicht unter dem Namen von Ko-Konstruktionsprozessen einschleichen. Sonst bleibt für echte Ko-Konstruktionsprozesse kein Raum mehr übrig – und gerade diese bewirken ja Bildung, wenn es die „Qualität der subjektiven Eigenleistung des Kindes ist, die aus Lernprozessen Bildungsprozesse macht" (SCHÄFER, 2006, 2).

In der ‚Hochbegabungs-Szene' werden Kinder oft und gerne als kleine Naturwissenschafter oder Forscher betrachtet. Es gibt sie durchaus, diese kleinen Forscher. Aber SCHÄFERs Feststellung, dass Kinder zunächst „Entdecker einer sinnlich wahrnehmbaren Welt" sind, rückt die Hochbegabungsförderung in ein neues Licht. Wie fördern wir (jüngere) hochbegabte Kinder, wenn auch diese zunächst „Entdecker einer sinnlich wahrnehmbaren Welt" sind – so wie alle anderen Kinder auch? Und wie würden wir hochbegabte Kinder fördern, wenn sie gerade nicht solche Entdecker von Sinnlichkeit wären – würden wir die Sinnlichkeit dann weiterhin ausklammern und auf kognitive Förderung fokussieren? Es kann nicht darum gehen, hochbegabte Kinder noch schneller auf eine erwachsene Ebene hinaufzukatapultieren. In einem ko-konstruktiven Lern- und Bildungsprozess, der hochbegabte Kinder mit ihrem Denken und ihrer Spielfähigkeit ernst nimmt, müssen *wir* uns mit allen Sinnen auf *ihre* Welt einlassen.

6.2 Soziale Integration im Rahmen von Frühförderung

Wir haben bisher die sozial-emotionale Entwicklung, Fragen zur sozialen Isolation und die Bedeutung von Rollenzuschreibungen besprochen. Kognitive und soziale Entfaltung sind weder identisch, noch müssen sie auseinander laufen. Sie stehen in einer dialogischen Beziehung[14]. *Wie* können hochbegabte Kinder gleichzeitig kognitiv und sozial eingebunden bzw. gefördert werden?

COLEMAN (1960; nach SCHILLING, 2000, 374) stellte fest, dass begabtere Schüler auf Schulen, wo die Klassenkameraden gute Leistungen besser akzeptieren, auch höhere Leistungen erbringen als auf anderen Schulen.

In verschiedenen Untersuchungen (TANNENBAUM, 1962, CARRINGTON, 1996; nach SCHILLING, 2000, 373) wurde festgestellt, dass im allgemeinen nicht hervorragende Leistungen an sich von den Mitschülern negativ konnotiert werden, sondern ihr Zusammenhang mit einer gleichzeitig leistungsbezogenen Arbeitshaltung und mangelndem Interesse an Sport. Es ist halt einfach cooler, wenn man die Leistungen auf Intelligenz zurückführt und nicht auf Anstrengung, die ja vor allem für Jugendliche Bravheit und Anpassung an die elterlichen Erwartungen symbolisiert. Sport steht neben der Bewegungsfreude für eine Mischung aus individuellem Leistungsvermögen und Teamgeist. Hier wird „Fair-play" direkt erlebbar.

Aber auch in Schulen, die Begabung und Leistung gegenüber positiv eingestellt sind, können sich Probleme ergeben. In der Zeitschrift GEO (1996, 54) wird ein 14jähriger Schüler des Leipziger Oswald-Gymnasiums für Hochbegabte zitiert: „Fälschlicherweise wird man auch hier als Streber bezeichnet, wenn man was erreicht." Die sozialen Spielregeln bezüglich Macht, Leistung und Mittelmaß, die die Kinder in den ‚normalen' Schulen ein- und ausüben, scheinen wohl auch in den Förderschulen zu existieren. Vielleicht fangen solche Spiele hier auf einem anderen Niveau an – hingegen scheint die Auseinandersetzung mit den Themen Anpassung und Außenseitertum, Dominanz, Submission und Aufbegehren zur menschlichen Entwicklung dazuzugehören. Wir Menschen sind nun einmal Gruppenwesen und auf Beziehung hin angelegt. Das

---

[14] HERZKA (1995, 19) erklärt das dialogische Spannungsfeld folgendermaßen: „Dialogik bedeutet einen Art polare Struktur ..., wobei die beiden Pole zwar gemeinsam ein Ganzes bilden, aber nicht ineinander aufgehen, da sonst die Spannung, das ‚Leben' zwischen den Polen erlöschen würde."

heißt aber, dass allfällige soziale Probleme nicht primär mit Hochbegabung zu tun haben, sondern dass Hochbegabung lediglich einen Vulnerabilitätsfaktor neben weiteren Faktoren bedeuten kann.

DECI & RYAN (1993; nach REUSSER, 2007) gehen in ihrer sog. *Selbstbestimmungstheorie* davon aus, dass der Mensch als geistiges Wesen drei Grundbedürfnisse hat, nämlich die Bedürfnisse nach Autonomie, Kompetenz und sozialer Eingebundenheit. Diese drei Grundbedürfnisse bezeichnen sie als „basic needs". Entwicklungsförderung bedeutet, dass das Kind diese drei Grunderfahrungen auf verschiedenen Handlungsebenen – physischen, sozialen wie kognitiven – verinnerlichen kann, um zu einer starken Persönlichkeit mit einem positiven Selbstkonzept heranzureifen. Dies muss die Schule nicht allein bewältigen, wenngleich ihr aufgrund unserer Gesellschaftsstrukturen diesbezüglich eine wachsende Verantwortung zugesprochen wird. Ein Kind in seiner Persönlichkeitsentwicklung zu fördern, bedeutet die Vermittlung von vielfältigen sozialen, körperlichen und geistigen Fähigkeiten. Diese befähigen das Kind zu einem individuell gestaltbaren Leben innerhalb der Kultur, die es umgibt. Das Kind wird an die Fähigkeit herangeführt, sich Rahmenbedingungen sinnvoll anzupassen und dabei seine persönlichen Entwicklungsräume zu suchen und zu nutzen.

Die Schule als Repräsentant der Gesellschaft und die Eltern teilen sich in diese Verantwortung und erfüllen beide auf ihre Weise die „basic needs". Eltern können das eine oder andere als Schwerpunkt übernehmen und der Schule das eine oder andere als Schwerpunkt überlassen. Gegebenenfalls lohnt es sich dann, früh einzuschulen oder eine Klasse zu überspringen – oder aber das Kind in seiner sozialen Gruppe zu belassen und daheim kognitive oder musische Anregungen anzubieten.

Schwierig wird es, wenn Eltern oder Pädagogen die Meinung verbreiten, dass eine intellektuelle Zusatzförderung allfällige soziale Schwierigkeiten beheben würde. Hier vermischen sich zwei Ebenen. Es würde auch niemand umgekehrt behaupten, dass eine soziale Förderung alle intellektuelle Schwierigkeiten beheben würde. So direkt funktioniert das nicht. Möglich sind allerdings sekundäre Wirkungen: Eine betonte Förderung der sozialen und emotionalen Entfaltung kann durch gefühlsmäßige Entspannung das Denken befreien und in der Folge zu Lust am Intellektuellen führen. Wenn wieder stressfrei gedacht werden darf, zeigen Menschen durchaus mehr Intelligenz. Genauso ist es möglich, dass eine intellektuelle Zusatzförderung ein Wohlgefühl vermittelt, weil sich das Kind mit seinem Geist angenommen fühlt, und dass sekundär ein Gefühl sozialen Eingebettetseins entsteht. Dies ersetzt aber nicht die Auseinandersetzung mit sozialen Situationen per se, sondern senkt als ersten Schritt lediglich die Stressschwelle. Deshalb machen intellektuelle Zusatzangebote nur dann Sinn, wenn sie – konsequent und mit dem gleichen Bemühen – von sozialen Zusatzangeboten begleitet werden.

Wie beim Lesen unschwer zu merken ist, fokussiere ich eine Gleichwertigkeit und Gleichzeitigkeit von kognitiver, sozialer und emotionaler Reifung und entsprechend vielfältigen Anregungen. Es ist aber notwendig und jetzt auch an der Zeit, ein kritisches Wort über die sozial-emotionale Förderung zu sagen: Hochbegabungsförderung sollte zwar nicht gleich Leistungsförderung sein, es gibt aber auch eine Überbetonung der sozial-emotionalen Aspekte. Kaum möchten Eltern ihr Kind früh einschulen, taucht die Frage auf: „Und was ist mit dem Sozialen?" Wenn Erwachsene nicht wissen, ob eine Früheinschulung angebracht ist, heißt es schnell: „Aber das Soziale ..." Nun ist „das Soziale" nicht besser definiert als „das Kognitive" – im Gegenteil. Was ist denn „das Soziale", das fehlt? Ist es die zurückhaltendere Art vieler hochbegabter Kinder, die nicht dem Klischee des angeblich unbeschwert herumhüpfenden Kindes entspricht? Oder ist es die überbordende Art anderer kleiner Hochbegabter, die nicht dem Mittelmaß entspricht? Dann müssten ja alle besonders scheuen oder quirligen Kinder später eingeschult werden. Warum soll ein quirliges Kind, das zudem hochbegabt ist, unnötig warten müssen und dadurch erst recht nervös werden? Oder ist es die Art mancher hochbegabter Kinder, sich an älteren Kindern und der Kindergärtnerin zu orientieren, anstatt mit Gleichaltrigen zu spielen? Das würde durch ein weiteres Kindergartenjahr auch nicht besser und zeugt auch nicht unbedingt von mangelnder sozialer Reifung. Hier müssen Argumente willkürlich herhalten. Man muss nicht Angst vor einer Früheinschulung haben, nur sollten Eltern wie Lehrkräfte wissen, warum sie sich für das eine oder andere entscheiden. Kriterien zur Beurteilung von sozialen Reifungsaspekten werden in Kapitel 6.3.1 erläutert, wenn das neuseeländische Te Whäriki-Modell besprochen wird.

Eine Früheinschulung kann dann erfolgen, wenn das Kind einen Leidensdruck hat oder es andere stichhaltige Gründe gibt, die eine Früheinschulung nahelegen: Dazu gehören zunächst die allgemeine geistige, körperliche und seelische Reifung und der persönliche Wunsch des Kindes, in die Schule zu gehen, sofern er nicht auf Kosten der Spielfähigkeit geht. Es gibt auch Gründe wie den bevorstehenden Umzug in ein Land, in dem die Kinder noch früher eingeschult werden, so dass es dort dann gleichaltrig sein wird; oder wenn das Kind durch eine Früheinschulung zu einer sehr liebenswürdigen Lehrerin kommt, während es ein Jahr später zu einer schwierigen Lehrkraft käme – da kann man ja den Vorteil der Hochbegabung pragmatisch nutzen und das Kind früh einschulen. Eine Einschulung sollte prinzipiell den *Freiheitsgrad des hochbegabten Kindes erhöhen* und seinen Bedürfnissen nach Spielen und Denken entgegenkommen. Die Erhöhung des Freiheitsgrades bei gleichzeitiger

Geborgenheit zu erleben, ist für das Kind auch motivational wichtig. Dies kann der Fall sein, wenn einem mittelprächtigen Kindergarten eine hervorragende Grundschule gegenübersteht. Oder wenn die Grundschule beispielsweise wesentlich näher als der Kindergarten liegt, so dass das hochbegabte Kind sich besonders gut mit anderen Kindern zum Spielen treffen kann. Die Lehrerin oder der Lehrer sollte ebenfalls eine lockere und bejahende Einstellung gegenüber der Situation haben, um Projektionen oder „double-binds", also einander widersprechende Haltungen, zu vermeiden.

M. E. sind auch folgende Fragen wichtig: Wie steht es mit der Fähigkeit zu *emotionaler Abgrenzung* und *emotionalem Sich-einlassen-können* auf soziale, intellektuelle und spielerische Situationen? Spielt das Kind z. B. in der Pause mit den Kameraden oder nicht – und aus welchem Grund? Kann es sich prinzipiell nicht mit anderen Kindern arrangieren oder hat es nur in bestimmten Bereichen keine Lust dazu, weil es seine eigenen Bedürfnisse ernst nimmt? Hat es den Überblick über das, was in einer Gruppe abgeht, oder würde es im Falle einer Früheinschulung staunend neben den anderen stehen und von der sozialen Dynamik überfordert sein? Neigt es dazu, im Falle von überfordernden Situationen durch übereifriges Mitmachen (bei Dummheiten) zu kompensieren, um ‚dabei zu sein', oder könnte es sich selbstbewusst abgrenzen und abwarten? Wenn für das hochbegabte Kind diese Fragen positiv beantwortet werden können und auch die körperliche bzw. feinmotorische Reifung einigermaßen Schritt hält[15], spricht nichts gegen eine Früheinschulung.

Keinesfalls sollte ein Kind früh eingeschult werden, weil es für die Eltern praktischer ist oder sie sich unter Zugzwang in unserer erfolgsorientierten Gesellschaft fühlen. Auch Lese- und Rechen-Fähigkeiten legen nicht zwingend eine Früheinschulung nahe. Wenn das Kind schon früh besonders vernünftig und ‚kopflastig' handelt, ist dies ebenfalls kein eindeutiges Indiz, weil es verschiedene Ursachen für diese Kopflastigkeit geben kann. Gerade bei Kopflastigkeit kann es wichtig sein, einem „Zu-früh" oder „Zu-schnell" bewusst entgegenzuwirken (vgl. Kap. 7.1 zur sog. „malignen Progression" und Kap. 4.2 zur Intellektualisierung als Abwehrstrategie).

---

[15] Zur körperlichen Reifung sei angemerkt, dass m. E. die Größe, d. h. meist die Kürze eines Kindes, alleine kein hinreichender Grund ist, um eine Früheinschulung zu vertagen. Sonst müssten ja alle ‚langen Lulatsche' früheingeschult werden. Umgekehrt sollte die Größe auch nicht völlig außer Acht gelassen werden, denn gerade für Jungen kann es in der Pubertät schwer werden, immer der Kleinste zu sein, während dies bei Mädchen, mindestens was die Gruppenintegration betrifft, eine etwas geringere Rolle zu spielen scheint. Bei manchen Kindern lässt sich das sog. „Akzelerationsphänomen" feststellen, womit ein beschleunigter Wachstums- und Reifungsverlauf gemeint ist. In diesem Fall würden sich die Diskrepanzbereiche wieder reduzieren.

Letztlich ist bei jeder Früheinschulung zu bedenken, dass das hochbegabte Kind nicht nur in der Grundschule ein oder gar zwei oder drei Jahre jünger ist als seine Klassenkameraden, sondern auch in der Pubertätszeit. Das mit einer Früheinschulung verbundene Gefühl verdichtet sich zu einer Lebensstruktur (sog. „Narrativ"; siehe Kap. 7.1) und kann als solches eine Neigung fördern, mit den anderen mithalten zu müssen. Dann werden von dem oder der hochbegabten Jugendlichen verständlicherweise die gleichen Rechte eingefordert: Er oder sie möchte so lange wie seine Freunde und Freundinnen ausgehen oder dem Alter der anderen entsprechend auch schon Liebesbeziehungen eingehen. So werden Dilemmata vorprogrammiert.

Trotz guter Beziehungsfähigkeit und netten Schulkameraden in der Schulklasse kann die Situation rein strukturell erschwert sein, wenn ein Kind deutlich jünger ist. Gefühle der Isolation sind häufig das Resultat. Welche Freundesgruppe von Jugendlichen wird sich zum Tennis- oder Billardspiel treffen und dabei regelmäßig ein zwei oder drei Jahre jüngeres Kind dabei haben wollen? Wenn andere von der Motorrad- oder Autoprüfung sprechen, wird es nicht ernsthaft mitdiskutieren können, wenn andere tanzen gehen oder Reisen planen, wird es bei manchem wegen der Alterslimite nicht teilnehmen können. All dies sind vielleicht nur Kleinigkeiten – sie formen sich aber zu einer kontinuierlichen Alltagserfahrung. Deshalb ist es im Falle einer Früheinschulung nochmals besonders wichtig, das Selbstbewusstsein und die Abgrenzungsfähigkeit des Kindes zu bestärken, damit es sich in seinem Rhythmus entwickeln kann.

Als Erziehungsverantwortliche müssen wir uns fragen, ob es sich lohnt, die Kindheit durch eine Früheinschulung quasi zu verkürzen – wobei die Kindheit je nach entstehenden Freiheitsgraden (siehe oben) durch eine Früheinschulung eben auch qualitativ bereichert werden kann. Hier gilt es sorgfältig abzuwägen. Erwachsene erinnern sich doch gerne an die Freiheiten der Kindheit und Jugendzeit zurück – warum soll man Kindern nicht ermöglichen, diese so lange und intensiv wie möglich auszukosten? Man hat ein Leben lang Zeit, erwachsen zu sein – die Kindheit dauert nur ein paar Jahre. In diesen wenigen Jahren formen sich Charakter, Neigungen, Spiel- und Gefühlsfähigkeiten. Plötzlich ist die Zeit des Spielens unwiderruflich vorbei, wie schon Astrid LINDGREN mit etwa elf Jahren fühlte (ohne Zitatangabe). Warum soll man die Spielzeit ohne triftigen Grund verkürzen?

Wenn Eltern mit entsprechendem Engagement dem Kind eine emotional nährende und reichhaltige soziale Entwicklung ermöglichen können, spricht nichts gegen eine Früheinschulung, vor allem so lange es sich nur um ein Jahr Altersdifferenz handelt. Bei zwei oder noch mehr Jahren Unterschied können die Diskrepanzen in den nicht-intellektuellen Bereichen zu Problemen führen. Ein hochbegabtes Kind wird im allgemeinen nicht wegen seiner Hochbegabung leiden, wenn die Eltern es in seiner Kindergartengruppe belassen, sofern dort sozial integrierende Bedingungen herrschen und auch vielfältige Anregungen vorhanden sind. Für höchstbegabte Kinder mag es nochmals anders aussehen. Der Leidensdruck des Kindes und die möglichen Freiheitsgrade auf den verschiedenen Ebenen (spielerischer, kognitiver, organisatorischer, sozialer Natur) sind für die Entscheidungsfindung wichtig. Die zu findenden Lösungen sind abhängig von der Persönlichkeit des Kindes, der Familienkonstellation, der schulischen Konstellation, den Freizeitbedingungen und der räumlichen Distanz zu den jeweiligen Betreuungsstrukturen. Man muss sich bewusst sein, dass jede Lösung eine relativ bestmögliche Wahl zu einem bestimmten Zeitpunkt ist und keine absolute Ideallösung darstellt.

6.3 Früheinschulung oder das Überspringen einer Klasse

Für eine Früheinschulung oder auch das Überspringen einer Klasse sind, wie wir gesehen haben, viele Fragen zu kognitiver, emotionaler und physischer Entwicklung zu berücksichtigen. Ebenso sind äußere Faktoren wie Schulweg oder Schulqualität einzubeziehen. Bei hochbegabten Kindern stellt sich die Frage nach einer Früheinschulung fast natürlicherweise. Nachfolgend werden Kriterien aufgelistet, an denen sich Lehrkräfte orientieren, wenn die Frage nach einer Früheinschulung oder dem Überspringen einer Klasse auftaucht. Die Liste stammt aus dem Formular eines Antrags auf Früheinschulung bzw. Überspringen einer Klasse im Kanton Solothurn:[16]

- Beherrschung des aktuellen Schulstoffes
- Beherrschung des Schulstoffes der nächsten Stufe
- Prognose für die Belastbarkeit und Leistungsfähigkeit in der nächsten Schulstufe
- Interesse am neuen Schulstoff
- Soziale Reife
- Eigeninitiative, Beteiligung am Unterricht
- Kreativität, Problemlösestrategien
- Körperliche Entwicklung, Ermüdbarkeit
- Belastbarkeit
- Motivation und Gründe des Kindes (für das Überspringen)
- Motivation und Gründe der Eltern

---

[16] Quelle: „Abläufe in besonderen Situationen, vorzeitige Einschulung vom Kindergarten in die 1. Klasse der Primarschule". Amt für Volksschule und Kindergarten Kt. Solothurn, 2006

Es zeigt sich an dieser Liste, dass für eine Früheinschulung oder ein Überspringen der Klasse ein komplexes Zusammenspiel von Wissenskompetenzen, motivationalen, physischen und sozial-emotionalen Faktoren maßgebend ist. Die Liste differenziert ausführlich zwischen Motivation, Repetoire an Arbeitstechniken, physischer Entwicklung, kognitiven, kreativen und sozialen Faktoren. Im allgemeinen lösen Wissenskompetenzen eine Früheinschulung oder ein Überspringen aus. Schließlich würde kein Kind eine Klasse überspringen, weil es sozial oder physisch so reif ist, aber mit dem Rechnen nicht klar kommt. Trotzdem zögern viele Kindergarten- oder Schul-Lehrpersonen, sobald ein Kind früheingeschult werden oder eine Klasse überspringen soll. Es scheinen also noch andere Faktoren als Wissenskompetenzen eine Rolle zu spielen, was auch in obiger Liste ersichtlich ist. Irgendeine diffuse Sorge, etwas schwierig zu Greifendes, scheint diesem Zögern zu Grunde zu liegen. Dabei ist es gerade dort, wo es diffus und schwer fassbar wird, so wichtig, genau hinzuschauen.

Dieses Diffuse betrifft die so schwierig zu erklärende sozial-emotionale Komponente und die Persönlichkeitsentwicklung eines Kindes. Man macht sich im Falle einer Früheinschulung diesbezüglich Sorgen, weiß aber nicht genau warum. In der Therapietheorie der Integrativen Therapie (PETZOLD, 1993; vgl. Kap. 7.1) gilt als Leitregel: Von den Phänomenen zu den zu Grunde liegenden Strukturen. Wie aber gelangt man von nicht direkt messbaren oder schwer konkretisierbaren, schwammigen Phänomenen zu den Strukturen? Anders gesagt: Woran können soziale Kompetenz und eine reife Persönlichkeit erkannt werden?

Einige Pros und Contras der Früheinschulung wurden bereits in Kapitel 6.2 besprochen. Grundsätzlich sollten, nebst den obengenannten Kriterien, zwei Grundsatzfragen positiv beantwortet werden:

a)   Möchte das Kind *wirklich* in die Schule bzw. welche Vorstellungen verbindet es damit? (Situationsbeurteilung durch das Kind)
b)   Könnte das Kind eine Früheinschulung *spielerisch* nehmen: D. h. würde es zwar eine Einschulung ernst nehmen, sich aber nicht ‚verkrampfen' oder besonders stolz darauf sein, sondern könnte es spielerisch und locker mit der Situation umgehen oder sich dabei sogar erst recht spielerisch und sinnlich entfalten? (Situationsbeurteilung durch die Erwachsenen)

Die erste Frage betrifft die auch im obigen Kriterienkatalog erwähnte Motivation des Kindes und räumt ihr eine zentrale Stellung ein. Die zweite Frage betrifft die lustvolle, positive Selbstentfaltung, die die Persönlichkeit prägt und sich so auf das Selbstkonzept und die zukünftige Motivation auswirken. Die Bejahung dieser Fragen ist zentral, um dem Kind freudige Schulerfahrungen bzw. „positive Bildungs- und Lerngeschichten" zu ermöglichen, ein Begriff, der auf das neuseeländische Konzept der „learning stories" von CARR (nach LEU, 2006, 240; MAY et al., 2004; SMITH, 2004) zurückgeht und in Kapitel 6.3.1 erklärt wird.

Danica BAUMBERGER, Lehrerin und Schulpraxisberaterin, nannte folgende Kriterien für eine Früheinschulung (mündl. Mitteilung, November 2007):

- die Fähigkeit zu lesen, zu schreiben und zu rechnen reicht nicht, zumal die meisten Kinder dies heute eh früher können;
- die Körpergröße ist auch kein Argument;
- hingegen müssen alle drei Bereiche der Selbst-, Sozial- und Sach-kompetenz gegeben sein;
- sie würde nie ein Kind, das nicht selber will, einschulen, denn ein Kind *hat* eine Vorstellung von Schule (selbst wenn sie nicht ganz ‚exakt' ist).

Zum letzten Kriterium sei ergänzt, dass manchmal geäußert wird, dass ein Kind nicht beurteilen könne, ob es in die Schule will. Dem Kind diese Fähigkeit abzusprechen heißt aber, das Kind in seiner Wahrnehmung nicht ernst zu nehmen und nicht partnerschaftlich an der Ko-Konstruktion seiner eigenen Lerngeschichte teilhaben zu lassen – entsprechend dem neuseeländischen Curri-culum Te Whäriki, welches jetzt anschließend dargestellt wird.

6.3.1 Das frühpädagogische Curriculum Te Whäriki

Um die Frage nach einer allfälligen Früheinschulung im Hinblick auf ‚weiche' Kriterien besser beantworten zu können, möchte ich das Thema nochmals unter einem anderen Fokus besprechen, der mir sehr fruchtbar erscheint: Nämlich unter dem Blickwinkel von Neuseelands frühpädagogischem Konzept, dem sog. „Te Whäriki". Dieses will durch einen ganzheitlichen Ansatz positive „learning stories" ermöglichen, die dem Kind ein positives Selbstkonzept vermitteln. „Te Whäriki" bedeutet in der Sprache der Maori „eine Matte, auf der alle stehen können" (MAY et al., 2004, 175). Das frühpädagogische Curriculum Te Whäriki wurde von der Gruppe um Margaret CARR in den 90er Jahren entwickelt. Es bezieht sich auf die Zeit bis zum Schuleintritt. Besonderheiten dieses Konzeptes sind die „bottom-up"-Perspektive und der bikulturelle Ansatz. Das Konzept wurde gemeinsam mit den Ureinwohnern Neuseelands, den Maoris, entwickelt, um unterschiedliche kulturelle Vorstellungen von Bildung integrieren zu können.

Entsprechend offen – nicht beliebig! – ist Te Whāriki: Das Konzept schreibt nicht konkrete Inhalte vor, sondern pflegt einen *prozessorientierten Ansatz*, der dann von den einzelnen Institutionen mit Inhalten gefüllt wird, da jede Institution sich in einem anderen ökologischen Kontext bewegt. Eine weitere Besonderheit ist der *ganzheitliche* Ansatz, der über ein intellektuell orientiertes Bildungsverständnis hinausgeht: Es werden *fünf verschiedene Lerndimensionen* und *vier zu Grunde liegende Entwicklungsbereiche* beschrieben. Außerdem beruht das Konzept auf VYGOTSKYs *Prinzip des Lernens in und durch soziokulturellen Austausch* (vgl. SMITH, 2004, 75). Dieser soziokulturelle Austausch ermöglicht durch partnerschaftliche Ko-Konstruktion von Wissen und Lernerfahrungen ein sensibles Aufeinanderabstimmen von neuen Lernschritten. Diese dürfen nicht zu groß und nicht zu klein sein, damit sie sich innerhalb von VYGOTSKYs sog. ZPD, der *„zone of proximal development"* befinden. So ermöglicht der neuseeländische Ansatz eine sensible Anwendung von BRUNERs Prinzip des *„scaffolding"*: Dieses besagt, dass Lernende durch eine Art Baugerüst unterstützt werden sollen, welches jeweils gerade so hoch ist, dass der Lernende darauf selbständig weiterklettern kann. Das zentrale Konzept, welches dem Te Whāriki-Curriculum zu Grunde liegt, ist das der bereits erwähnten *„learning stories"* von CARR (2001; nach LEU, 2006, 240; MAY et al., 2004; SMITH, 2004). „Learning stories" haben als Ziel, Entwicklungsprozesse aus einer ressourcenorientierten Sicht zu beobachten und so den Kindern *positive* „Bildungs- und Lerngeschichten" zu ermöglichen. CARR geht davon aus, dass Kinder, während sie versuchen ihre Umwelt zu verstehen und zu begreifen, Muster herausbilden, um eben diese Welt zu verstehen und diese Muster auch auf ihre eigene Person anwenden (1997; nach SMITH, 2004, 75). Positive Bildungs- und Lerngeschichten sind wichtig, um die Kinder in ihrem positiven Selbstkonzept zu bestärken, welches auf mehr als nur Schulnoten beruht und welches zukünftige Muster der Weltwahrnehmung mitprägt. Um den Kindern ihre Lernerfahrungen ressourcenorientiert spiegeln und sich mit ihnen austauschen zu können, werden die Beobachtungen in narrativen „learning stories" anstelle einer stichwortartigen, ‚abhakenden' Checkliste festgehalten. Diese Lerngeschichten sind dank ihres erzählenden, ressourcenorientierten Charakters für Kinder oder bildungsferne Eltern gut einfühlbar, so dass ein echter Austausch zwischen verschiedenen Personengruppen stattfinden kann.

MAY et al. (2004, 177f) berichten, dass den Maori das Thema der Ermächtigung („empowerment"/„Whakamana") besonders wichtig war bei der Formulierung von Entwicklungsprinzipien. „Empowerment" wird hier in einem ganzheitlichen Sinn betrachtet und bedeutet „Kinder zum Lernen und Wachsen ermächtigen". Neben diesem grundlegenden Prinzip wurden drei weitere Prinzipien formuliert: Eine ganzheitliche Entwicklung, der Einbezug von Familie und Gemeinde sowie die Beziehungsfähigkeit den Menschen, Orten und Dingen gegenüber. Wie MAY et al. schreiben (2004, 178):

> „Das Curriculum gründet sich auf folgende Vision für Kinder in Neuseeland: ‚Sie sollen als kompetent und selbstbewusst Lernende und Kommunizierende aufwachsen, gesund an Körper, Verstand und Geist, sich sicher fühlen durch ein Bewusstsein der Zugehörigkeit und in dem Wissen, dass sie einen wertvollen Beitrag zur Welt darstellen (Ministry of Education, 1996, S. 9).' "

Ein Kind, das in diesem Geiste aufwächst, dürfte sein Dasein als sinnvoll, als kohärent, handhabbar und überblickbar empfinden – um es mit den Prinzipien aus ANTONOVSKYs salutogenetischem, d. h. Gesundheit bewirkenden, Kohärenzsinn (1979) zu beschreiben – als ein Dasein, in dem es Sinn macht, Verantwortungen zu übernehmen und Probleme zu bewältigen. So lernt ein Kind buchstäblich für das Leben und nicht nur für die Schule. Entsprechend schreibt SMITH (2004, 75):

> „Während Kinder lernen, die sie umgebende Welt zu verstehen, schaffen sie ‚Muster' für das Lernen und ihre eigene Persönlichkeit (CARR, 1997) ... In diesem Sinne fördert *Te Whäriki* Autonomie, Entdeckungslust, Engagement und Motivation, statt sich darauf zu beschränken, Kindern spezielle Fertigkeiten beibringen zu wollen."

Auf der Basis der oben zitierten neuseeländischen Vision bzw. den vier Grundprinzipien – *Ermächtigung, Beziehungen, ganzheitliche Entwicklung* und *Einbezug von Familie und Gemeinde* – formulierten die Forscher *fünf Leitdimensionen* für die kindliche Entwicklung. Es sind keine der üblichen Dimensionen wie physische, intellektuelle oder sozial-emotionale Fähigkeiten, sondern Dimensionen, die auf einer Interpretation der kindlichen Interessen und Bedürfnisse beruhen (Abb. 6).

Diese fünf Dimensionen lauten: *Zugehörigkeit, Wohlbefinden, Partizipation, Kommunikation, Exploration.* Wie aber zeigen sich diese allgemein gefassten Dimensionen, die zunächst so idealistisch klingen? Sie zeigen sich an fünf entsprechend zugeordneten und beobachtbaren *Lerndispositionen* (Abb. 6). Die Lerndispositionen fungieren als Indizien, dass in den beobachteten Leitdimensionen Lernprozesse stattgefunden haben.

Durch die Beobachtung und Beschreibung der Lerndispositionen entstehen ganzheitliche Lerngeschichten, die dem Kind als ressourcenorientierter Spiegel reflektiert werden können. Von der Entstehung bis zur (ständigen Re-)Implementierung handelt es sich um ein „integriertes System von Einschätzung, Evaluation und Curriculum" (MAY et al., 2004, 185). Fragen stellen sich die

Erwachsenen dabei aus der kindlichen Perspektive, beispielsweise (ebd., 183f) „Wie verstehst und schätzt du meine Interessen und Fähigkeiten und die meiner Familie ein?" Die Kinder werden aktiv involviert, ihr Beitrag zur eigenen Entwicklung und zum gegenseitigen Austausch wird ernst genommen und wertgeschätzt.

Leitdimensionen und Lerndispositionen des frühpädagogischen Curriculums Te Whäriki		
Dimensionen	**Beschreibung der Dimensionen**	**Beobachtbare Lerndisposition**
Zugehörigkeit	Kinder und Familien haben ein Gefühl der Zugehörigkeit.	Interessiert sein *taking an interest*
Wohlbefinden	Gesundheit und Wohlbefinden des Kindes werden geschützt und genährt.	Engagiert sein *being involved*
Exploration	Das Kind lernt durch aktive Erkundung der Umwelt.	Bei Herausforderungen und Schwierigkeiten standhalten *persisting with difficulty or uncertainty*
Kommunikation	Sprache und Symbole der eigenen und anderer Kulturen werden gefördert und geschützt.	Sich ausdrücken und mitteilen *communicating with others*
Partizipation	Lerngelegenheiten haben alle Kinder im Blick, und der Beitrag jedes Kindes wird wertgeschätzt.	An der Lerngemeinschaft mitwirken und Verantwortung übernehmen *taking responsibility*

Abbildung 6:   Entwicklungsdimensionen und zugeordnete Lerndispositionen des Curriculums „Te Whäriki"; nach SMITH (2004, 81) und SIMONI & WUSTMANN (2007)

Das wiederholte Beobachten und Festhalten von Bildungs- und Lerngeschichten kann helfen, eine mögliche Früheinschulung oder das Überspringen einer Klasse angemessen zu beurteilen. Der Beurteilungsprozess verläuft entsprechend der *„4 D's"* nach CARR (SIMONI & WUSTMANN, 2007): Durch narratives Beschreiben *(„describing")* wird Beobachtetes gesammelt und sodann im ko-konstruktiven, partizipativen Austausch zusammengetragen sowie die Perspektiven diskutiert *("discussion")*; es folgt die Reflexion anhand der fünf Dimensionen und die Entscheidungsfindung *("deciding")* und zum Schluss die Dokumentation der Entscheidung *("documentation")*.

Um eine Früheinschulung bzw. das Überspringen einer Klasse zu bejahen, müssten neben den üblichen Leistungskriterien über einen gewissen Zeitraum alle fünf Entwicklungsdimensionen in Form von entsprechenden Lerndispositionen beobachtbar sein. Wenn also ein Kind zwar gut rechnet, schreibt und turnt, aber bei Herausforderungen nicht standhalten kann (Exploration), nicht an anderem und anderen interessiert ist (Zugehörigkeit), sich nicht mitteilen (Kommunikation), sich nicht engagieren (Wohlbefinden) oder keine Verantwortung für die Gemeinschaft übernehmen kann (Partizipation), wäre von einer Einschulung abzuraten. Sonst wäre die Gefahr zu groß, dass das Kind trotz seiner Fähigkeiten eine negative Persönlichkeitsentwicklungs- und Wissenserwerbsgeschichte entwickelt. Umgekehrt müssen auch nicht alle Bereiche ‚perfekt' sein – wichtig ist, dass sich in allen Bereichen eine positive Entwicklung beobachten lässt, dass die Entfaltung in diesen Bereichen immer wieder und kontinuierlich gewagt wird.

6.4 Fördermöglichkeiten im Rahmen der Schule

In Lehrerfortbildungen zum Thema Begabungsförderung wird häufig GARDNERs Unterscheidung der Intelligenzen in sieben Gruppen angeführt, also die Unterteilung in eine logisch-mathematische, sprachliche, räumliche, körperlich-kinästhetische, musikalische, intrapersonale und interpersonale Intelligenz (vgl. Kap. 2). In einer modernen, qualitativ guten Schule werden auch alle diese Intelligenzen gefördert. Dabei liegt das Schwergewicht nach wie vor bei den kognitiven Fähigkeiten, wobei andere Bereiche verstärkt einbezogen werden. Wenn nun von Begabungsförderung die Rede ist (ein Begriff, der übrigens unterdurchschnittlich Begabte genauso wie Hochbegabte betrifft und der deshalb für die Hochbegabtenthematik etwas unglücklich gewählt ist), zielen die Ideen zur Binnendifferenzierung innerhalb der Schulklassen vor allem auf das intellektuelle Potential, weil die übrigen Bereiche noch viel schwerer messbar und konkret förderbar sind.

Durch Akzelerationsmaßnahmen, d. h. beschleunigende Maßnahmen, und „enrichment"-Maßnahmen, also einer qualitativen Bereicherung, wird dem Bildungsbedürfnis der Hochbegabten begegnet. Dazu gehören die frühzeitige Einschulung, das Überspringen von Schulklassen, fachbezogener Teilunterricht in höheren Klassen sowie die Befreiung vom Unterricht in einem Fach mit der

Möglichkeit, in dieser Zeit eigenständige Projekte zu bearbeiten oder einen Wahlfachkurs zu besuchen (BÄHR, 1999, 140). BÄHR schreibt dazu, dass die frühe Einschulung und das Überspringen mittlerweile problemlos möglich, der fachbezogene Teilunterricht oder die Befreiung vom Unterricht zugunsten anderer Projekte hingegen seltener zu finden sind. Neben den beschriebenen Fördermöglichkeiten sind m. E. jahrgangs- und schulstufenübergreifende Klassen eine geeignete Möglichkeit, um mit heterogenen Situationen umzugehen: In einem Schweizer Hochtal konnte ich während eines schulpsychologischen Praktikums vor vielen Jahren die Vorteile von stufenübergreifenden Schuklassen erleben. Wir trafen in den entlegenen Gebieten des Tales Schulen an, in denen die Kinder aller Grundschuljahre in einem Raum unterrichtet wurden, ganz wie in alten Zeiten. Teilweise mussten die Kinder mehrere Kilometer laufen, um überhaupt dieses kleine Schulhaus zu erreichen. Wenn nun eines der Kinder beispielsweise Legasthenie hatte, konnte von Förderstunden kaum die Rede sein. Wer hätte das Kind bringen können? Hingegen ergab sich in solchen Schulhäusern jeweils die Möglichkeit, dass die Kinder mit den Drittklässlern rechneten und mit den Erstklässlern oder Zweitklässlern schreiben übten usw. Die Kinder wurden nicht aus dem Klassenverband herausgerissen und konnten doch gefördert werden. Stufenübergreifende Klassen bilden eine ideale Voraussetzung für Binnendifferenzierung. Hochbegabte könnten dann mit den höheren Klassen rechnen und mit den Gleichaltrigen turnen, oder alles mit den höheren Klassen machen und zugleich mit gleichaltrigen wie älteren Kindern Freundschaften schließen.

Wenn Akzelerationsmaßnahmen in Betracht gezogen werden, wird oft die Frage gestellt: „Und was passiert, wenn die Kinder den Schulstoff der höchsten Klasse durchgelernt haben?" Diese Unsicherheit sollte nicht zu Zurückhaltung bei der Stoffvermittlung führen, sondern zu individuellen kreativen Lösungen anregen. Sich in der zweiten Primarklasse um den Stoff der sechsten Primarklasse zu sorgen, ist müßig, wenn es um die Unterstützung des Kindes und nicht um die Fixierung des Schulsystems geht. Wenn es soweit ist und das Kind den Stoff der höheren Klassen bereits beherrscht, gilt es eine individuelle Bestandesaufnahme und Planung anhand der verschiedenen Entwicklungsstufen des Kindes und der äußeren Möglichkeiten ins Auge zu fassen. Allenfalls kann dann nochmals eine Klasse übersprungen werden, eine intensivere musikalische Ausbildung anstelle einiger Unterrichtsstunden angefangen oder z. B. ein längerer Fremdsprachenaufenthalt als Zwischenjahr eingeschaltet werden. Vielleicht ist es sogar möglich, dass die ganze Familie ein „sabbatical" einschaltet, d. h. ein regenerierendes und inspirierendes Zwischensemester, wie es für manche Berufsgruppen (beispielsweise Professoren) durchaus üblich ist. Der Lösungen gibt es viele, wenn individuelle Beurteilung und behördliche Flexibilität dies zulassen.

6.4.1 In welche Richtung besteht Handlungsbedarf?

Entsprechend dem Modell der Integrativen Therapie besteht bei Problemen Handlungsbedarf aufgrund von Defiziten, Störungen und Konflikten. (Es gibt als vierte Kategorie noch Traumata durch Überstimulierungen, die aber in diesem Zusammenhang keine größere Rolle spielen.)

Defizite sind fehlende oder einseitige Stimulierungen und entsprechen der klassischen Vorstellung von Unterforderung im Regelunterricht.

Störungen wiederum entstehen durch inkonstante oder uneindeutige Stimulierungen. PETZOLD siedelt hier die sog. „double-binds" an[17]. Sie können sich beispielsweise in einer schlechten Arbeitshaltung äußern. Es ist zu bedenken, dass es ein „double-bind" darstellt, wenn Kinder zwar aus dem Unterricht zwecks Förderung herausgelöst werden, diesem Regelunterricht aber auch nicht in die Quere kommen dürfen: So gilt im Zürcher Universikum-Projekt die Regel, dass dem Schulstoff nicht vorgegriffen werden soll (siehe Kap. 6.4.4).

Als Konflikte werden gegenläufige, widerstreitende Stimulierungen bezeichnet. Hier können Divergenzen im sozialen und emotionalen Bereich angesiedelt werden, die in Diskrepanz zur intellektuellen Kapazität stehen.

Aufgrund dieses komplexen Bedingungsgefüges wird eine Förderung benötigt, die den emotionalen, sozialen und kognitiven Bedürfnissen in einem differenzierten Konzept Sorge trägt. In einem Zusatzkurs (endlich) etwas Spannendes tun zu dürfen, kann durchaus Linderung verschaffen im Sinne einer Defizitbehebung. Doch Achtung: Das Spannungsniveau einer Tätigkeit hängt nicht nur von der Tätigkeit selber ab, sondern auch von der Fähigkeit, dieser Tätigkeit etwas Spannendes abzugewinnen. Deshalb wäre es wichtig, gleichzeitig die Fähigkeit zu intrinsischer Motivation, zur „flow"-Fähigkeit zu entwickeln: Das „flow", die Hingabefähigkeit an eine Tätigkeit, das Im-Tun-aufgehen (CSIKSZENTMIHALYI, 1985), kann durch spannende Zusatzangebote geweckt werden. Aber auch Freiräume im Kleinen entwickeln zu lernen ist wichtig. Es wird im Leben nicht ständig möglich sein, stundenlang seinen Hobbies zu

---

[17] „Double-binds" gehören m. E. eher oder auch zu den Konflikten – verbinden lässt sich dieser Widerspruch, wenn man „double-binds" als *aktuellen* Widerspruch zu den Konflikten zählt, als unterschwellig vorhandenen und damit längerfristig immer wieder bestehenden Widerspruch zu den Störungen.

frönen und sog. „macroflow" – eine intensive Vertiefung in einer spannenden Tätigkeit – zu erleben. Hingegen können kleine „microflow"-Einheiten – kleine emotionale Vertiefungen durch kreative Neugestaltung einer langweiligen Situation – immer in den Alltag eingebaut werden. Sie sind persönliche Freiheiten, Nischen in einer durchorganisierten Welt. Diese „microflow"-Erlebnisse finden beispielsweise statt, wenn man sich das Leben interessant gestaltet: Man kann einen kleinen Umweg auf dem Nachhauseweg einbauen, die Rechenaufgaben in einer anderen Reihenfolge rechnen (z. B. erst alle geraden, dann alle ungeraden Aufgabennummern), Melodien zum Schreibrhythmus fühlen und dann die Rechenaufgaben singen oder summen, sich Tagträumen bei motorischen Tätigkeiten hingeben usw. Manches hochbegabte Kind fängt an, die Reihenfolge von schriftlichen Rechenaufgaben-Päckchen in geometrischen Mustern zu organisieren, andere garnieren Buchstaben mit Schnörkeln usw. Dies ist einerseits Ausdruck von Unterforderung, die nach weiteren kognitiven Angeboten verlangt, andererseits Ausdruck von Kreativität, die als solche möglichst nicht verboten werden sollte! Hier wird der Alltag lebendig gestaltet und geht über die automatisierte Organisation hinaus. Die Fähigkeit zu „microflow" hängt eng mit der Fähigkeit zu intrinsischer Motivation und Selbsttätigkeit zusammen. Für hochbegabte Kinder ist es wichtig zu lernen, sich solche kreativen Freiräume selber schaffen, bzw. darin bestärkt zu werden.

6.4.2   Wege der integrierenden Förderung

In der Integrativen Therapie wird von vier Wegen der Heilung gesprochen (PETZOLD, 1993, Bd. 2, 764) – bzw. inzwischen von „vier Wegen der Heilung und Förderung" (PETZOLD, 2006, Kap. 8.1), um die salutogenetische sowie die persönlichkeitsbildende Perspektive hervorzuheben – sind diese vier Wege doch nicht erst bei eingetretenem Therapiebedarf relevant: Der erste Weg ist die Bewusstseinsarbeit, welche zur Sinnfindung führt. Der zweite Weg ist die Nachsozialisation, das emotionale Nachnähren, welches das Urvertrauen stärkt und emotionale Defizite ausgleicht. Der dritte Weg ist die Erlebnisaktivierung, d. h. die Entwicklung alternativer, kreativer Entfaltungsmöglichkeiten. In diesem Sinn sind Förderkurse als hilfreich zu verstehen (vgl. Kap. 6.4.4). Doch sollte dieser dritte Weg bewusst vernetzt und geplant werden, um durch niederschwellig-therapeutische Interventionen heilsame Erfahrungen auch für auffällige Kinder zu schaffen. Sonst bleibt es wie beim Unterschied zwischen ,bloßem' Spiel und erlebnispädagogischem Spiel oder beim ,Freizeit-Lernen' im Unterschied zum Schulstoff: Beides tut gut – aber das eine kann per Zufall helfen, während das andere unauffällig, aber bewusst an entsprechende

Erfahrungen heranführt. Der vierte Weg der Heilung und Förderung ist die Solidaritätserfahrung: Erfahrungen von Gemeinschaft und Verantwortung innerhalb der Gemeinschaft sind ein wichtiger Weg der Förderung bzw. Heilung. Gerade für Hochbegabte, die sich schnell mit ihren Gedanken alleine und außerhalb der Norm fühlen können, ist es wichtig, sie mit ihrem So-sein, ihrer Intelligenz in einem überdauernden sozialen Verband zu integrieren. Förderkurse sollten deshalb in längerfristigen Fördergemeinschaften stattfinden, am liebsten innerhalb des Schulhauses, um einer Fragmentierung der sozialen Erfahrungen vorzubeugen. Es gilt für den vierten Weg der Förderung, zwischen separierenden und integrierenden (d. h. klassen- und schulhausinternen) Maßnahmen abzuwägen:

Philosophieren im Klassenzimmer bzw. schulhausinternen Gruppen (ZOLLER, 1999) und in der Primarschule integrierte Musikstunden (einzeln und in Ensembles) dürften sich besonders eignen, um hochbegabte Kinder in ihren emotionalen und geistigen Bedürfnissen abzuholen. Im Philosophieren können existentielle oder Wissensfragen auf neuartige, die Naturkunde ergänzende Weise angesprochen werden. Auch die moralische Entwicklung und das soziale Verständnis werden gefördert. ZOLLER (1999, 99) versteht die Kinderphilosophie als eine Möglichkeit, personale Intelligenzformen sensu GARDNER zu fördern und schreibt: „Man gibt damit der Gefühlswelt eine Sprache ..." Da die Arbeit an der Sprache zugleich Arbeit am Gedanken ist, wie die Neue Zürcher Zeitung in einer Werbekampagne schreibt, schließt sich hier der Kreis von den Gefühlen zu den Gedanken.

Einzelmusikstunden, die für alle im Lehrplan verankert sind und für die jedem Kind eine bestimmte Anzahl Stunden zur Verfügung steht, würden eine individuelle Förderung ohne Ausgrenzung ermöglichen, vor allem wenn die Erfahrungen noch in einem Schulhausorchester verbunden werden können.

Ein Schülergarten oder andere naturkundliche Projekte können ,erden'. Das ist gerade bei Hochbegabten wichtig: Ich habe während meiner Kurse erstaunlich einige junge Kinder getroffen, die – obwohl sie gerne basteln wollten – Mühe hatten ,herumzumatschen', wenn sie mit Kleister und Packpapier Trommeln für die kommende Improvisationsstunden bastelten. Teilweise mag dies ein Zeitgeistphänomen sein, weil sich immer weniger Kinder von klein auf in der Natur bewegen oder daheim Geschirrspülmaschine und Putzfrau das Thema Dreck erledigen. Ohne es statistisch untermauern zu können, habe ich den Eindruck, dass hochbegabten Kindern das ,Herummatschen' tendenziell noch schwerer fällt – vielleicht aufgrund ihrer Fähigkeit, Dinge in abstrakteren Bereichen durchzuspielen und sich dann nicht mehr konkret darauf einzulassen, vielleicht auch aufgrund ihrer sorgfältigen, den Überblick behaltenden Art.

6.4.3   Von Portfolios

Begabungsförderung kann auf verschiedenen Ebenen ansetzen: STEDTNITZ (1999, 30, 34) schlägt anstelle einer Abklärung von wenigen Schülern eine sog. Basis-Potentialevaluation für jedes Schulkind vor, an deren Ausarbeitung vor allem Lehrpersonen, Eltern und Kinder beteiligt sind und die in ein Portfolio für jedes einzelne Kind mündet. Diese Evaluation ist fortlaufend zu revidieren und zu ergänzen. Dabei soll nicht nur auf Schulleistungen oder allenfalls einen IQ-Wert allein abgestützt werden, sondern es sollen verschiedene Informationen über verschiedene Kanäle erfasst werden. Ihrer Ansicht nach sind nur solche Informationen zu sammeln, die sich in sinnvolle Maßnahmen umsetzen lassen.

Müsste für eine fortlaufende Ergänzung solch ein Portfolio bei jeweiligen Klassen- und Schulwechseln vom Kindergarten bis zur Matura mitreisen? Das wäre nicht unproblematisch, denn mit einer Informationssammlung über die eigenen Fähigkeiten wird man auch ein Stück weit fixiert. Dass die jeweiligen Lehrpersonen sich persönlich zu jedem Kind möglichst genaue Notizen zur Gesamtbeurteilung machen, wird ohnehin bereits praktiziert. Ein weiterer heikler Punkt ist die Vorgabe, dass es sich um Informationen handeln sollte, die sich in sinnvolle Maßnahmen umsetzen lassen. Da kognitive Maßnahmen in unserem Schulwesen am leichtesten umsetzbar sind und verständlicherweise einen gewissen Vorrang in der Beurteilung haben (weil die Kinder hier u. a. an ein komplexes, umfassendes Denken herangeführt werden sollen), dürften kognitive Bereiche mehr gewichtet und differenzierter erfasst werden. Wenn nur erfasst wird, was sich aus Erwachsenenperspektive weiterverarbeiten lässt, bewirkt dies eine Eigendynamik bestimmter Bereiche. Das Auswahlkriterium der sinnvollen Umsetzungsmöglichkeit klingt fragwürdig im Hinblick auf eine ganzheitliche Erfassung.

STEDTNITZ (1999) schreibt, dass das Kind bei der Auswahl von Portfolio-Beiträgen miteinbezogen werden soll und dass das Portfolio unter anderem selbst verfasste Texte oder Gedichte, Eigenkompositionen, Fotos von Lego-konstruktionen, selbst geschriebene Computerprogramme usw. enthalten soll. Eigene Kreationen ab und zu mal den Eltern oder dem Lehrer zeigen oder den Eltern ein Bild oder Gedicht zu Weihnachten schenken, das diese gebührend wertschätzen, ist für Kinder wunderbar. Aber aktiv mitzuhelfen, um eine Sammlung der persönlichen Fähigkeiten zu erstellen, die bei Bedarf als Leistungsausweis vorgezeigt werden können, bedeutet eine unnötige Außensicht des Kindes auf sich selbst.

Die Außensicht bewirkt eine gewisse Selbstdistanz, das Handeln auf einer abstrahierenden Ebene, die erst ab dem Jugendalter, wenn die Fähigkeit des abstrakten Denkens sensu PIAGET reift, passend ist. Anstatt die Selbstzentrierung zu fördern, wird ein Kind auf die narzisstische Schiene gebracht, wenn es lernt, sich selber immer wieder zum Förderprojekt zu machen, indem es seine persönlichsten Leistungen, die in ganz besonderen Momenten entstanden sind, zu bewertbaren Objekten macht! Wie gesagt, gegen einzelne Portfolios, die bei Bedarf zusammengetragen werden, ist nichts zu sagen – im Gegenteil. So wie die Eltern Fotos, Gedichte und Bilder von Kindern sammeln und die Lehrpersonen die Schul- und Sozialleistungen der Kinder notieren, sind Sammlungen sogar wünschenswert. Eine Lerngeschichte im Sinne der „learning stories", also der positiven Bildungs- und Lerngeschichten (vgl. Kap. 6.3.1), zu formulieren, ist ebenfalls aufschluss- und hilfreich: Hier werden Beobachtungsinhalte von Erwachsenen erfasst, indem sie sich in die Perspektive des Kindes *hineinversetzen*. Ein Portfolio hingegen, das eher eine Sammlung aus Sicht der Erwachsenen darstellt und auf das Kinder quasi hinarbeiten, ist aus entwicklungspsychologischen Gründen heikel, auch wenn es gut organisiert klingt.

Müssen die Märchen und Lebensgeschichten, die wir Menschen uns nicht mehr erzählen, in Form von Portfolios konstruiert werden (vgl. Fußnote 9 zur „Narrationsfähigkeit"; bzw. „Narrative" als fixierte Formen in Kap. 7.1)? Ist die eigene Lebensgeschichte eine Datei oder eher eine Erzählung, die sich durch Wieder-Erzählen neu verweben kann? In welcher Form sollten Portfolios gestaltet sein, um sich selber näher zu kommen – wie es durch den liebevollen Blick der Mutter oder des Vaters geschieht, wenn sie ein Fotoalbum gestalten? Wird ein Portfolio erstellt – beispielsweise im Sinne der „learning stories" – sollte die Weitergabe nicht obligatorisch (und auch nicht stark empfohlen) sein und das Portfolio bei einem Schulwechsel der Familie ausgehändigt werden.

6.4.4 Vor- und Nachteile einer separierten Förderung anhand des Zürcher Universikum-Projektes

In Zürich existieren für Volksschüler der öffentlichen Schulen (d. h. bis zur 9. Klasse bzw. bis zum Eintritt ins sog. Langzeitgymnasium nach der 6. Primarklasse) sog. „Universikum-Kurse"[18]. Dieses Projekt ist beispielhaft für gesamtstädtische Fördermaßnahmen, weshalb an dieser Stelle – exemplarisch für die

---

[18] Das Universikum-Projekt besteht seit 1998 und wurde zunächst als dreijähriges Pilotprojekt lanciert. Gewisse Sachen haben sich seit der Projektphase geändert – es gibt jetzt fixe Räumlichkeiten im Sinne von wenigen Kurszentren oder auch Angebote für Gratis-Ferienkurse, und es finden sich keine Kurse mehr für die Kindergartenstufe (5- bis knapp 7jährige) – doch das Grundprinzip ist das gleiche geblieben: Es handelt sich um eine kognitive Förderung für Kinder, für welche Binnendifferenzierungsmaßnahmen innerhalb der Klasse nicht ausreichen. Meine Erfahrung mit diesem Kurssystem bezieht sich auf die Zeit der Projektphase. Auswertungen einer externen Evaluation der Projektphase (STAMM, 2000 bzw. 2001) und aktuelle Kursinformationen fließen ebenfalls ein.

Konzeption von Förderkursen – mögliche Vor- und Nachteile eines solchen Projektes besprochen werden sollen. Zunächst sei die Konzeption in ihren Grundzügen (während der Pilotphase) beschrieben, um ein lebendigeres Bild des Projektes zu vermitteln, danach folgen Ergebnisse aus der externen Evaluation von Margrit STAMM[19]:

Im Rahmen der Universikum-Kurse können als (hoch-)begabt identifizierte Schulkinder Wahlfachkurse wählen und diese anstelle von Schulstunden besuchen. Es wird eine qualitative Vertiefung in unterrichtsferne Themen geboten – z. B. Robotik, Theater, Naturwissenschaften, exotische Sprachen, mathematische Spielereien oder journalistisches Schreiben. Diese Vertiefung erfolgt in Kursgruppen – die Anzahl Kursteilnehmer entspricht derjenigen von sonderpädagogischen Kleinklassen. Es sind sog. „enrichment"-Angebote, die während der Unterrichtszeit stattfinden. Teilweise muss mit weiteren Wegen bis zum Kursort gerechnet werden, wenn dieser außerhalb der eigenen Schule liegt. Der Kursbesuch ist nicht von vorangegangenen herausragenden Leistungen abhängig, die Schüler werden im allgemeinen von den Lehrern ausgesucht, welche anhand eines Fragebogens explizit auch auf Verhaltensauffälligkeiten achten. Es ist möglich, dass Eltern und Kinder von sich aus den Wunsch nach einem Kursbesuch äußern und mit der Klassenlehrkraft besprechen. Manchmal werden die betroffenen Familien bei zusätzlichen psychologischen Abklärungen zu einer Teilnahme ermuntert. Dank des entsprechend konzipierten Fragebogens werden zudem schüchterne Kinder und Minderleister erfasst. Sie können somit außerhalb der Schulklasse neue Motivationsimpulse erhalten. Da die Kurse unentgeltlich sind, werden explizit auch Kinder aus sozial schwächeren Schichten gefördert (wobei sich dann die Frage anschliesst, warum Ferienkurse für Hochbegabte gratis sind, während ,normale' Kinder für ,normale' Ferienkurse ein (geringes) Entgelt zahlen müssen). Die Struktur ist recht flexibel und ermöglicht auf unkomplizierte Art die Teilnahme an motivationsförderlichen Kursen. Gerade für ältere Primarschüler können solche Zusatzangebote durchaus Sinn machen.

STAMM (2001; vgl. auch 2000) hält in ihrer Evaluation fest, dass die Stadt Zürich hiermit ein Fördermodell aufgebaut hat, das von Beteiligten- und Betroffenengruppen sehr stark akzeptiert wird. Das Gesamturteil „sehr gut" gaben 38% der Schulpsychologischen und –ärztlichen Dienste, 40% der Eltern, 47% der Förderlehrpersonen selber und 23% der Klassenlehrpersonen. Diese Beurteilung betrifft die Pilotphase. Während dieser haftete dem Projekt noch

---

[19] Für die Evaluation wurden die Aussagen von 91 Personen aus folgenden Gruppen erhoben: Klassenlehrpersonen, Förderlehrpersonen, Mentoren, Kindern, Eltern, Projektleitung, Kreisschulpflegen, Kinderärzten und Schulpsychologischen Diensten.

das Neue, Fremde an. Seitens der Kreisschulpflegen, welche für die Gewährleistung der Schulqualität besorgt sind, gab es allerdings eine etwas kritischere Einschätzung. STAMM (2001, 4) bezeichnet das Pilotprojekt als gesamthaft positiv und „als notwendige, in kurzer Zeit professionell aufgebaute Konzeption".

Positive Wirkungen seien für die jungen Kursteilnehmer und -teilnehmerinnen deutlich feststellbar (wobei die Wirkungen im Bericht nicht spezifiziert werden), die Abkoppelung des Projektes verhindere jedoch nachhaltige Synergien zwischen Unterricht und Pilotprojekt (STAMM, 2000, 4ff).

Was die Organisation der Förderkurse betrifft, werden Kurszeiten während des Unterrichtes bevorzugt, weil die Freizeit für die Kinder sehr wichtig sei, wie die Eltern begründen. Allerdings führen die Absenzen im Unterricht teilweise zu Eifersuchts- bis hin zu Mobbingreaktionen. Die langen Anfahrtswege bzw. Kursstandorte werden von zwei Dritteln der Befragten als ungünstig bezeichnet. Die Kursthemen finden bei den Eltern großes Echo, bei den Lehrpersonen und den Schulpsychologischen bzw. -ärztlichen Diensten etwas weniger. Die Kursqualität wird von den Eltern im allgemeinen sehr gut bewertet. Die Zusammenfassung von mehreren Klassenstufen wird kritisch hinterfragt, vor allem für ältere Kindergruppen.

STAMM (2000, 4) fasst die von den Befragten berichteten Mängel dahingehend zusammen, dass sie sich vor allem auf die fehlende Kommunikation bzw. Koordination mit der Klassenlehrperson beziehen; auf das Auswahlverfahren, welches der Klassenlehrperson eine Schlüsselrolle übergibt (so dass einiges von ihrer Wahrnehmung des Projektes und Kenntnissen der Hochbegabtenthematik abhängt); auf die starke Abkoppelung vom allgemeinen Schulsystem und auf die ungleichen administrativen Handhabungen in den verschiedenen Schulkreisen.

Sie erwähnt als „ungewollte Nebenwirkungen" dieser Gegebenheiten, dass dadurch die Leistungs- und Persönlichkeitsentwicklung der teilnehmenden Kinder nicht systematisch und ganzheitlich erfasst wird; zweitens, dass Klassenlehrpersonen die Förderkurse auch als Möglichkeit sehen, die Kinder quasi abzuschieben; drittens, dass der fehlende Informationsfluss zu Skepsis führt; und viertens, dass der fehlende Informationsfluss sich auch auf den Klassenverband überträgt, so dass dem Projekt etwas Geheimnisvolles anhaftet und die Kinder kaum darüber berichten wollen. Für circa 80% der hochbegabten Kinder seien die Universikum-Kurse eine ausreichende und geeignete Fördermaßnahme, 20% bedürften einer umfassenderen Konzeption, was eine aufwendige Koordination mit sich bringe (STAMM, 2001, 4).

STAMM (2000, 9ff; 2001, 8f) formuliert diverse Handlungsempfehlungen, von denen hier einige wenige herausgegriffen seien, welche für die nachfolgende Diskussion interessant sind. Sie empfiehlt

- die Konzentration der Kursstandorte auf einige größere Zentren, vielleicht in Kombination mit wenigen Außenstellen; dabei sei auf geeignete Transportmöglichkeiten zu achten (was bei einer Erhöhung der Kursgrößen auf 12 Personen leichter zu bewerkstelligen sei, wenn sich Eltern für den ‚Taxidienst' zusammenschließen möchten);
- Fragen der Integration oder Separation, d. h. der Ankoppelung an Schulen, bewusst zu überdenken; Fördermaßnahmen sollten auf allen, d. h. der individuellen, der schulhausinternen und der schulkreisbezogenen Ebene zusammenspielen;
- neben den Förderkursen auch akzelerierende Maßnahmen für Hochbegabte in Betracht zu ziehen und die Lehrkräfte in Richtung eines Unterrichtsstils weiterzubilden, der verstärkt auf das konkrete Entwickeln *aller* Begabungen einer Klasse ausgerichtet ist[20]; durch ein breites Angebot auch anderer Förderangebote sollte darauf geachtet werden, dass die Universikum-Kurse nicht die alleinige und am einfachsten organisierbare, weil delegierbare, Maßnahme bleiben;
- flankierende Angebote für schwierige intellektuell hochbegabte Kinder in die Angebotsplanung einzubeziehen;
- eine längere zeitliche Kontiuität der Kurse, die den Erwerb von Lern- und Arbeitsstrategien einschließt und deren Transfer in den Klassenunterricht ermöglicht.

Zum letzten Punkt sei ergänzt, dass ein längerer Kurszyklus zudem das Sozialverhalten und eine positive Gruppeneinbindung zu fördern vermag. Insbesondere der vorletzte Punkt verweist auf den Bedarf nach umfassenderen Förderkonzepten, die neben dem intellektuellen und fachlichen Bereich sonderpädagogische Konzepte einschließen und sich ergebende niederschwellig-therapeutische Situationen einbetten können (siehe Beispiele in Kap. 8). Wenngleich viele hochbegabte Kinder mit ihrer Hochbegabung problemlos umgehen, gibt es eben auch andere hochbegabte Kinder. Hier besteht m. E. ein Dilemma zwischen der Reduktion von Verhaltensauffälligkeiten – welche ja mit

---

[20] Dies ist ein wichtiges theoretisches Ziel, zugleich aber m. E. ein sehr hoher Anspruch an die Lehrer und Lehrerinnen, die durchaus ein breites Spektrum von Förderungsmöglichkeiten anbieten und einsetzen. Diese werden von den Eltern nicht unbedingt wahrgenommen, wie auch die externe Evaluation (STAMM, 2000, 6) bezüglich klasseninterner, differenzierender Maßnahmen für Hochbegabte ergab.

zur ‚Zutrittsberechtigung' beitragen – auf ein Unterforderungsproblem und die Konzeption der Kurse als „enrichment"-Angebot ohne zusätzliche niederschwellig-therapeutische bzw. sonderpädagogische Konzepte. Wenn Kinder, mindestens teilweise, aufgrund von Verhaltensauffälligkeiten selektioniert werden, benötigt man eine entsprechend umfassende Planung.

Die Tatsache, dass eine Separation vom Klassenunterricht überhaupt in Betracht gezogen wird (das entscheidende Argument lautet ja, dass eine Binnendifferenzierung innerhalb der Klasse nicht ausreicht!), verweist auf eine intellektuelle Unterforderung, die dementsprechend immens sein muss, wenn die klasseninternen Förderangebote und Eigeninitiativen nicht ausreichen (vorausgesetzt entsprechende Binnendifferenzierungen kamen zum Einsatz). Zusätzlich verweist diese Tatsache darauf, dass das Kind in irgendeiner Form der Lehrperson auffiel, also auffällig wurde. Selbst wenn das Kind zunächst nur wegen seines Intellektes auffiel, erhält es jetzt durch die teilweise Klassenabsenz eine neue Rolle und wird in anderer Form dadurch auffällig. STAMM (2000, 7) berichtet von möglichen Mobbing-Folgen. Auf unterschiedlichen Ebenen kann also Auffälligkeit wahrgenommen und neu ausgelöst werden. Dies heißt, dass Zusatzkurse weit stärker nach persönlichkeitsstärkenden und nicht nur intellektuellen Konzepten verlangen, als es bei oberflächlicher Betrachtung den Anschein macht.

Dies würde den Bedarf nach einer Kleinklassenformation in den Universikum-Kursen erklären, der nicht begründet wird. Geht es nicht um sonderpädagogische Bedürfnisse, macht es keinen Sinn, die Kursgrößen auf einem Kleingruppen-Niveau zu belassen: Was berechtigt hochbegabte Kinder ohne besondere weitere Integrationsbedürfnisse zu einer Förderung sogar in Minigruppen, wenn für die Förderung nicht-intellektueller Spezialbegabungen (z. B. Schauspieltalent, Fußballtalent oder feinmotorische Geschicklichkeit im Handarbeiten) bei sog. Durchschnittsschülern keine oder nur wenig Gelder vorhanden sind?

Es ist also verstärkt zu untersuchen – und das gilt nicht nur für die Zürcher Förderkurse! – welche Art Kinder aus welcher Motivation heraus einen Kurs besucht. Spannend wäre es zu erfassen, welche Kinder nicht ausgewählt wurden und dennoch dafür prädestiniert wären. Mir sind einige Kinder bekannt, die keine zusätzlichen Förderkurse besucht haben, obwohl sie überdurchschnittlich begabt sind – sogar in IQ-Bereichen von 145 und mehr. Was ist der Grund dafür, wenn andere Kinder mit niedrigeren IQ-Werten ein deutliches Verlangen nach einem Kurs haben? Hätten Erstgenannte auch gerne einen Kurs besucht und waren bloß zu scheu, um ihn einzufordern? Hatten sie so geniale Lehrpersonen, Eltern und perfekte Umfelder? Oder werden stark Hochbegabte öfter verkannt als leicht Hochbegabte? Und was ist oder war bei den Förderkurs-kindern anders? Wann braucht es für wen welche Art von Förderung? Hier kommt die Frage nach den Kursstandorten bzw. der Separation oder Integration der Fördermaßnahmen vom Klassenverband ins Spiel: Je nach Klassenzusammensetzung und Quartier besteht jeweils ein variabler Anteil einer Klasse aus potentiellen Gymnasiasten und Hochbegabten. Dabei wird die Wahr-nehmung von (Hoch-)Begabung durch Faktoren wie Fremdsprachigkeit und Leistungsehrgeiz der Eltern beeinflusst. So gibt es Schulen, die ein deutlich größerer Anteil überdurchschnittlich begabter Kinder besucht. In der Schweiz absolvieren knapp 20% der Kinder eine Matura über den ersten Bildungsweg, was bei einer Klassengröße von max. 25 Kindern durchschnittlich vier bis fünf Kinder sind, die nach der sechsten oder achten Klasse in ein Langzeit- oder Kurzzeitgymnasium wechseln. In manchen Schulen treten lediglich zwei Kinder direkt in ein Gymnasium über, in anderen über 40% der Kinder, also zehn oder mehr Kinder. Daraus ergeben sich zwei Folgerungen: Erstens gilt es in den Schulen mit wenigen Gymansiumsanwärtern die Integrations- und Förderbemü-hungen zu verstärken, um mögliche hinderliche Faktoren wie Fremdsprachig-keit oder Bildungsferne der sozialisierenden Umgebung auszuschließen und Begabungen adäquat erkennen und fördern zu können. Zweitens ist genauso zu akzeptieren, dass bei den Schulen mit vielen Gymnasiumsanwärtern von einem anderen Durchschnitt an Lernmöglichkeiten ausgegangen werden muss, wobei neben der Intelligenz eben auch Faktoren wie Leistungsstreben, Bildungsnähe, zeitliche Verfügbarkeit der Eltern usw. mithineinspielen. Das ist ein Faktum. Wenn aber Bildungsnähe und elterliche Förderung in unserer Gesellschaft ein Ziel darstellen, dass auch für benachteiligte Schichten angestrebt wird, darf es denen nicht missgönnt werden, die diesem Ziel näher sind. Das wäre unglaub-würdig gerade auch gegenüber den Bildungsbestrebungen in anderen Schulen und Quartieren. Überdurchschnittliche Begabung ist also in manchen Klassen Durchschnitt und wertzuschätzen. In solchen Klassen separierende Maßnahmen anstatt integrierende Fördermaßnahmen einzusetzen, wird dem möglichen Schulniveau der *meisten* Kinder nicht gerecht. Zugleich muss und soll eine Grundschule *allen* Kindern (auch lernschwächeren) Lernmöglichkeiten bieten und verschiedene Lernniveaus integrieren. Ziel ist also, allen Kindern Lernmög-lichkeiten zu bieten und den Stoff anhand des ungefähren Durchschnittsniveaus zu planen, um möglichst viele Kinder automatisch zu erreichen.

Als ein möglicher Ausweg aus diesem Dilemma bietet es sich an, zusätzlich zu den Zentren für Förderkurse (die bewusst auch in städtischen Außenquartieren liegen sollten) Schulen so zu konzipieren, dass neben dem Klassenunterricht gewisse Unterrichtsfächer verstärkt in unterschiedlichen fach-lichen Niveaugruppen bearbeitet werden können. Dazu könnten intellektuelle wie nicht-intellektuelle Fächer genommen werden, z. B. Mathematik, Deutsch und Handarbeiten oder Turnen. Das entspräche einer Separation bei gleichzeitiger Integration. Solch eine Maßnahme könnte gerade für die unauffälligen Hochbegabten, zu welchen die meisten zählen, motivierend wirken. Der Schulstoff könnte gesamthaft schneller durchgearbeitet werden, was Zeit für längerfristige Fremdsprachen-, Sport- oder musische Projekte innerhalb der Schule ließe oder allenfalls einen früheren Wechsel auf eine weiterführende Schule erlauben würde. Nicht für einzelne Kinder, die sich dann mit ihrer Begabung alleine fühlen, sondern für ganze Gruppen. Man könnte von Anfang an die – in regelmäßigen Abständen einsetzende – Wahlmöglichkeit einplanen, eine gewisse Anzahl Projektwochen jeweils für eine Aufarbeitung des Schulstoffes oder für weiterführende Projekte zu verwenden, je nach Niveaugruppe. So würden individualisierende Maßnahmen mit sozialem Austausch verbunden. Das eine tun und das andere nicht lassen – separieren und integrieren: Je nach pädagogischer Ausrichtung, strukturell-gesellschaftlichen Bedingungen und individuellen Bedürfnissen wird dabei die Integration innerhalb einer Separation fokussiert (das wären separate Förderkurse, in denen sich die Hochbegabten aus verschiedenen Gegenden treffen) oder die Separation innerhalb der Integration (das wären schulinterne Strukturen wie die beschriebenen) stärker gewichtet.

Die Universikum-Kurse werden reklameartig ausgeschrieben: Jeder Kursanbieter formuliert eine Ausschreibung, die in einem Heft zur freien Auswahl präsentiert wird. Dies führt dazu, den Kindern möglichst spannende, verrückte Sachen anzubieten, um sich die Kurse zu sichern. Der – an sich zu bejahende – Spaßfaktor für die Schüler steht im Vordergrund anstelle eines einheitlich erarbeiteten Konzeptes, dass systematisch entwicklungspsychologische, lernpsychologische und sonderpädagogische Überlegungen einbezieht. Grundsätzlich gilt, dass der Schulstoff bewusst ausgeklammert wird („Reglement für das Begabtenförderungsprogramm ‚Universikum' an der Voksschule der Stadt Zürich", 2003). HUG von der Stadtzürcher Fachstelle für Begabungsförderung begründet dies mit der Idee, „man wolle dem Schulstoff nicht vorgreifen, um zu verhindern, dass die Kinder später im Unterricht auf bereits Gelerntes stoßen", wie es in der Neuen Zürcher Zeitung (2006, 27) heißt. Das Problem des „double-binds" wurde bereits in Kapitel 6.4.1 besprochen. Der Anspruch, dem Schulstoff nicht vorzugreifen, ist jedoch illusorisch: Wenn Themen miteinander auf vielfältige Weise vernetzt sind, wird man immer auch auf Schulstoff stoßen – sonst müsste man auch umgekehrt in Regelklassen nicht versuchen, projektorientiert und fächerübergreifend zu arbeiten. Die Kinder *sollen* ja fürs Leben lernen. Schulstoffe wie Kursthemen haben ja hoffentlich mit dem Leben zu tun. Außerdem scheint mir die Angst vor der Vorwegnahme zukünftigen Schulstoffes doch ein schlechter Ratgeber für die Förderung hochbegabter Kinder zu sein: Das ist eine verkappte (und teure!) Variante der altmodischen Haltung, dass das Kind sich dem Schulstoff zu fügen hat. BERTSCHI, der Präsident der privaten Zürcher Hochbegabten-Schule „Talenta", sagt, dass Kurse mit diesem Ziel „nur Unterhaltung auf hohem Niveau" seien und keine wirkliche Begabungsförderung (Neue Zürcher Zeitung, 2006, 27).

Problematisch ist aus meiner Sicht die Gewichtung der Bedürfnisse: Die Kurse werden lediglich als kognitive Fördermaßnahme angesehen. Für meine eigenen Förderkurse schien mir neben der intellektuellen Förderung auch das Bewusstsein wichtig, sich in einem sonderpädagogischen Raum zu bewegen. Dabei mag eine Rolle gespielt haben, dass sich die von mir angebotenen Kurse an jüngere Kinder – teilweise inkl. Kindergartenkinder, wie es damals noch möglich war – richteten, bei denen die Gefahr einer „malignen Progression" (vgl. Kapitel 7.1) vielleicht größer ist als bei älteren Kindern. Die Kinder werden ja durch die Wahl zu etwas Besonderem. Es ist ein Kontrastprogramm zum übrigen Klassen- oder Kindergartenprogramm. Der Wunsch, als etwas Besonderes gesehen zu werden, kann für einzelne durchaus eine Motivation sein. Oder man wird von der Umgebung zu etwas Besonderem gemacht, selbst wenn man es gar nicht will. Deshalb ist auf eine ganzheitliche, vernetzt konzipierte Förderung und Stützung zu achten – auch um ungünstige Konstellationen zu verhindern, wie folgendes Beispiel eines siebenjährigen Jungen zeigt: Er besuchte bei mir den Kurs „Mathematik für Rechenkünstler" (siehe Kap. 8.2). Der Junge war sehr still, hörte jeweils aufmerksam zu, antworte aber nur leise und so undeutlich, dass es fast nicht zu verstehen war. Ich kaufte für musikalische Aufwärmübungen deshalb ein Kazoo[21]. Dieses Instrument auszuprobieren war schon fast zu viel für ihn. Mit der Zeit stellte sich heraus, dass er noch einen zweiten Förderkurs besuchte – und außerdem, dass beide Kurse sich mit den Turnstunden in der Regelklasse überschnitten. Gerade diese wären aber wichtig gewesen, um diesen scheuen Jungen ein wenig aus der Reserve zu locken und ihm spielerische Entfaltungsräume anzubieten. Zudem haben heutige Stadtkinder eher zu wenig Bewegungsmöglichkeiten als zu wenig Bildungsangebote. Ein Mädchen hingegen wollte eigentlich einen Fortsetzungskurs belegen, sah aber, dass er sich mit ihrem Handarbeitsunterricht überschneiden würde. Da fiel ihr die Wahl zunächst schwer, aber sie entschied sich für den Handarbeitsunterricht. Die Wahl war eine gesunde Bauchentscheidung zugunsten dessen, was Kinder eben *umfassenderweise* brauchen.

---

[21] Die ist eine kleine, etwa zehn Zentimeter lange Pfeife, die konisch geformt ist. Sie funktioniert nicht durch Hineinblasen, sondern indem eine kleine Plastikmembran durch Gebrauch der eigenen Stimme in Schwingung versetzt wird. Dabei wird die Stimme verändert, was für Kinder sehr lustig sein kann. Deshalb werden Kazoos gerne bei Schüchternheit eingesetzt.

Bevor ich in Kapitel 8 konkrete Beispiele von Förderkursen berichte, wird in Kapitel 7 ein intensiver Theorieteil zwischengeschaltet, der die zu Grunde liegende Theorie der Integrativen Therapie und musiktherapeutische Methoden erläutert.

7 Integrative Arbeitsmodelle für die Musiktherapie

Wir haben bereits viel über die Bedeutung einer ganzheitlichen Förderung intellektuell hochbegabter Kinder gesprochen. Wird die Unterstützung im sonderpädagogischen Bereich angesiedelt, müssen geeignete pädagogische bzw. musiktherapeutische Konzepte zu Grunde gelegt werden. Deshalb folgt in Kapitel 7.1 eine Darstellung integrativ-therapeutischer Konzepte. Das Kapitel 7.1 ist gewissermaßen ein Theorie-Konzentrat, in dem ausgewählte Konzepte der Integrativen Therapietheorie für die praktische Arbeit erläutert werden. Für eine ausführliche Lektüre der sehr umfangreichen Therapietheorie der Integrativen Therapie sei auf PETZOLD (2003; 2006) sowie RAHM et al. (1995) verwiesen.

Die Integrative Musiktherapie ist eine Spezialisierung innerhalb der Gesamtausbildung „Integrative Therapie". Die Integrative Therapie bietet die Theorien und Konzepte, welche der integrativ-musiktherapeutischen Methode zu Grunde liegen und in musiktherapeutische Sprache umgesetzt und angewandt werden. Musiktherapie ist zugleich eine eigenständige Art des Zugangs zum Kind oder Erwachsenen, eine eigene Art des Zuhörens und Kommunizierens, die Atmosphärisches sehr bewusst wahrnimmt und hörbar macht. Musik ist eine Mischung von emotional beflügelnden und durch Klangatmosphären ‚tragend-nährenden', erdenden Aspekten eigen. Unterschiedliche Kontakt- und Wirkaspekte der Musik werden in Kapitel 7.2 im Komponenten-Modell nach HEGI und in Anlehnung an STERNs entwicklungspsychologisches Modell frühkindlicher Reifungsphasen sowie PAPOUSEKs Untersuchungen zur vorsprachlichen Kommunikation erklärt. Anschließend an die therapeutische Grundlagentheorie in Kapitel 7.1 und das entwicklungs- und musiktherapeutisch orientierte Kapitel 7.2 wird in Kapitel 7.3 ein „Modell musiktherapeutischer Gestaltbildung" besprochen, welches den musiktherapeutischen Prozess unter Berücksichtigung der integrativen und musiktherapeutischen Therapietheorie und in Anlehnung an WEBSTERs Modell musikalischer Denkprozesse visualisiert.

7.1 Konzepte der Integrativen Therapie

Der Entwicklungsverlauf von pädagogischen und therapeutischen Prozessen wird in der Integrativen Therapie mit der *hermeneutischen Spirale* (PETZOLD,

1993, Bd. 2, 489 und 625f) beschrieben: Erkenntnis geschieht in einem sich immer wieder neu formierenden und auf Vorherigem aufbauenden Kreislauf, woraus sich die Spiralform als Symbol für den Erkenntnisprozess entwickelt hat. Der Kreislauf selber besteht aus vier Stadien und verläuft für die hermeneutische Spirale *vom Wahrnehmen über das Erfassen und Verstehen zum Erklären*. Diese Spirale kann auch als agogische Spirale verstanden werden. Dann heißen die vier Stadien: *Explorieren, Agieren, Integrieren und Reorientieren*. Als therapeutische Spirale geht es um die Stufen *Erinnern, Wiederholen, Durcharbeiten und Verändern*.

Die Spiralentwicklung wurde von PETZOLD (ebd.) für unterschiedliche agogische und therapeutische Kontexte jeweils leicht anders ausformuliert. Er fasst diese unterschiedlichen Formulierungen unter vier Oberbegriffe für diese Phasen zusammen, die er als *„tetradisches System"* (PETZOLD, 1993, Bd. 2, 622) bezeichnet: Die erste Phase ist die *Initialphase*, in der ein Problem oder eine Aufgabe identifiziert und formuliert wird. Die zweite Phase heißt *Aktionsphase* und betrifft Auseinandersetzung und Konsensfindung. Die dritte Phase bezeichnet PETZOLD als *Integrationsphase*. In dieser werden neue Konzepte und Handlungslinien formuliert, die in der vierten Phase, der sog. *Neuorientierungsphase*, dann umgesetzt werden (in Abb. 10, Kap. 7.3 ist das tetradische System innerhalb des „Modells musiktherapeutischer Gestaltbildung" dargestellt). Hier wird das Gelernte ins Leben überführt und eine Situationsveränderung erfolgt. Nochmals anders formuliert (PETZOLD, ebd.) geht es in der Initialphase um Differenzierung, welche zu Komplexität und Dissens führt; in der Aktionsphase um Strukturierung, welche zu Prägnanz und Konsens führt; in der Integrationsphase um Integration, welche (re)stabilisiert und in der neue Konzepte entwickelt werden; in der Neuorientierungsphase um die Kreation neuer Situationen, welche eine Kooperation mit dem sozialen bzw. ökologischen Umfeld bewirkt. Dieses Modell eignet sich für pädagogische wie für therapeutische Situationen. Der Vorgang der Tiefung in ein Thema und der Wieder-Hinausführung aus einem Thema erfolgt, um beim Unterrichten bzw. Förderkursen zu bleiben, im kleinen für jeden Lernabschnitt, aber zugleich als größere Spirale über ein Semester oder länger als einem überdauernden Prozess.

Die prozessorientierte, mehr strukturelle Sicht des tetradischen Systems kann mit entsprechenden (musik-)therapeutischen Haltungen verbunden werden. Fritz HEGI hat die *„4 ‚a' der therapeutischen Grundhaltung"* (1997, 79; 1998, 43f) definiert. Jedes dieser therapeutischen „a" lässt sich einer Verarbeitungsphase im tetradischen System zuordnen (siehe ebenfalls Abb. 10, Kap. 7.3). HEGI differenziert in seinem Modell zwischen pädagogischer und (musik-)therapeutischer Haltung, welch letztere

„statt das *Aufnehmen* von Gespieltem das *Annehmen* aller Zeichen erwartet, statt das *Verstehen* vorerst das *Aushalten* verlangt, statt das *Können* ein wiederholtes *Ausspielen* übt und statt *ein Darbieten* ein maßvolles *Abgrenzen* nötig macht" (HEGI, 1997, 79).

Der Bezug zu den Phasen von PETZOLDs tetradischem System bietet sich an, geht es doch in der Initialphase um ein Aufnehmen bzw. Annehmen der Situationselemente und in der Aktionsphase um eine Auseinandersetzung mit diesen, was auch nach einem Bemühen um Verstehen und nach tragfähigem Aushalten verlangt. In der Integrationsphase wird ein neues Ganzes in Form von Konzepten und Handlungslinien formuliert, was sich musikalisch-pädagogisch als Können und musikalisch-therapeutisch als Ausspielen zeigt. Die Neuorientierungsphase fokussiert die Umsetzung und Integration im Lebensalltag und somit ein Darbieten der neuen Erkenntnisse bzw. ein Abgrenzen von Gehabtem, durch welches ein Mensch seine gereifte, ‚neue' Persönlichkeit zu zeigen wagt.

Der Vorgang der Beobachtung während des spiralförmigen Prozesses des tetradischen Systems verläuft *„von den Phänomenen, zu den Strukturen, zu den Entwürfen"* (PETZOLD, 2003). Es geht darum, dicht an der Oberfläche zu bleiben und mögliche Deutungen an der Realität festzumachen. Auch scheinbar unsichtbare Strukturen oder Atmosphären haben sichtbare Korrelate, wenn man genau hinschaut, sie zeigen sich nur manchmal verhaltener als gut Messbares. Hochbegabung ist zunächst ein Phänomen – welche Strukturen dahinter liegen (behandlungsbedürftige oder nicht), lässt sich nur im Zusammenhang mit einer umfassenderen Diagnose bzw. Beobachtung erschliessen.

Interpretationen haben auch bei sorgsamer Orientierung an den Strukturen stets einen gewissen spekulativen Charakter. Hinzu kommt die Schwierigkeit, dass gerade Atmosphärisches oder tief Zurückliegendes nur schwer und an sehr feinen oder indirekten Zeichen sichtbar wird. Im zwischenmenschlichen Bereich (wie auch in anderen, scheinbar ‚technischen' Bereichen) gibt es keine letztgültige Objektivität. Vielleicht gibt es sie hinter allen Dingen, doch verliert sie dann immer noch ein Stückchen Objektivität durch unsere individuelle Wahrnehmungsbrille, an die wir gebunden sind – und der man sich höchstens möglichst bewusst zu werden versuchen kann. Schon KANT erklärte, dass Erfahrungsinhalte durch die Beschaffenheit der Sinnesorgane und des Geistes bestimmt werden, d. h. durch *apriorische* Formen, die mögliche Sinnesstoffe zu Erfahrungen gestalten, die aber überhaupt erst die Aufnahme eines sinnlichen Phänomens erlauben.

In der Integrativen Therapie wird den Problemen der Objektivität in Beziehungen durch das Konzept der *Intersubjektivität* begegnet: Intersubjektive, d. h. zwischenmenschliche Begegnungen setzen ein klares Ich und ein klares Du voraus und konstituieren es zugleich (PETZOLD, 1993, Bd. I, 58ff bzw. 2003), indem das Ich des einen Menschen Resonanzkörper für das handelnde, sich entfaltende Ich des anderen Menschen ist: Ist kein klares Ich vorhanden, gibt es für das Du auch keine Resonanz, so wie eine Trommel oder eine Violine mit Riss im Holz nicht in adäquate Schwingung versetzt werden kann. Es kann keine dialogische Ganzheit aufgebaut werden, in der das Ich am Du wird (BUBER, 1992/1962; HERZKA, 1995). Doch prägt die Art der Resonanz die weitere Ich-Entwicklung des Anderen. RAHM et al. (1995, 32) erklären zum Begriff der Intersubjektivität, dass diese eine innere Haltung meint, die stets die Möglichkeit im Hinterkopf bereit hält, dass die Welt aus der Perspektive des anderen durchaus anders aussehen kann. Anders ausgedrückt: Die Wahrheit, die sich für die Weltanschauung und die Beziehung aus der intersubjektiven Haltung ergibt, ist keine absolute Wahrheit, hingegen – und das ist sehr wichtig für das Beziehungsvertrauen – eine *verbindliche* Wahrheit, eine Wahrheit, die zwischen dem Ich und dem Du gilt. Es lässt sich sagen: So wird Intersubjektivität zu einer Form von Transparenz in der Beziehung. Wo aber in Beziehungen keine Intersubjektivität möglich ist, geschehen Übertragungen, werden alte Atmosphären, die mit anderen Beziehungen zu tun haben, in die aktuelle Beziehung hineingelegt (PETZOLD, Bd. III, 1128) und verfälschen diese.

Intersubjektivität kann sich in Beziehungen auch als sog. *unterstellte Intersubjektivität* äußern. Diese fungiert anders als die Übertragung nicht als Verfälschung der aktuellen Beziehung, sondern meint das Handeln als „Hilfs-Ich", wie es beispielsweise eine Mutter tut, die im Schreien des Säuglings Hunger hört (und sorgfältig überprüft, ob dies auch stimmt). Unterstellte Intersubjektivität beinhaltet erstens die sorgsame Interpretation der Beziehungsatmosphäre und zweitens den Versuch, die Richtung wahrzunehmen, in die ein Bedürfnis des anderen geht (vgl. die Spiegelneurone in Kap. 2.3). Deshalb ermöglicht unterstellte Intersubjektivität Wachstum, wenn dem anderen etwas zugetraut wird, was erst ahnungsweise vorhanden ist. Sie ist eine Möglichkeit, dort, wo ein gemeinsames Sprechen über ein Thema (noch) nicht möglich ist, dieses herauszuspüren, dem anderen zu spiegeln und die entsprechenden Strukturen zu bearbeiten.

Die Gratwanderung zwischen Intersubjektivität und Übertragung findet sich im Bereich der Hochbegabtenförderung beispielsweise, wenn Eltern ihrem Kind überhöhten Stolz zeigen, oder auch wenn Lehrer das hochbegabte Kind nicht fördern wollen in der Annahme, dass es besondere Förderung gar nicht brauche. Alte Atmosphären des eigenen Nicht-anerkannt-worden-seins oder der Konkurrenz spielen in solchen Situationen hinein. Aber auch eine forcierte Förderung kann Ausdruck alter, übertragener Gefühle sein – dies drückt auch folgender Witz aus: Ein Erwachsener sagt: „Kind, ich will ja nur dein Bestes!", woraufhin das Kind antwortet: „Ätsch, kriegst du aber nicht!"

Im Zentrum der Integrativen Therapie steht der Begriff *Leib*. Dieser meint mehr als den physischen Körper und auch mehr als den Organismus. Der Begriff des Leibes ist ein ganzheitliches Konzept, das körperliche, seelische und geistige Strukturen umfasst (daraus erklärt sich auch, dass im religiösen Bereich von Leib und nicht von Körper die Rede ist). Interventionen auf psychischer oder geistiger Ebene sind immer auch körperliche, umgekehrt steht nicht ein Körper, sondern ein Mensch im Zentrum von förderlichen Interventionen: Es geht stets um den Menschen, der leibhaftig da ist. PETZOLD (2004, 5) fasst die leibphilosophischen Positionen, welche seinem Leibkonzept zu Grunde liegen, wie folgt zusammen:

> „Erkennender und erkannter Leib ist Ort des Willens (SCHOPENHAUER) und der leiblichen Gesundheit (NIETZSCHE), Ort auch der ,Empfindnisse' (HUSSERL) und wahrnehmendes, totales Sinnesorgan (MERLEAU-PONTY), er ist Ursprung leiblichen Handelns als ,fungierender Leib' (SARTRE) und des ,eigenleiblichen Spürens' in affektiver ,Betroffenheit' (SCHMITZ). Aus dem vorbewussten Körper/Organismus des Embryos und Foeten sich über die Lebenszeit, die Leibzeit entwickelnd, ist *der Leib in beständigem Werden.*"

Der Mensch ist *„ Leib-Subjekt in der Lebenswelt ":* Eingebettet in diese gehört er zu einer „Sozialwelt" bzw. zu einer *„ Welt der Zwischenleiblichkeit "*, wie PETZOLD (ebd.) es beschreibt.

Durch differentielle Lernprozesse in Kontext (Umgebung) und Kontinuum (zeitlicher Verlauf) entwickelt sich der sog. *„ informierte Leib "* (PETZOLD, 2004, 5; PETZOLD, 2006, Kap. 3.1): Dieser hat seine Erfahrungen nicht nur leiblich archiviert, also im *„Leibgedächtnis "* gespeichert (PETZOLD, z. B. 1993, 2004, 2006), sondern der „informierte Leib" hat aufgrund seiner Erfahrungen außerdem bestimmte Denk- und Gefühlsmatrixen entwickelt und beständig weiter entwickelt (vgl. auch CARR, 1997; nach SMITH, 2004, 75; siehe Kap. 6.3.1). So entsteht ein Kreislauf, der vorgespurte Wahrnehmungsmuster verstärkt. Hier zeigt sich wieder, wie wichtig eine ganzheitliche Förderung ist, die durch positive Erfahrungen und konstruktive Denkkonzepte gespiesen wird.

Der „informierte Leib" befindet sich in ständigen Austauschprozessen mit der Umwelt. Der Geist einer Person (ihr Denken, Fühlen, ihr Charakter) benötigt als transmaterielle Einheit eine materielle, körperliche Basis, so dass PETZOLD (2004) auch von einem *„ embodied mind "* spricht, der sich in einem Menschen verkörpert und in Wechselwirkung mit den Lebenserfahrungen und Informationsprozessen steht.

Unsere hochgradig leistungsorientierten, ,technisierten' Denk- und Organisationsstrukturen wirken sich auf die gesamte Gestaltung der kindlichen Lebenswirklichkeit aus – und auf ihre spätere Art der Liebes- und Beziehungsfähigkeit bis hin zum noch späteren Umgang mit ihren alt werdenden, vielleicht pflegebedürftigen Eltern, die jetzt auch lieber etwas weniger ‚technisch' behandelt werden würden. Ein heranwachsender Mensch kann sich mit praktisch jeder Situation arrangieren, und wenn die ganze Gesellschaft auf eine bestimmte Art und Weise (sei es wie die alten Spartaner oder Wikinger, wie Südseekulturen, Nomaden, Bergvölker im Himalaya oder westliche Industriekulturen) organisiert ist, besteht zunächst kein Problem. Die Frage ist nicht, ob ein Kind mit einer Gesellschaftsstruktur nicht umgehen lernen kann, sondern welche Atmosphären und Strukturen wir unseren Kindern fürs Leben mitgeben wollen, die sich in ihrer Summe auch als zukünftige gesamtgesellschaftliche Realität niederschlagen werden?

Wenn Lernen sich aber leiblich niederschlägt, lassen sich mit PETZOLD (2004, 24ff) drei Lernwege unterscheiden. Erstens ein *Bottom-up-Ansatz* wie die *Movement Produced Information MPI* nach WARREN (1988; nach PETZOLD, ebd.): Hier geht es darum, dass sich eine ausgeführte Bewegung (z. B. ein Lächeln) neurophysiologisch auswirkt (z. B. Erhöhung des Endorphinlevels) und dass darüber das Gehirn informiert wird. Als zweiter Lernweg lässt sich davon ein *Top-down-Ansatz* unterscheiden wie die *Mentally Imagined Motor-Action MIM* nach BOSCHKER (2001; nach PETZOLD, ebd.): Hier werden die Informationen durch geistige Vorwegnahme den umgekehrten Weg vom Gehirn zum Muskel zurücklegen. Einen dritten Lernweg bildet der *interaktionale Ansatz*, die *Interactional Movement Coordination IMC*: Hier handelt es sich um eine *Synchronisierung* der Kommunikation bzw. Interaktionen z. B. durch Modellvorgaben und Widerspiegelungen (PETZOLD, 2004, 2006).

Durch solche *übungszentrierten* und *erlebniszentrierten Modalitäten* (vgl. dieses Kapitel weiter unten) werden alte Verhaltensweisen vertieft oder neue Verhaltensweisen angebahnt und vorgespurt. Diese Vorspuren erleichtert das Auslösen von „Bewegungswünschen" oder *„Prävolitionen"* (PETZOLD, 2004, 25), welche den Willen quasi hervorlocken: Wenn der Bedarf nach einem neuen Verhaltensmuster besteht (z. B. einer neuen Lernstrategie), wird sich solch ein Verhalten leichter einspuren, dass schon ansatzweise vorgepfadet ist. Dieses Vorspuren durch Einüben in Form pragmatischer Handlungs- oder Denkübungen kann zum Erlebnis führen, dass sich die Handlung gar nicht so schlecht anfühlt. Geht es dann darum, ein neues Verhaltensmuster zu entwickeln, kann das Leibgedächtnis auf dieses Erlebnis zurückgreifen und über eine vorwillentliche Handlungsneigung (die Prävolition) den bewussten Willen zugunsten dieser Handlung intensivieren.

Kommt der Bewegungswunsch dann zur Ausführung, zur sog. Performanz, wird das bewusste Wollen (die *Volition*) angesprochen – Handlungsfreude, Leistungsfreude und Veränderungs- bzw. Entwicklungsmotivationen werden bestärkt. Das bewusste Wollen wird insbesondere auch durch sog. *Ko-Volitionen*, also ein gemeinsames Wollen im sozialen Kontext, stimuliert. Ko-Volitionen verstärken die eigenen Wünsche und das eigene Wollen, da wir Menschen als soziale Wesen handeln. Der therapeutische Ansatz der Integrativen Therapie mit seiner „Wahrnehmungs-Verarbeitungs-Handlungs-verschränkung" (PETZOLD, 2004) im sozialen Kontext wird durch die jüngere neurobiologische Forschung zu den Spiegelneuronen (vgl. Kap. 2.3) gestützt.

Auf hochbegabte wie auch andere Kinder bezogen bedeuten die Befunde, Kinder mit ihrem Wissen abzuholen und ihnen zu ermöglichen, ihr Wissen auch zu zeigen, um sich *kompetent und performant* erleben zu können. Die konkrete Anwendung des Wissens und seine Anerkennung ermöglicht, durch diesen „performativen Raum" (PETZOLD & SIEPER, 2008, 529) den *Willen zum konstruktiven Tun* zu bestärken. So können Übungssequenzen wie das Training des Einmaleins oder das Auswendiglernen eines Gedichtes oder die bewusste und spielerische Gestaltung von Hausaufgaben Prävolitionen auslösen. Scheinbar banale Übungen sind nicht zu vernachlässigen und müssen nicht gleich langweilig sein, weil ein Kind, sobald es diese verinnerlicht hat, nämlich lernen kann, ein Gefühl für Muster und Proportionen zu entwickeln: Es entwickelt die innere Freiheit mit Schemata zu spielen, diese allmählich auszuweiten und so weitere Schemata anzubahnen.

Dabei ist es wichtig, kindlichen Impulsen des Wollens in einem Wechselspiel zwischen Anpassung an den Willen anderer (also an die Umgebung) und der Erfahrung des Selbst-Gewollten einen performativen Raum zu geben. Ein Kind soll nicht nur irgendetwas einfach wollen, sondern sich, indem ihm der Sinn einer Übung erklärt wird, auch bewusst dafür entscheiden *(Dezisionalität)*, um so die nächsten Schritte von Umsetzung *(Konversion)* und Durchhalten *(Persistenz)* bewältigen zu können. Dieser Zyklus wiederum wirkt auf die Selbsterfahrung als leistungs- und handlungsstarke Persönlichkeit zurück (Genaueres zu Theorie und Praxis der Willenstherapie siehe PETZOLD & SIEPER, 2008a und 2008b). Gerade das Thema der Persistenz ist heikel – bedingt durch die Schnelllebigkeit unserer Zeit wie auch die Schnelligkeit der hochbegabten Kinder, wenn sie die Dinge so schnell durchschauen, dass sie ihnen bald langweilig werden. Als ‚Hilfen zum Durchhalten' bieten sich solche Spiele an, deren Komplexität sich dem Kind anpasst, so dass nicht ständig ein neues Spiel gekauft werden muss, die sich sozusagen in sich selbst erneuern oder ausdifferenzieren – wie Schach, Kochen, Zauberfähigkeiten, Turnen oder Tanz, der Erwerb von Programmierkenntnissen und natürlich Musik, da auf ein und demselben Instrument quantitative Verbesserungen (feinmotorische Differenzierung als Fingerfertigkeit, welche sich neurologisch positiv auf die Kognitionen auswirkt) und qualitative Fortschritte (Interpretationsspielräume, tieferes Verständnis eines Stückes) möglich sind.

Der leibtherapeutische Ansatz hat innerhalb der musiktherapeutischen Methode eine besondere Affinität zum Rhythmus. Unser Leib wird von Anfang durch biologische Rhythmen bestimmt – vom Herzschlag über das Wachen und Schlafen bis hin zur Reifung bestimmter Fähigkeiten in bestimmten Altersstufen. Rhythmische Übungen sind lustbetont, spielerisch, auch anregend in ihrem Komplexitätsgrad, wirken strukturierend, haltgebend und fördern das gemeinsame Interagieren. Die gemeinsamen Interaktionen funktionieren nur, wenn man dabei sich und seinen Rhythmus nicht aufgibt. Wie schwierig oder leicht es ist, bei sich zu bleiben, und eben durch dieses Bei-sich-bleiben um so besser auf andere eingehen zu können, lässt sich in der Musik und gerade durch Rhythmusspiele gut erfahren. Rhythmische Übungen sprechen die Phantasie an, entwickeln die Flexibilität und sensibilisieren und differenzieren das Körperselbstbild (vgl. FROHNE-HAGEMANN, 2001, Kap. 2 und 3; CUBASCH, 1994, 1997). Entsprechend habe ich in den Förderkursen viele Rhythmus- und Bewegungsübungen eingebaut – Pulsfühlen, kleine Bewegungsübungen (auch mit dem Minitrampolin), Bewegung im Raum, gemeinsames Trommeln mit verschiedenen Vorgaben durch die Kinder oder durch mich. Als spielerische und zentrierende Erfahrung sei hier die sog. „bodymusic", eine Entwicklung von Doug GOODKIN in Anlehnung an die künstlerische Arbeit von Keith TERRY (nach CUBASCH, 1997, 60), erwähnt: Bei der „bodymusic" werden gerade oder ungerade Rhythmen durch bestimmte Bewegungsabfolgen dargestellt und leiblich erfahren, indem der gesamte Bewegungsapparat mit Klatschen, Stampfen, Schwingen einbezogen wird und dabei der Körper auch an verschiedenen Stellen berührt und ‚beklatscht' wird (CUBASCH, 1994, 1997). So werden leibliche Wahrnehmung und Ausdrucksfähigkeit stimuliert, d. h. Aspekte des *perzeptiven* und *expressiven Leibes* (PETZOLD, 1993) werden gefördert.

Das Konzept der vier *Wege der Heilung und Förderung* aus der Integrativen Therapie (Bewusstseinsarbeit, emotionales Nachnähren, Erlebnisaktivierung und Solidaritätserfahrung) wurde in Kapitel 6.4.2 bereits besprochen, ebenfalls das Konzept der vier *pathogenen Stimulierungsweisen* (Schädigungen durch Defizite, Störungen, Konflikte und Traumata) in Kapitel 6.4.1.

Dort, wo Defizite (d. h. einseitige oder fehlende Stimulierungen) oder Störungen (d. h. uneindeutige oder inkonstante Stimulierungen) wahrnehmbar sind, soll versucht werden, Defizite ‚aufzufüllen' und Störungen durch erhöhte Eindeutigkeit entgegenzuwirken: Beispielsweise kann einer schlechten Arbeitshaltung (Störungsergebnis) durch positive Unterstützung, Vermittlung von Arbeitstechniken, Motivation und Sinneinsicht entgegengewirkt werden.

Diese erhöhen die Eindeutigkeit der Stimulierung. Durch engmaschige Betreuung kann die Konstanz der Stimulierung gewährleistet werden. Auch Konflikte (d. h. gegenläufige, sich widersprechende Stimulierungen) zwischen kindlich-spielerischen und erwachsen-intellektuellen Bedürfnissen sollen entschärft werden durch eine gewährende und den kindlich-kreativen Ausdruck fördernde Haltung bei gleichzeitigem Ansprechen und Weiterüben der Denkfähigkeit. Dies lässt sich gut bei witzig-geistvollen Spielen oder Denkaufgaben in Verbindung mit (Musik-)Spiel, Bewegung und Basteln erreichen. Dies sind in erster Linie agogische, erlebniszentrierte und niederschwellig-therapeutische Maßnahmen. Sie werden zusammengefasst unter Begriffen wie kognitives Training, Bewegungsagogik, Sozial- und Kommunikationstraining, stützend-therapeutische Maßnahmen, Kreativitätstraining und themenzentriertes Arbeiten. Diese Maßnahmen bzw. Methoden dienen, so PETZOLD (1993, Bd. 2, 634f), der Prophylaxe, Erhaltung, Restitution, Entwicklungsförderung sowie Copingförderung (d. h. der Förderung eines adäquaten Bewältigungsverhalten).

Diese einander teilweise überlappenden bzw. sich in einem agogischen Angebot teilweise gleichzeitig niederschlagenden Konzepte habe ich meinen Kursangeboten zur Förderung hochbegabter Kinder zu Grunde gelegt (siehe Kap. 8.1 und 8.4 bzw. die konkreten Stundenverläufe in Kap. 8.2 und 8.3). Wichtig ist dabei, insbesondere wenn es sich um ‚kleine Theoretiker' handelt, von der Kompetenz zur Performanz zu gelangen, vom Eindruck zum Ausdruck. Die hochbegabten Kinder sollen durch Exploration und Experimentieren ihre Fähigkeiten in verschiedenen Kontexten erfahren und zum Ausdruck bringen, ohne sich zu genieren oder diese allzu stark theoretisch vorauszudenken.

Im Zusammenhang mit entwicklungsförderlichen Angeboten ist das Phänomen des *Widerstandes* bzw. des sog. *„stoffbedingten Unvermögens"* zu beachten: Widerstand ist phänomenologisch „eine Kraft, die sich einer anderen widersetzt, entgegenstellt" (PETZOLD, 2006, Kap. 7.3). Doch entstehen manche neurobiologisch bedingten Veränderungswiderstände nicht aus Widerspenstigkeit, sondern weil nur wenige Reaktionsmuster ‚eingebahnt' worden sind. PETZOLD (ebd.) betont, dass hier besser von einem „stoffbedingtem Unvermögen" zu sprechen ist. Solche Bahnungen erweisen sich als besonders stabil, wenn sie eine Schutzfunktion haben. Wenn ein Verhalten (z. B. Selbstdarstellung) nur wenig entfaltet ist, kann ein anderes nicht nur besser gebahnt worden sein, sondern zugleich automatisch auch eine Schutzfunktion übernehmen. Solch ein anderes Verhalten kann beispielsweise die Beobachterrolle (anstelle der Darstellungsrolle) sein. In der Folge entwickelt sich ein anderes Leibgefühl als bei einem Kind, das sich häufiger in einer Darstellerrolle erfährt. In diesem Fall wäre eine stärkere Förderung des expressiven Leibes anstelle des perzeptiven Leibes angebracht. Es geht nicht darum, ob das eine oder andere besser ist, sondern darum, dass die hochbegabten Kinder nicht zu früh auf die intellektuelle Schiene eingeschliffen werden, hingegen sich in vielfältigen Rollen erleben können. Sonst wird die Intellektualisierungstendenz zur Schutzfunktion, weil andere Verhaltensweisen zu wenig vorgebahnt wurden und zu stark verunsichern.

Ziel der „Wege der Heilung und Förderung" ist gesamthaft gesehen die Entwicklung eines starken und differenzierten Selbst mit einem Ich, das über flexible Reaktionsmuster verfügt (PETZOLD, 2006, Kap. 8.1). Jedes Kind und jeder Mensch wird mit der Zeit seinen bevorzugten Verhaltensstil entwickeln. Eine vielfältige Förderung, wodurch das Kind verschiedene expressive, fühlende und denkende Rollen bzw. Verhaltensmuster ausprobieren kann, kann zu einer feineren Passung auf die eigene Persönlichkeit führen und ein Hintergrundrepertoire aufbauen, mit dem andere Menschen ebenfalls besser verstanden werden (vgl. Kap. 2.3 zu den Spiegelneuronen).

Die Integrative Therapie geht von fünf *Säulen der Identität* aus, die auf diesen vier Wegen geheilt und gefördert werden sollen. Sie heißen *Leiblichkeit, Arbeit/Leistung, soziales Netzwerk, materielle Sicherheit und Werte.* Eine Beschädigung einer oder mehrerer dieser Säulen kann, wenn weitere Faktoren wie Vulnerabilität, Überlastung, fehlende Kompensation usw. hinzukommen, zu Krankheiten führen (PETZOLD, 1993, Bd. 2, 596). Die Säule „materielle Sicherheit" dürfte in der Kindheit im allgemeinen eher indirekte Bedeutung haben. Die Entwicklung der übrigen Säulen ist im Sinne einer Stärkung von Vorhandenem und einer gezielten Förderung des noch Entwicklungsbedürftigen zu fokussieren. Durch ihr Begabungspotential sollten Hochbegabte im allgemeinen über eine gut ausgebildeten Säule „Arbeit/Leistung" verfügen, da es hier um die grundsätzliche Leistungsfähigkeit und nicht um deren materielle Umsetzung in Geld geht. Bei Minderleistern ist die Säule „Arbeit/Leistung" brüchig und bedarf vieler bejahender, unterstützender intellektueller Erfolgserlebnisse, wobei darauf zu achten ist, dass das Kind diese bewusst wahr- und annimmt und nicht ‚wegwischt', um sein vertrautes negatives Selbstkonzept zu schützen.

Ausgehend von der Notwendigkeit, *protektive Faktoren* zu verstärken, und dem Ziel, die „Ausbildung negativer Ereignisketten" (PETZOLD, 1993, 742) zu verhindern, sollen die hochbegabten Kinder mit ihrer Intelligenz anerkannt und gefördert werden. Es gilt gleichzeitig, einer sog. *malignen Progression* vorzubeugen, d. h. einer Entwicklung in Richtung eines Zu-früh-und-zu-viel (PETZOLD, 1993, Bd. 2, 653). Wenn Hochbegabung mit Leidensdruck oder einer Fixierung auf die Hochbegabung verbunden ist, könnte die Hochbegabung auch mit ganz frühen negativen Erfahrungen bzw. sogar sog. „frühen Schädigungen" (PETZOLD, 1993) in Zusammenhang stehen, wie wir bereits in Kapitel 4.2 im

Zusammenhang mit RENZ' Theorie (1996) über das „bekömmliche Drin-Sein"
in der Urgeborgenheit und zu frühes Hinaus-katapultiert-werden gesehen haben.
Es gilt also, mögliche soziale, körperliche oder intellektuelle Unterforderungen
zu beachten, die zu einer malignen Regression führen können – und umgekehrt
Leistungszwänge im Blick zu haben, die sich in Form einer malignen Progression zeigen können.

Es sei nochmals betont, dass nicht alle Hochbegabten irgendwo zu früh
hinauskatapultiert worden sind oder ein Problem im Zusammenhang mit ihrer
Begabung haben. Aber diese Arbeit beschäftigt sich ja mit den möglichen
Problemzonen Hochbegabter und den Interventionsmöglichkeiten. Ähnliche
Reaktionen können dabei auf unterschiedliche Ursachen zurückgehen.

Frühe oder wiederholte Negativerfahrungen sind kompensierbar durch
nachfolgende multiple Stimulierung und ausreichende Zuwendung (PETZOLD,
1993, Bd. 3, 1143f) – aber eben multiple und nicht einseitige Stimulierung, d. h.
dass es nicht reicht die Ressource Hochbegabung zu stärken, sondern dass weitere Potentiale entwickelt werden sollen. Bezüglich einer ausreichenden Zuwendung ist zu ergänzen, dass gerade die Entwicklung eines gut vernetzten sozialen
Netzwerkes stark protektiv wirkt (vgl. PETZOLD, ebd.; STOKES, 1985; siehe
Kap. 2.2). Zusammenfassend kann gesagt werden, dass multiple Stimulierung –
man denke an PESTALOZZIs „Kopf, Herz und Hand" – wichtig ist und besonders
in Verbindung mit der Förderung der sozialen Fähigkeiten und des sozialen
Netzwerkes positive Effekte zeitigt.

Ein weiteres, für die Arbeit mit Hochbegabten wichtiges Konzept ist das
des *Narrativs* (PETZOLD, 1993, Bd. 1, 183): Ein Mensch entwickelt Konstrukte
darüber, wer er ist. Diese Konstrukte zeigen sich in Geschichten, in verbal
gefassten oder auch getanzten, musizierten oder gemalten Narrationen (Erzählungen), in denen ein Mensch bewusst oder unbewusst von sich erzählt. Indem
Menschen die Lebensereignisse aktiv in einen Sinnzusammenhang einordnen
und mit vergangenen Erfahrungen und zukünftigen Erwartungen verknüpfen,
weben sie einen Geschichtenteppich, der ihrem Leben Sinn und Halt gibt
(ähnlich dem neuseeländischen Begriff „Te Whäriki", der eine gewebte Matte
meint, auf der alle stehen können (vgl. Kap. 6.3.1). Solange die Narrationen,
also die non-verbal oder verbal erzählten Geschichten, im Fluss sind, solange
sie den Situationen angepasst bzw. neue Situationen flexibel in die Narrationen
aufgenommen werden können, enthalten die Narrationen förderliche Konstrukte, d. h. *benigne Narrative*. Benigne Narrative sind funktionale, stützende
Skripts oder Habitualisierungen, die nicht zwanghaft ins Spiel gebracht werden
müssen. Sind die Narrationen hingegen mit negativen Skripts, mit Wiederho-
lungszwang oder Starrheit belegt, spricht man von *malignen Narrativen*. Für die
Arbeit mit Hochbegabten ist zu fragen: Wie prägt das Hochbegabungskonzept

ein Kind, das schon in jungen Jahren als ‚wegen Hochbegabung bedürftig' definiert wird? Welche anderen Narrative stehen dem Kind noch zur Verfügung, um sein Selbstbild flexibel und situationsadäquat weiter entwickeln zu können? Zudem können hochbegabte Kinder aufgrund ihrer großen Denk- und Wahrnehmungsfähigkeit schon sehr früh mehr wahr- und aufnehmen, als sie verarbeiten können. Dies vermag frühe Unsicherheitsgefühle oder gar Ängste auszulösen und verlangt nach rettenden Ankern. Auch besteht die Gefahr, dass später noch Entwicklungsphasen verkürzt oder gar über-sprungen werden. Aufgrund all dieser Faktoren können Narrationen ins Stocken geraten und zu malignen Narrativen werden.

Hier gilt es, allfällige maligne Narrative des hochbegabten Kindes, z. B. ein eingeengtes Selbstkonzept, zu verflüssigen und das Selbstkonzept durch kreatives Experimentieren mit anderen und mit sozialen Rollen zu erweitern. Durch sogenannte „intermediale Quergänge" (PETZOLD, 1993, Bd. 1, 149), d. h. Wechsel zwischen verschiedenen Ausdrucksmedien (z. B. Musik, Erzählen, Malen, Tonarbeit), können maligne Narrative sich verflüssigen und durch neue Narrationsformen mit neuen Sichtweisen in benigne Narrative gewandelt werden: Wenn eine Geschichte verbal erzählt wird, wirkt sie anders, als wenn sie gesungen, gespielt, gemalt oder skulpturiert wird; andere Facetten leuchten auf und bringen eine erstarrte Form ins Fließen. Hochbegabte Kinder haben, wenn sie vieles wahrnehmen, auch vieles zu erzählen, wenn die entsprechenden, ruhigen Entfaltungsräume bereit gestellt werden. Erzählen (verbal oder mit Hilfe anderer Medien), um *vom Eindruck zum Ausdruck* zu gelangen, ist für sie sehr wichtig

Die in der Integrativen Therapie so wichtigen „intermedialen Quergänge" werden durch STERNs Untersuchungen gestützt, der bei Säuglingen die Fähigkeit zur „amodalen Wahrnehmung" gefunden hat (1992, 74ff): Die amodale Wahrnehmung bezeichnet eine angeborene, generalisierte Fähigkeit, das, was in einer Sinnesmodalität wahrgenommen wurde, in eine andere Sinnesmodalität zu übersetzen. Jede Wahrnehmung ist mit einer bestimmten Aktivierungskontur, die einem bestimmten Vitalitätsaffekt zugeordnet werden kann, verbunden (vgl. Kap. 4.2). STERN führt die Fähigkeit zur amodalen Wahrnehmung auf die Fähigkeit zurück, die Aktivierungskontur, die ein Verhalten oder Objekt kennzeichnet, von diesem Verhalten oder diesem Objekt zu abstrahieren und sie auf diese Weise als amodale Qualität zu speichern. Der Informationstransfer von einer Sinnesmodalität in eine andere ließ sich beispielsweise in dem Experiment von MELTZOFF & BORTON (1979; nach STERN, ebd.) beobachten, in welchem drei Wochen junge Säuglinge mit verbundenen Augen an unterschiedlichen Schnullerformen und -oberflächen lutschen konnten. Wurden ihnen die Schnuller danach gezeigt, betrachteten sie den Schnuller, an dem sie gelutscht hatten, intensiver. Wie das funktioniert, bleibt noch offen. Möglicherweise könnte auch hier die Entdeckung der Spiegelneuronen zu einer Erklärung beitragen, da Spiegelneurone unterschiedliche Systeme des Erlebens einschließen (beispielsweise auditive und visuelle Neuronen; vgl. Kap. 2.3). „Intermediale Quergänge" schließen an diese ganz frühe menschliche Fähigkeit der amodalen Wahrnehmung an. Sie wirken integrierend und harmonisierend, indem sie die amodale Wahrnehmung und damit frühe Gefühle und Atmosphären ansprechen – zusätzlich zur ihrer Wirkung, Narrative zu verflüssigen und die Expressionsfähigkeit zu unterstützen. Werden diese kreativen Fähigkeiten verweigert oder unterdrückt, verlangt dies nach einer vorsichtigen Annäherung an diese ganzheitliche und sinnliche Fähigkeit. Der Einsatz kreativer Medien erfolgt dann in kleinen Schritten.

PETZOLD (1993, Bd. 3, 1167f) unterscheidet drei *Modalitäten*, in deren Rahmen verschiedene therapeutische und pädagogische Methoden (wie beispielsweise die soeben beschriebenen „intermedialen Quergänge") eingesetzt werden: die *übungszentriert-funktionale* Modalität, die *erlebniszentriert-stimulierende* Modalität und die *konfliktzentriert-aufdeckende* Modalität. Diese drei Modalitäten entsprechen unterschiedlichen Ebenen der Tiefung. Die konfliktzentriert-aufdeckende Modalität ist die ‚hohe Kunst' der Therapie, die nur in sorgfältig geschützten und vorbereiteten Kontexten eingesetzt werden darf und nicht für den Unterrichtsalltag bestimmt ist. Die Arbeit mit hochbegabten Kindern in den Förderkursen betrifft die übungszentriert-funktionale sowie die erlebniszentriert-stimulierende Modalität, welche Entspannung, Förderung und Weitung im Blick haben. Die Integration von Verstand und Gefühl und die Motivationsentwicklung stehen neben der intellektuellen Nahrung im Vordergrund. Niederschwellig-therapeutische Sequenzen können in sonder-pädagogischen Situationen vorkommen, sollten aber in ihrer Art in der erlebniszentriert-stimulierenden Modalität eingebettet bleiben (siehe Kap. 8.3.2 und 8.3.3).

Die Modalitäten der Tiefungsebenen sind abhängig von der Situation: Eine Klavierstunde fokussiert eher die übungszentriert-funktionale Modalität, während ein Ferienkurs mehr die erlebniszentriert-stimulierende Modalität anstreben wird. Außerdem werden diese Ebenen durch die aktuelle Beziehungsmodalität, d. h. die Art der Beziehung zwischen Personen, beeinflusst. Beispielsweise wird sich die erlebniszentriert-stimulierende Modalität in einem flüchtigen Kontakt weniger stimulieren lassen als in einer vertrauensvollen Beziehung, während eine übungszentrierte Einheit (wie die Aufwärmübungen in einem Kurs) keinen längeren Kontakt voraussetzt. PETZOLD (2007; PETZOLD & MÜLLER, 2005; vgl. 1993, Bd. 3, Kap. 5) unterscheidet in seinem „Konzept der Relationalität" fünf unterschiedliche und aufeinander aufbauende Beziehungsmodalitäten: *Konfluenz*, eine Verschmelzung, welche ein ozeanisches Gefühl der Geborgenheit beschreibt und für die früheste Entwicklungszeit normal und wichtig ist; *Kontakt*, welcher einen Prozess leiblich konkreter, differenzierender Wahrnehmung beschreibt, durch den Eigenes und Fremdes unterschieden werden; *Begegnung*, welche ein wechselseitiges empathisches Wahrnehmen meint; *Beziehung* als verlässliche Begegnung über die Zeitdauer und *Bindung* als Entscheidung, eine Beziehung durch Treue und bewusste Einschränkung der eigenen Freiheit noch tragfähiger zu machen. Die Verlässlichkeit von Beziehungen und Bindungen kann in einer Zeit der Lebensabschnittspartner und einem Alltag, der terminlich-technisch durchorganisiert ist, für Kinder ganz allgemein schwieriger zu erfahren sein als früher. (Umgekehrt kann ein durchorganisierter Alltag gerade jene äußere Verlässlichkeit bieten, die in den Beziehungen als innere Verlässlichkeit fehlt.) Bezugspersonen sind nicht einfach da (manchmal am ehesten noch die Klassenlehrkraft oder die Hortnerin); oder Klassenkameraden ziehen öfters um. Wenn Hochbegabte außerdem eine oder mehrere Klassen überspringen, kann auch dies belasten. Zuverlässigen, dauerhaften Beziehungen ist bei allen Fördermaßnahmen besonders Rechnung zu tragen. Zur Modalität „Konfluenz" sei ergänzt, dass zwischen sog. „positiver Konfluenz" und „pathologischer Konfluenz" unterschieden werden muss: Eine pathologische Konfluenz wäre eine Fixierung (auf eine Person oder das ozeanische Gefühl per se) ohne Differenzierung (PETZOLD, 1993, Bd. 3, 1066), wie es bisweilen in esoterisch-psychologischen Gruppenerfahrungen geschieht. Eine positive Konfluenz meint hingegen Erlebnisse, die klar begrenzt sind und innerhalb dieser Grenzen eine zeitweise und gut eingebundene Entgrenzung ermöglichen: Hierzu zählen Musikgenuss, Träumen, Liebeserleben oder Hobbies, welche vom Schachspielen übers Tanzen bis – je nach Risikoneigung – hin zum Fallschirmspringen reichen können. Positive Konfluenz hat viel mit der Fähigkeit zu tun, sich auf eine Handlung innerlich einzulassen, was ebenfalls mit dem Begriff „flow" umschrieben wird (vgl. Kap. 6.4.1). So bietet die Entwicklung der „flow"-Fähigkeit zugleich die Möglichkeit, auf gute Weise an frühe emotionale Bedürfnisse anzuschließen und mögliche Geborgenheitsdefizite durch das Aufgehen in einer Tätigkeit (auch intellektuellen Tätigkeiten wie Schachspielen) indirekt nachzunähren.

7.2 Bereiche der Selbstempfindungen nach STERN und heuristische Bezüge zur Komponentenmethode nach HEGI

STERN (1992) unterscheidet vier Selbstempfindungen, die der Säugling in den ersten eineinhalb Jahren entwickelt (siehe Abb. 7). In den beiden ersten Lebensmonaten entwickelt sich das *„Empfinden eines auftauchenden Selbst"*.

Dies ist das Empfinden einer Organisation, die gerade im Entstehen begriffen ist, wie STERN (1992, 56f und 61) es beschreibt. Die Fähigkeit zur amodalen Wahrnehmung hilft bei der Selbstorganisation.

Etwa vom dritten bis achten Monat entwickelt sich das *„Empfinden eines Kern-Selbst"* („core-self", das mehr eine Art ‚Kerngehäuse' ist). Der Säugling erfährt *Selbst-Kohärenz* in Bewegung und Ruhezustand. *Urheberschaft* der eigenen Handlungen (bzw. Nicht-Urheberschaft anderer Handlungen), *Selbst-Affektivität* als Erleben von regelmäßigen inneren Gefühlsqualitäten und *Selbst-Geschichtlichkeit* sind Teil der Selbst-Kohärenz. Es werden auch Kern-Andere empfunden. Der Säugling ist geselliger, wobei er die interpersonale Bezogenheit aus einer organisierenden Perspektive zu erleben scheint (ebd., 104).

Sensible Entstehungsphasen der „Empfindensweisen des Selbst"			
bis ~2./3. Mt.	ab ~2./3. Mt.	ab ~ 7./9. Mt.	ab ~ 15. Monat
			Empfinden eines verbalen Selbst Quantensprung der Bezogenheit (gemeinsame, klar umrissene Bedeutungsverständigung)
		Empfinden eines subjektiven Selbst Intersubjektive Bezogenheit mit einer subjektiven, empathieähnlichen Intimität	
	Empfinden eines Kern-Selbst (Selbst-Kohärenz durch Selbst-Affektivität, Selbst-Geschichtlichkeit und Urheberschaft) Interpersonale Bezogenheit unter einer organisierenden Perspektive		
Empfinden eines auftauchenden Selbst Bezogenheit einer Organisation, die im Entstehen begriffen ist			

Abbildung 7:   Sensible Entstehungsphasen der „Empfindensweisen des Selbst" nach STERN (1992); zusammengestellt durch Verf.

Ab dem achten Monat etwa reift das *„Empfinden eines subjektiven Selbst"* heran – nun wird eine psychische Intimität zusätzlich zu der physischen möglich: Der Säugling kann sich innerlich öffnen (oder verschließen, wenn er z. B. fremdelt), und subjektives Erleben kann sich wechselseitig anvertraut werden, wenn beispielsweise der Blick dem Blick eines anderen folgt. Es gibt eine intersubjektive Bezogenheit mit einer subjektiven, empathieähnlichen Intimität (ebd., 57 und 179ff). STERN beschreibt, dass diese gemeinsame

Abstimmung das Sprungbrett zur Sprache bildet, welche eine Umformung des subjektiven Erlebens ist. Nach der Enstehung des subjektiven Selbst bildet sich vom etwa 15. bis 18. Monat das *„Empfinden eines verbalen Selbst"* heraus: Ein neues Medium des Austausches wird geboren, welches gemeinsame Bedeutungen vermitteln kann. STERN (1992, 238) schreibt dazu: „Erstmals ist das Kind in der Lage, der Realität, wie sie sich tatsächlich darstellt, einen klar umrissenen Wunsch entgegenzusetzen und diesen Wunsch auch zu behaupten." Das Element des klar Umrissenen dürfte hier eine wesentliche Neuerung sein, die durch die gemeinsame Verständigung von Bedeutungen möglich wird. STERN spricht von einem „Quantensprung der Bezogenheit" (ebd.).

PAPOUSEK hat die vorsprachliche Kommunikation von Säuglingen und ihren Müttern untersucht. Sie stellt für die Kommunikation auf der mütterlichen Seite fest, dass sich die Sprechweise zum Säugling im Vorsilbenalter (d. h. zwischen 0 und 5 Monaten) deutlich von der Sprechweise zum Kind im zweiten Lebensjahr unterscheidet, wenn es die ersten Wörter benutzt, und hält fest (2001, 135): „Unklar ist, ob es sich dabei um zwei deutlich abgrenzbare Sprechregister handelt oder um [kontinuierliche] Anpassungen der Sprechweise ..."

Interessant ist aus entwicklungs- und musiktherapeutischer Sicht, dass der Sprache eine Doppelfunktion zukommt: Sie verbindet auf einem neuen Verständigungsniveau und trennt zugleich, da die sprachliche Bezogenheit die erlebnisorientierte Bezogenheit des auftauchenden, Kern- und subjektiven Selbst nur teilweise einbeziehen kann. So unterliegen diese erlebnisbezogenen Bereiche aufgrund der Sprachentwicklung einer stückweisen Entfremdung. Die Bezogenheit wird von einer unmittelbaren in eine abstrakte Ebene verlagert (STERN, 1992, 232f).

Was bedeutet aus diesem Blickwinkel eine sehr frühe Sprachentwicklung, wie sie sich bei manchen Hochbegabten feststellen lässt? Kann ein Baby schon sehr früh sprechen, kann dieses weite Feld gemeinsamer, erwachsener Verständigungsmöglichkeiten für Eltern sehr beglückend sein. Es ist ja für die eventuell ebenfalls hochbegabten Eltern wie auch für andere Bezugspersonen oftmals leichter, sich auf diese abstrakt-verbale Ebene einzulassen, die den eigenen aktuellen Ausdruckmöglichkeiten am nächsten kommt und deren verfeinerte Entwicklung ein großer Vorteil ist, um sich in unserer Gesellschaft zurechtzufinden. Außerdem muss man sich, wenn man nachfragen kann, was so ein kleines Wesen will, nicht verunsichert fühlen, ob ein Wunsch richtig interpretiert wurde. Und doch – was bleibt da an unmittelbarem Erleben auf der Strecke? An unmittelbarem Ausdruck der Persönlichkeit zugunsten einer unpersönlicheren, abstrakteren Verbindung? Die Sprache ist etwas Wunderbares für die Ausdrucksfähigkeit, die differenzierte Denkfähigkeit, die Kontaktfähigkeit. Sie kann aber auch zur Realitätsverzerrung beitragen, wenn leibliches Empfinden und verbale Deutung auseinanderdriften. Um es mit STERN (1992, 232) zu sagen: „Es wird notwendig sein, beide Entwicklungslinien zu verfolgen – die Sprache als neue Form der Bezogenheit und die Sprache als Problem für die Integration der Selbsterfahrung sowie die Erfahrung des ‚Selbst in Gemeinschaft mit dem Anderen'."

Liegt hier ein mögliches Kernthema der musiktherapeutischen Arbeit mit hochbegabten Kindern? Die Feststellung eines kritischen Bereiches wird verstärkt durch den Befund, dass manche hochbegabte Kinder die frühkindlichen Entwicklungsphasen teilweise schneller durchlaufen und folglich weniger Zeit für präverbale Formen der Bezogenheit haben (PONJAERT-KRISTOFFERSEN & KLERKX, 1982, welche eine vorzeitige Entwicklung der Objektidentität und der Objektpermanenz[22] als mögliches Indiz für Hochbegabung beschreiben). Andererseits stellt PAPOUSEK (2001, 173) fest, dass Kinder mit einer früheren Wortschatzentwicklung auch schon in der vorsprachlichen Kommunikation des ersten Lebensjahres sehr positive Erfahrungen machen, was die intuitiven elterlichen Verhaltensanpassungen im linguistischen und prosodischen (lautmalerischen) Bereich betrifft. Wenn diese ausgeprägten intuitiven Verhaltensanpassungen der Eltern mit dem Einsetzen der verbalen Phase nicht plötzlich nachlassen, dürften hochbegabte Kinder hier sogar eine besonders positive Unterstützung mitbekommen.

SCHUMACHER bzw. SCHUMACHER & CALVET-KRUPPA, Musiktherapeutin und Entwicklungspsychologin (1999, S. 216; siehe auch FROHNE-HAGEMANN, 2005, 70ff), unterscheiden sieben *Kontaktmodi*, welche die „Art und Weise der Beziehungsqualität" beschreiben (SCHUMACHER, 1999, 115; nach FROHNE-HAGEMANN, 2005, 71). Die Kontaktmodi wurden von SCHUMACHER & CAL-VET–KRUPPA mit den sensiblen Enwicklungsphasen des Selbstempfindens sensu STERN verbunden. SCHUMACHER & CALVET-KRUPPAs Kontaktmodi reichen von einer – etwas missverständlichen und nicht ganz wörtlich zu nehmenden – sog. Kontaktlosigkeit in Modus 0 über diverse Empfindungsmerkmale (Modus 1 der Kontakt-Reaktion z. B. durch Lautäußerungen; Modus 2 des funktional-sensorischen Kontaktes z. B. durch Gestik usw.) bis hin zu einem Kontaktmodus 6 der Interaffektivität/Begegnung auf der Ebene der Verbalisation und Reflexion. Dieser letzte Modus hat seine sensible Entstehungsphase in der Zeit, in welcher auch die Sprache und die Ebene der Vorstellungs- und Planungs-

---

[22] Der Begriff „Objektidentität" meint das Wiedererkennen von Objekten auch in unterschiedlichen Positionen und entwickelt sich durchschnittlich mit etwa fünf bis sechs Monaten. Der Begriff „Objektpermanenz" bezeichnet die Weiterexistenz von Objekten, die außer Sichtweite sind. Diese Fähigkeit reift mit etwa achtzehn Monaten, wenn sich auch eine abstraktere Planungs- und Vorstellungsfähigkeit entwickelt.

fähigkeit heranreifen, also ungefähr zwischen dem 12. und 18. Lebensmonat.
Hier sei im Zusammenhang mit der Verbalisations- und Reflexionsfähigkeit von
Hochbegabten dieser letzte Kontaktmodus fokussiert: Die Musiktherapeutin
FROHNE-HAGEMANN (2005, 108) schreibt zu diesem siebten Kontaktmodus aus
SCHUMACHERs Modell:

> „Musik kann auf Grund ihrer *Funktion als Projektionsfläche* Verunsicherung im
> Beziehungsgeschehen auffangen, die durch sprachliche Mehr- und Doppeldeutig-
> keiten entstehen. *Entweder-oder*-Konflikte können als Angebote des Sowohl-als-
> auch-Erlebens gelöst werden, denn Musik lässt Raum für viele Möglichkeiten der
> Interpretation und Gestaltung."

Wenn Kinder schon früh komplex denken, kann Musik auf diese Vielfältigkeit
zentrierend und öffnend zugleich eingehen. Das eigene emotionale Erleben wird
prägnant und durch diese Prägnanz zentriert, zugleich werden Gestaltungs-
möglichkeiten eröffnet. Wenn ein hochbegabtes Kind allzu logisch-eindeutig
argumentiert, wenn also eine Verunsicherung im Beziehungsgeschehen durch
zu ‚harte' Eindeutigkeiten entsteht, kann Musik emotionale Resonanz geben und
maligne, starre Narrative verflüssigen. Wie FROHNE-HAGEMANN (ebd.) es
beschreibt: „Musik hilft …, die emotionale Lesart von [verbalen oder hand-
lungsbezogenen; Anm. d. Verf.] Narrativen zu kommunizieren und zu teilen."
    Musik bildet ein mögliches Verbindungsglied zwischen STERNs verbalem
und non-verbalem (d. h. auftauchendem, Kern- und subjektivem) Selbst. Klänge
begleiten den Säugling von Anbeginn, hervorgebrachte Laute drücken schon
früh sein Empfinden aus, Singen und Melodien sind Vorformen von Sprache.
Musik kann zwischen dem Mittelbarem des verbalen Selbst und dem Unmittelbaren der wirksam bleibenden, aber nun versteckteren früheren Selbst-Formen
verbinden.
    Für eine bewusstere Lesart dessen, was ein Mensch uns durch Musik mit-
teilt, sei die *Komponenten-Methode* von Fritz HEGI (1998) erläutert, die er für
die musiktherapeutische Arbeit auf der Basis langjähriger musiktherapeutischer
Erfahrung entwickelt hat. Sie ist ein *heuristisches Modell* zur Erklärung von
musikalisch-therapeutischen Phänomenen.
    In seinem Modell unterscheidet HEGI die fünf Komponenten Klang, Rhyth-
mus, Dynamik, Form und Melodie als differenzierbare Wirkungsfelder von
Musik. Natürlich sind die einzelnen Komponenten nie isoliert wirksam, da
Musik ein ganzheitliches Geschehen ist. Es stehen jedoch je nach therapeuti-
schem Thema gewisse musikalische Komponenten im Vordergrund. Offen ist
die Einordnung von Geräuschen in dieses Modell (PETZOLD, 2008, mündl.
Mitteilung). Geräusche prägen den Fötus im Mutterleib und sind ein wichtiger
Teil seiner Erfahrungen. M. E. können sie als eine sich temporal entfaltende und

durch veränderbare Intensitäten beschreibbare Qualität der Komponente Dynamik zugeordnet werden. Geräusche können auch als Vorform der Komponente Klang betrachtet werden, je nach Klangnähe bzw. Ausmaß ihrer Konturiertheit.

Bezüge	Raum	-	Zeit
Archaischer Bereich	**Klang** Mütterliches Prinzip		**Rhythmus** Väterliches Prinzip
Gestaltender Bereich		**Melodie** Gestaltendes, kindliches Prinzip	
Integraler bzw. *kommunikativer* Bereich	**Dynamik** Wille, Kräfte, Energie		**Form** Grenzen, Übergänge, Wandelbarkeit
Bezüge	innen	- Strukturen	außen

Abbildung 8:   Wirkungskomponenten der Musik und ihre Bezüge nach HEGI (1998, 52), ergänzt durch Verf.

HEGI (1998, 52) ordnet die fünf Komponenten in ein Schema, das in Abbildung 8 dargestellt ist. Er schreibt dazu, dass sich der archaische Bereich auf die Raum-Zeit-Polarität des Menschen bezieht, dass der gestaltende Bereich sich auf das ‚Dritte', das Werdende bezieht (so wie aus zwei Elternteilen ein Kind als Drittes entsteht) und dass der integrale Bereich Innen- und Außenbereiche der Wahrnehmung miteinander verbindet. Für den integralen Bereich sei der Begriff „kommunikativer Bereich" ergänzt, da hier m. E. Verbindungen zwischen Selbst und Umgebung hergestellt werden (wie weiter unten zu sehen sein wird, wenn die Komponenten erklärt werden).

„Väterlich" und „mütterlich" sind als Archetypen zu betrachten, ähnlich der Idee der Yin-Yang-Polaritäten der fernöstlichen Lehren, nach denen jedem Yin auch ein Yang innewohnt und umgekehrt. Auch im Mutterleib wird das Kind von Rhythmen geprägt; und PAPOUSEK (1994, 144) berichtet, dass die mütterliche Kommunikationsweise zum Säugling im Silbenalter, also im 2. Lebenshalbjahr, viele rhythmische Spielchen mit begleitenden Silbenketten und musikalisch-rhythmischer Stimulation umfasst.

Wie sind die fünf Komponenten zu verstehen? Dies lässt sich unter Bezug auf STERNs „Empfindungsweisen des Selbst" darstellen, zu denen HEGI *phänomenologische* Entsprechungen sieht.

Der Empfindungsweise des „auftauchenden Selbst" in den ersten Lebensmonaten entspricht, so HEGI (1997, 78)[23], die Komponente Dynamik (vgl. die Einordnung von Geräuschen; siehe auch Kap. 4.2 zu den Vitalitätsaffekten).

Während des dritten bis achten Monats entwickelt sich das „Empfinden eines Kern-Selbst". Dieser Phase ordnet HEGI die Komponenten Rhythmus, Klang und Melodie zu: Rhythmus hängt mit dem Empfinden einer zeitlichen Kontinuität und somit dem STERNschen Aspekt der Selbst-Geschichtlichkeit zusammen. Die Klang-Komponente hat eine Affinität zur Selbst-Affektivität. Die Melodie-Komponente gestaltet die Klang- und Rhythmuserfahrungen. HEGI setzt sie in Beziehung zum Erleben der Selbst-Urheberschaft. Die gestaltende Melodie-Komponente hat eine kreative und eine kommunikative Seite – man denke an die Kommunikation durch die beherzten Laute und kleinen Lautfolgen der Babys. Alle drei Bereiche zusammen (Melodie, Rhythmus und Klang) unterstützen das Erleben von Selbst-Kohärenz.

Das „Empfinden des subjektiven Selbst", welches zwischen dem achten und fünfzehnten Monat reift, hängt mit der Komponente Form zusammen, weil hier – es geht um ein *präverbales Formulieren* (Form!) des Eigenen, also um die Formgebung auf einer präverbalen Gestaltungsebene – Formen differenziert werden, „eigene und fremde Ganzheit" (ebd.) unterschieden wird.

Die vorausgegangene Dynamikkomponente der Frühzeit (und evtl. letzten intrauterinen Zeit) entspricht m. E. einer kommunikativen Verbindung zwischen einem überindividuellen Bereich und der Selbstwerdung. Nun, da sich ein Kern-Selbst gebildet hat, entspricht die nachfolgende Formkomponente mit ihrer Unterscheidung von Eigenem und Fremdem der kommunikativen Verbindung zwischen Kern-Selbst und gesellschaftlichem Bereich.

Da für die Komponentenkonzeptionen wie auch für ihre Zuordnungen zu den Empfindensweisen noch keine standardisierten Untersuchungen vorliegen, stellt sich die Frage, ob sich in der Grundlagenforschung zur kindlichen Entwicklung direkte oder indirekte Anhaltspunkte für die Existenz der Komponen-

---

[23] Hegi sortiert die Entsprechungen zwischen den Sternschen Entwicklungsbereichen und den Wirkungskomponenten der Musik in seinem 1998 entstandenen Buch „Übergänge zwischen Sprache und Musik" etwas anders, indem er jeder Entwicklungsphase nach Stern zwei Komponenten zuordnet. Die soeben beschriebene Variante von 1997 ist m. E. klarer, weshalb ich mich aus Gründen der Übersichtlichkeit auf diese beschränke.

ten wie auch für die Logik der Zuordnung finden lassen. Hierzu sei die Untersuchung von PAPOUSEK (2001) zur vorsprachlichen Kommunikation zwischen Mutter und Säugling zu Hilfe genommen. Die stimmlichen Äußerungen wurden nach musikalischen Merkmalen wie Melodik, Stimmlage, Lautstärke u.a. ausgewertet. PAPOUSEK erfasste in einer Längsschnittstudie die Mutter-Kind-Interaktionen von Kindern zwischen zwei und 15 Monaten. Diese Zeit entspricht ziemlich genau der Entwicklung bis zu der Zeit, in der sich das „Empfinden eines verbalen Selbst" herauskristallisiert. Allerdings fehlen Beobachtungen aus der ersten postnatalen Phase, in der sich nach STERN das „Empfinden eines auftauchenden Selbst" organisiert. Da die präsyllabischen Gurr- und Explorationslaute etwa mit zwei bis drei Monaten beginnen, nahmen hier die Untersuchungen ihren Anfang.

Die ersten fünf Monate werden als Zeit der Vorsilbensprache bezeichnet, ab etwa sechs Monaten beginnt zusätzlich die Zeit des Silbenplapperns, und gegen Ende des ersten Lebensjahres fängt das Kind an, muttersprachenspezifische Lautstrukturen nachzuahmen (PAPOUSEK, 2001, 27). PAPOUSEK (2001, 48) unterscheidet für die Entwicklung der präsyllabischen Vokalisationen fünf Arten von Lauten:

- Grundlaute – das sind kurze, phonierte Laute in entspannter Mittelstellung, die keine Vokalähnlichkeit haben, oder auch kurze Anstrengungslaute;
- vokalartige Laute;
- melodisch modulierte Laute;
- explorative Laute – diese umfassen z. B. Quietschen, Brummen, Kreischen, Prusten, Lautspiele mit den Lippen;
- emotionale Vokalisationen – wie Lachen, Juchzen, Weinen, Quengeln.

Die Grundlaute herrschen im Alter von zwei Monaten vor und nehmen dann bis zum Alter von 15 Monaten linear ab. Die vokalartigen Laute weisen ebenfalls ein frühes Maximum mit zwei Monaten auf und nehmen dann signifikant bis zum fünften Monat ab, bleiben aber in geringerem Ausmaß weiterhin bestehen. Die melodisch modulierten Laute haben ein Maximum im dritten Monat und flachen dann in einem stufenlosen Übergang bis zum 15. Monat langsam ab. Die explorativen Laute nehmen bis zum fünften Monat stark zu und herrschen in diesem Alter vor. Danach fallen sie bis zum Alter von sieben Monaten stark und bis zum Alter von fünfzehn Monaten langsam ab. Mit fünfzehn Monaten sind sie nur noch sporadisch zu erkennen. Die emotionalen Laute kommen zunächst nur wenig vor und sind dann im Alter von sieben bis elf Monaten auffallend häufiger zu finden, wobei das Maximum bei elf Monaten liegt.

Ab sieben Monaten beginnt relativ plötzlich eine neue Phase, in der die Vorsilben wie auch Silben und erste Protowörter deutlich zunehmen. Die präsyllabischen Vokalisationen dominieren aber weiterhin bis zum 11. Monat und machen sogar im 15. Monat noch einen Drittel der Vokalisationen aus.

Diese beschriebenen und häufig vorkommenden Vokalisationen können möglicherweise helfen, die Komponenten nach HEGI im Hinblick auf eine Zuordnung zur frühkindlichen Entwicklung genauer zu definieren:

Es lassen sich mögliche Entsprechungen finden, beispielsweise zwischen dem Empfinden eines subjektiven Selbst nach STERN, das zwischen dem achten und fünfzehnten Monat reift, der Form-Komponente nach HEGI, die ja auch als ‚Stil' begriffen werden kann (als subjektive Form, mit der man der Welt begegnet) und der Entwicklung der emotionalen Laute ab sieben Monaten (mit einem Peak um elf Monate). Diese emotionalen Laute wie beispielsweise Lachen oder Quengeln sind Ausdruck einer subjektiven Form, wie Situationen empfunden werden und wie ihnen begegnet wird. Die hypothetischen Entsprechungen deuten an, dass ein zu schnelles Stoppen von Miss-Empfindungen durch die Bezugspersonen – zum Beispiel wenn Quengeln nicht sein darf und von den Bezugspersonen nicht ausgehalten wird – Probleme in der nonverbalen Form- und Subjektwerdung mit sich bringen kann, Probleme sich mit seinen subjektiven Empfindungen in die Gesellschaft einzubringen und sich dabei ‚richtig' und nicht ‚fehl am Platz' zu fühlen. Das heisst nicht, dass ‚Formwerdungsprobleme' in jener Zeit entstehen müssen, sondern dass sie auf Interaktionsmechanismen beruhen können, die in dieser Zeitspanne eine besonders sensible Phase haben.

Vokalartige, melodisch modulierte und explorative Laute haben ihre Peaks in der Zeit zwischen zwei und acht Monaten, während sich das „Empfinden eines Kern-Selbst" nach STERN entwickelt. HEGI ordnet dieser Zeit die Komponenten Klang, Melodie und Rhythmus zu, welche in etwa auch auf die Lauttypen bezogen werden können: Die Klangkomponente findet sich vor allem bei den vokalartigen Lauten, die Rhythmuskomponente bei den explorativen und die Melodiekomponente bei den melodisch modulierten Lauten.

So fehlt die Zuordnung der Komponente „Dynamik" zu den „Grundlauten" der Vokalisierung. Hier dürfte die Entsprechung auf der Seite des Säuglings ausbleiben: Die Grundlaute der Säuglinge sind gerade nicht durch Dynamik beschreibbar. Außerdem wird die Dynamik dem „Empfinden eines auftauchenden Selbst" während der ersten beiden Lebensmonate zugeordnet – die Untersuchung betraf jedoch erst Säuglinge ab zwei Monaten, da bis dann die Vokalisierungsfähigkeit weit genug gereift ist. Die beschriebenen Lauttypen betreffen die stimmlichen Reaktionen der Säuglinge. Die Zuordnung von Komponenten zu den sich entwickelnden Empfindungsweisen des Säuglings beinhaltet aber auch die Seite der Bezugspersonen, die mit dem Baby interagieren. Gerade Erfahrungen der Dynamik werden durch die Bezugspersonen vermittelt (vgl. die Vitalitätsaffekte in Kap. 4.2). So stellt PAPOUSEK (2001, 129ff) auffallend melodische Strukturen in der elterlichen Sprechweise fest, wenn diese mit ihren zwei bis drei Monate alten Säuglingen sprechen. Die Melodien sind einfach, nicht aber monoton − d. h. der Frequenzumfang der Tonhöhenbewegung ist im Unterschied zum Gespräch mit Erwachsenen erweitert und zwei Drittel aller Äußerungen sind durch einfache Tonhöhenbewegungen ohne Richtungsänderung gekennzeichnet, wie „fallend" oder „steigend", die unterschiedlich lang oder leicht abgerundet sind. Fallende oder steigende Bewegungen ähneln ihrerseits den dynamischen Aspekten der Vitalitätsaffekte nach STERN (1992; vgl. Kap. 4.2), die sich auch durch „anschwellende" oder „abschwellende" Konturen beschreiben lassen.

Die hier besprochenen Befunde zur vorsprachlichen Kommunikation können vorsichtig als indirekte Anhaltspunkte für Entsprechungen zwischen den sich entwickelnden Empfindensweisen des Säuglings und musikalischen Zuordnungen herangezogen werden. Doch ist weitere Forschung nötig, um das Zusammenspiel der Komponenten im Verlauf der kindlichen Entwicklung aufzuklären.

Musikalische Elemente wirken in der lebendigen Beziehung. Je nach Kontakt, der sich aus den stärker oder geringer entwickelten Empfindensmöglichkeiten und Kontaktbereitschaften ergibt (vgl. STERN und SCHUMACHER in diesem Kapitel und das Konzept der Relationalität nach PETZOLD, Kap. 7.1) begegnet man sich anders, hört man anderes, benötigt man in der (Musik-)Therapie anderes. Ich möchte dieses Kapitel zur Therapietheorie abschließen mit einem Gedanken von FROHNE-HAGEMANN (1997, 10) zum Thema Heilung. Heilung − und Förderung − bedeutet,

> „eine Welt zu finden, die man mit anderen teilen kann und in die man hineinpasst und in der man sich zu Hause fühlt. Eine heilende Beziehung ist eine, die ermöglicht, dass man eine solche Welt findet. Eine Welt aber auch, mit der und durch die man sich ständig verändern muss."

Es ist eine Welt, wie sie sich in der entwicklungsförderlichen und zugewandten vorsprachlichen Kommunikation zwischen Mutter und Kind finden lässt. Um solche Welten auffindbar zu machen, muss man nicht Mutter oder Vater sein und auch nicht erst Therapeut oder Therapeutin werden. Dazu können wir, wenn wir Kindern *zuhören* und uns von ihrem Erleben *berühren* lassen, mit unseren je eigenen Voraussetzungen beitragen.

7.3 Ein „Modell musiktherapeutischer Gestaltbildung"

Peter WEBSTER (1988) hat sich mit der Konzeptionalisierung von Musikalität beschäftigt. Er stellte fest, dass die üblichen Methoden zur Erfassung von Musikalität ein differenziertes Spektrum von Messungen der Diskriminierungsfähigkeiten zu Rhythmus oder Harmoniefolgen umfassen, während kreative Anteile weitgehend vernachlässigt werden. Musikalisches Verhalten, so WEBSTER, bestehe aber nicht aus einzelnen messbaren Teilen, sondern sei „a holistic entity" (1988, 177). Auch werde in der musikalischen Erziehung wenig getan, um kreative Prozesse zu fördern; kreativer Ausdruck werde in Musikschulen oft mit dem feinfühligen Spielen vorgegebener Stücke auf vorgegebene Weise verwechselt. In einem allgemeineren Kontext finden sich ähnliche Bedenken bei SCHÄFER, wenn dieser fragt, ob Kinder nicht zu allererst Entdecker einer sinnlich wahrnehmbaren Welt sind (siehe Kap. 6.1).

Musik selber ist, wie WEBSTER in Anlehnung an SERAFINE (1988; nach ebd.) betont, nichts Äußerliches, sondern „an activity of thinking in oder with sound". Anders gesagt: Musik ist überall zu finden, das kreative Denken in musikalischen Einheiten als solches ist maßgebend. Entsprechend sollten zur Erfassung von Musikalität Aufgaben integriert werden wie aktives Imaginieren während eines Musikstückes, Improvisieren zu einer Begleitung, Bewegung zu einem Musikstück oder Umkomponieren eines existierenden Stückes. Auf der Basis dieser Annahmen konzipierte WEBSTER sein *prozessorientiertes Modell*, das „conceptual model of music thinking"[24] (Abb. 9).

WEBSTERs zentraler Punkt ist die Umwandlung von divergentem in konvergentes Denken. Diese Umformung verläuft in einem wechselseitigen Austauschprozess. Die Bereiche „composition"/Komposition, „performance"/ Aufführung und „analysis"/Analyse bilden den Ausgangspunkt. In einem dieser Bereiche wird jeweils die Schöpfung eines neuartigen Produktes angestrebt. Jeder der drei Bereiche, also der Entwurf, die Übertragung oder das Verstehen von Klangstrukturen, kann als Ausgangspunkt für einen musikalischen Prozess

---

[24] Die Gleichwertigkeit bzw. der aktive Einbezug divergenten, kreativen musikalischen Denkens bei WEBSTER wurde inspiriert durch GARDNERs Theorie der vielfachen Intelligenzen und durch GUILFORDs Intelligenz-Struktur-Modell, in welchem er sich von hierarchischen Intelligenzmodellen abwendete und neu divergentes und konvergentes Denken unterschied (1967; nach WEBSTER, 1988, 179; FEGER, 1988, 64). GUILFORDs Modell der „structure of intellect" umfasst vier Input-, fünf Operations- und sechs Output-Variablen. So ergeben sich 120 theoretisch postulierte Intelligenzfaktoren, deren Unabhängigkeit sich empirisch nicht sichern ließ. Darüber hinaus aber erweiterte GUILFORDs Unterscheidung von divergentem und konvergentem Denken die Intelligenzforschung um die wichtige Dimension des divergenten Denkens und bildet die Grundlage der Kreativitätsforschung.

dienen, der von einem divergenten zu einem konvergenten Denken führt und am Schluss wieder in eine neue Runde mündet.

Der Prozess, welcher vom divergenten zum konvergenten Denken führt, durchläuft die Stadien „preparation"/Vorbereitung, „incubation"/Vertiefung („Ausbrüten'), „illumination"/Erleuchtung und „verification"/Überprüfung. In der ersten Phase wird ein Thema vorbereitet, in der zweiten Phase erfolgt eine Vertiefung, indem Ideen gesammelt und ausprobiert werden. In dieser Phase spielt das divergente Denken eine besonders wichtige Rolle. Die dritte Phase der „illumination" ist die „eureka!"-Phase (griechisch für „ich habe es gefunden!"). WEBSTER beschreibt, dass der schöpferische Mensch in diesem Stadium von der Musik eingeholt wird und mit ihr verschmilzt. Diese Beschreibung erinnert an „flow"-Prozesse (CSIKSZENTMIHALYI, 1985), wenn sich durch die Passung von Anforderungen, Können und kreativen Spielräumen innerhalb einer Aktivität ein eigenes Gefühl des Mitschwingens ergibt, in welchem die handelnde Person aufgeht. In der vierten Phase der „verification" wird die Neukreation überprüft – indem sie vorgespielt und die Meinung von anderen gesucht wird.

Ergänzt wird der Prozess durch vermittelnde „enabling skills" und „enabling conditions": Die musikalischen Fertigkeiten bezeichnet WEBSTER – wörtlich übersetzt – als „ermächtigende, befähigende Fertigkeiten" („enabling skills"). Die „enabling conditions" sind im Unterschied dazu die „ermächtigenden, befähigenden Bedingungen", welche die musikalische Produktion beeinflussen. WEBSTER vermischt vermittelnde und angeborene Bedingungen, da er in erster Linie zwischen musikalischen und sonstigen Fähigkeiten trennt.

Der Seite der befähigenden Fertigkeiten ordnet WEBSTER vier Bereiche zu: „aptitude"/musikalische Begabung, „conceptual understanding"/Begriffsverständnis, „craftmanship"/handwerkliches Können und „aesthetic sensitivity"/ ästhetisches Gespür[25]. Die musikalische Begabung/„aptitude" umfasst in einer ersten Untergruppe

- „extensiveness"/Weitung als Fähigkeit, eine Vielzahl musikalischer Ideen und Lösungen zu generieren;
- „flexibility"/Flexibilität als Fähigkeit, Änderungen der musikalischen Parameter vorzunehmen (laut/leise, schnell/langsam, weich/hart usw.) und
- „originality"/Originalität als Fähigkeit, eine individuelle musikalische Interpretation zu finden.

---

[25] Die Übersetzung „ästhetisches Gespür" stammt von LOREK (2000, 52).

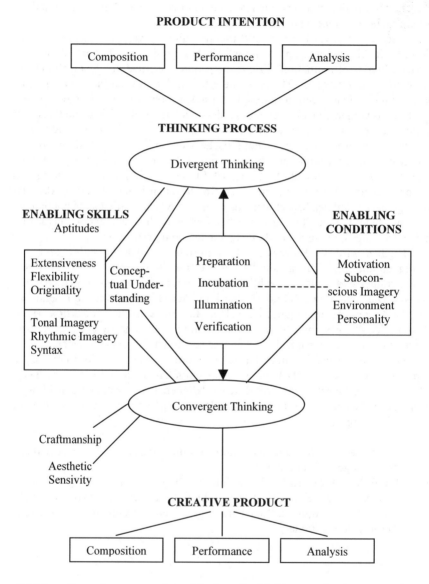

Abbildung 9:   „A conceptual model of music thinking" nach WEBSTER
               (1988, 183)

Diese Elemente musikalischer Begabung haben viel mit divergentem Denken zu tun. Die Elemente der zweiten Untergruppe von „aptitude" sind eng mit dem konvergenten Denken verbunden – es sind

- „tonal imagery"/tonliches Vorstellungsvermögen und
- „rhythmic imagery"/rhythmisches Vorstellungsvermögen als Fähigkeiten, Töne bezüglich ihrer Veränderungen wahrzunehmen sowie
- „syntax"/Syntax als Fähigkeit, den musikalischen Ausdruck in einer logischen Weise zu Mustern und Folgen zu formen.

„Craftmanship"/handwerkliche Fertigkeiten bezieht sich auf die Umsetzungsfähigkeit und „aesthetic sensivity"/ästhetisches Gespür auf die Fähigkeit, die Gestalt eines Musikstückes in seiner Tiefe zu erfassen. Diese beiden Fertigkeiten beziehen sich nach WEBSTER größtenteils auf das konvergente Denken. Das „conceptual understanding"/Begriffsverständnis wird von beiden musikalischen Begabungsbereichen gespiesen und bezieht sich gleichwohl aufs divergente wie aufs konvergente Denken, wie die Linien in Abbildung 9 anzeigen.

Die Seite der „enabling conditions"/ermächtigenden Bedingungen besteht aus externaler und internaler „motivation"/Motivation, um ‚bei der Stange zu bleiben', „environment"/Umwelt, „personality"/Persönlichkeit und „subconscious imagery"/Unterbewusstsein, welches den kreativen Prozess speist.

Das Unterbewusstsein spielt nach WEBSTER eine besondere Rolle: Es steht in direkter Beziehung zur zweiten Phase der „incubation"/Vertiefung im zentralen Verarbeitungsprozess (mittleres Kästchen), in der Ideen vielfältig gesammelt werden. Deshalb ist hier eine gestrichelte Zusatzlinie eingezeichnet. Das divergente Denken spielt dabei eine substantielle Rolle und m. E. müsste deshalb auch eine Verbindungslinie zur „extensiveness" gezeichnet werden.

Was bedeutet das Modell für die Musiktherapie? Dieses prozessorientierte Modell kann mit gewissen Abänderungen gut als musiktherapeutisches Modell im Sinne der ebenfalls prozessorientierten Integrativen Therapietheorie fungieren. Abbildung 10 zeigt eine modifizierte Fassung von WEBSTERs Modell, das sog. „Modell musiktherapeutischer Gestaltbildung". In diesem Modell wird dargestellt, wie Problemstellungen und resultierende Problembewältigungen mit den dazwischen liegenden Verarbeitungsprozessen und Einflüssen durch Dispositionen wie auch durch vermittelnde Faktoren (Weltwissen, therapeutische Kenntnisse) zusammenspielen. Wie in STAPF & STAPFs und auch LOREKs Bedingungsgefügen von (musikalischer) Leistung (siehe Abb. 3 in Kap. 1.2; Abb. 4 in Kap. 3) wird zwischen einer dispositionellen und einer vermittelnden Ebene unterschieden. Natürlich wird das angeborene musikalische Vermögen durch entsprechende Förderung weiter verfeinert, wie die Verbindungslinien zum divergenten und konvergenten Denken und auch das verbindende Dreieck zwischen Disposition und tetradischem System anzeigen.

Grundsätzlich entspricht der Prozess von der Produktintention zum kreativen Produkt in WEBSTERs Modell dem Prozess im „Modell musiktherapeutischer Gestaltbildung". Im Sinne einer Produktintention steht am Anfang der Wunsch nach Veränderung aufgrund eines (diffusen oder konkreten) Problems. Dem kreativen Produkt am Ende des Prozesses entspricht die Problembewältigung durch die Therapie. Spiralförmig kann im therapeutischen Prozess jeweils an eine neue Ebene von Komposition (Zusammentragen der aktuellen Situationselemente) und Aufführung („Was wird im Leben eigentlich gespielt?") sowie Analyse[26] durch Patientin und Therapeutin angeknüpft werden. Das mittlere Kästchen wäre durch das *tetradische System* von PETZOLD (1993, 626f; RAHM et al., 1995, 370ff) zu ersetzen: Das tetradische System ähnelt dem WEBSTERschen Zyklus von „preparation-incubation-illumination-verification" sehr, denn in der Therapie geht es anfangs um das Initiieren/ Aufwärmen eines Themas, zweitens ein Durcharbeiten und Vertiefen in einer Aktionsphase, drittens die Erleuchtung/das Aha-Erlebnis durch eine kreative Neuzusammensetzung in einer Integrationsphase und viertens um die Neuorientierung bzw. die Überprüfung der Kompatibilität mit der äußeren Welt. Hier können aus spezifisch musiktherapeutischer Sicht auch die „4a"s nach HEGI eingefügt werden, da der Prozess vom „Annehmen-Aushalten-Ausspielen-Abgrenzen" ebenfalls diesen Schemata entspricht (vgl. Kap. 7.1).

Was m. E. in dem WEBSTERschen „conceptual model of music thinking" zu spät eingeführt wird, ist die Zuordnung eines *Sinnes für Proportionen, einer ästhetischen Gestaltbildung*. Die Fähigkeit zur Bildung von sogenannt „guten Gestalten" ist ja sinnesphysiologisch im Menschen angelegt: Verfolgt ein Mensch beispielsweise die Bewegungslinie eines Raubtieres, das immer wieder zwischen den Büschen auftaucht, kann der Mensch durch Zusammenfügen dieser Teilbilder zu einer „guten Gestalt" feststellen, ob das Raubtier von ihm weg- oder schräg auf ihn zu läuft, was überlebensnotwendig ist. Diese ästhetische Gestaltbildung ist nicht nur eine Idee der schönen Künste, sondern etwas biologisch Bedingtes. Somit ist sie auch wichtig für Heilungsprozesse – und begründet die Bedeutung der Künste für die Heilkunst mit.

Durch die Fähigkeit zur „guten Gestalt", durch den Sinn für Proportionen, werden Dinge geordnet, wird aus den Fugen Geratenes ins Gleichgewicht gebracht, wird divergentes Denken auf harmonische Weise in konvergentes

---

[26] Dies kann die Analyse durch Therapeut oder Patient sein, wenn letzterer von etwas berichtet; im weiteren Sinne wäre der Begriff Analyse als Wahrnehmungs- und Verstehensfähigkeit der äußeren Situation oder der Improvisation zu betrachten.

Produktintenion/Problemstellung
(„Ich möchte etwas ändern"/„Etwas bewegt mich")

Komposition: Zusammentragen der Situationselemente	**Aufführung:** Was wird im Leben gespielt?	**Analyse:** Durch PatientIn/ TherapeutIn

Denkprozess

Divergentes Denken

Dispositionsebene

Extensität
Flexibilität
Originalität

Tonliches +
rhythmisches
Vorstellungs-
vermögen
Syntax

**Ästhe-
tisches
Gespür**

Tetradisches System:
1. Initialphase:
   Erinnern => *Annehmen*
   Komplexität und Dissens
2. Aktionsphase:
   Wiederholen => *Aushalten*
   Prägnanz
3. Integrationsphase:
   Durcharbeiten => *Ausspielen*
   Stabilität
4. Neuorientierungsphase:
   Verändern => *Abgrenzen*
   Kreation + Transgression

**Vermittelnde
Faktoren**

Begriffsverständnis:
IT-Konzepte;
allg. Weltwissen;
Musikther. Modelle
(Komponentenmodell,
Kontaktmodi. u.a.)

Handwerkliches
Können

Konvergentes Denken

Kreatives Produkt/Problembewältigung

Komposition: Zusammentragen der Situationselemente	**Aufführung:** Neuinszenierung der Situation	**Analyse:** Neues Bewusstsein für Problembereiche

Abbildung 10: „Modell musiktherapeutischer Gestaltbildung" nach
THALMANN-HERETH; in Anlehnung an WEBSTER (1988, 183)

Denken und Adaptation an die Umweltbedingungen überführt, ohne das Eigenständige, das Divergente aufgeben zu müssen. Deshalb scheint mir in WEBSTERs Modell das „ästhetische Gespür" mit seinem engen Bezug zum konvergenten Denken zu weit unten eingeführt. Es gehört eher zu den „ermächtigenden Fertigkeiten" und stellt den Übergang vom oberen zum unteren Kästchen der musikalischen Begabung sowie gleichzeitig eine Verbindung zum vierphasigen Bearbeitungsprozess her. Es hat ebenso wie das „conceptual understanding" mit divergenten und konvergenten Prozessen zu tun. In diesem Sinne ist das „ästhetische Gespür" bzw. eine „ästhetische Gestaltbildung" als Dreieck dort einzuführen.

Das „conceptual understanding" wird nach rechts als vermittelnder Faktor eingeordnet: Unter dem Oberbegriff „Begriffsverständnis" sind „allgemeines Weltwissen", „Konzepte der Integrativen Therapie" nach PETZOLD (vgl. Kap. 7.1) und speziell musiktherapeutische Konzepte wie SCHUMACHER & CALVET-KRUPPAS „Kontaktmodi" oder das „Komponentenmodell" nach HEGI (vgl. Kap. 7.2) eingefügt. Die Wahrnehmung der therapeutischen Problemstellung wird durch diese Konzepte gefiltert.

Da sich das Modell nur auf den musiktherapeutischen Prozess bezieht und sonst auch zu umfangreich würde, habe ich keine Personen- und Umweltvariablen eingefügt. Es wäre aber denkbar, rechts neben den vermittelnden Faktoren die entsprechenden Faktoren aus LOREKs bzw. STAPF & STAPFs Modell (siehe Abb. 3 und 4) einzufügen, und links neben den dispositionellen Fähigkeiten die in LOREKs Modell genannten zu ergänzen.

Nach diesem theorieorientierten Kapitel kommen wir zur Umsetzung in praktische Handlungskonzepte und Arbeitsbeispiele im Rahmen von Förderkursen für hochbegabte Kinder im Kindergarten- und Grundschulalter.

8 Ein integrativ-musiktherapeutischer Ansatz zur Förderung hochbegabter Kinder

In diesem Kapitel werden Beispiele von Förderkursen dargestellt. Hier wird die Vielfältigkeit der kindlichen Bedürfnisse sichtbar, wie sie mir in den bunt zusammengewürfelten Gruppen begegnete. In der nachfolgenden Abbildung 11 finden sich drei Beispiele für Ausschreibungen zu unterschiedlichen Themen. Ein Förderkurs umfasste eine wöchentliche Doppellektion, also 90 Minuten (plus zehn Minuten Pause). Wichtig ist für das Verständnis der besprochenen Altersgruppen und Kurse, dass sich die Schulsysteme von Deutschland und der Schweiz (und auch hier von Kanton zu Kanton) unterscheiden: Der Kindergarten beginnt in Zürich mit fünf Jahren (bzw. je nach Geburtsdatum frühestens mit viereinhalb Jahren). Er war zu dem Zeitpunkt noch nicht obligatorisch (wegen der teilweisen Einführung von Grundstufen ist er es seit 2008), wird aber im allgemeinen besucht und dauert in Zürich zwei Jahre (in anderen Gegenden teilweise ein Jahr). Mit sieben Jahren treten die Kinder in die erste Klasse ein, je nach Geburtsdatum frühestens mit sechseinhalb Jahren – wobei seit kurzem der Stichtag für das früheste Einschulungsalter verschoben worden ist, so dass zukünftig ein früherer Einstieg ab sechseinviertel Jahren (bzw. viereinviertel Jahren für den Kindergarten) möglich ist.

Es gab während der Projektphase keine festgelegten Räume, so dass der Kurs „Tönende Geschichten" jeweils in einer Musikschule stattfand und ich die Kurse „Von Gedichten und Liedern" und „Mathematik für Rechenkünstler" bei mir im Musikatelier durchführte. Der Titel „Tönende Geschichten" und ein großer Teil der dazugehörigen Ausschreibung geht auf die Kollegin Nicole SCHWARZ zurück, die den allerersten Kurs mit diesem Titel plante und mich für eine gemeinsame Arbeit hinzuzog.

Das Musikatelier, welches meine auf heilpädagogischen Förderunterricht spezialisierte Musiktherapie-Kollegin eingerichtet hatte (ich war tageweise eingemietet), bestand aus einem Vorraum und einem größeren Raum, der seinerseits durch eine Schiebetüre in zwei Raumhälften von zusammen etwa fünfzig Quadratmetern unterteilbar war. Diese waren unterschiedlich groß. Im hinteren, kleineren Teil standen die meisten Musikinstrumente, während sich im großen Zimmer nur ein elektrisches Piano, eine Schlitztrommel, ein indonesisches Bambus-Xylophon, ein Bücherregal und Stofftiere befanden. An einer Wand stand eine kleine Wandtafel, in der Mitte des Raumes lagen die Sitzkissen für den Unterricht kreisförmig angeordnet. Wir arbeiteten jeweils am Boden sitzend: Die Kinder (und ich) saßen auf den fest gepolsterten, relativ hohen Sitzkissen, die sie je nach Gruppen- oder Einzelarbeit verschieben oder sogar als Schreibunterlage verwenden konnten. Es war fast eine Art ‚Zwergenschule'.

---

3 Kursausschreibungen für Förderkurse

Tönende Geschichten (Bereich Sprache)

Voraussetzungen:	Freude am Singen, Tanzen, Malen und Erzählen
Alter:	ca. Kindergarten bis 1. Klasse
Zeit/Ort:	freitags, 13.45 – 15.25 Uhr, im Klangraum der Musikschule X

Wie tönt wohl das Trampen eines Bäres? Wie lässt sich das Meer spielen? Oder sind das die Klänge einer Fee?
In einem „Klangraum" gehen wir miteinander auf Reisen. Wir horchen den Klängen nach und lassen weitere Klänge in selbstgebauten Instrumenten entstehen. Von Musik und Geschichten lassen wir uns mittragen, tanzen und singen dazu und sind gespannt, wo wir landen …
Die Geschichten, die uns die Töne erzählen, zeichnen wir auf. Vielleicht gibt das die Kulisse für ein Singspiel?

Mathematik für Rechenkünstler (Bereich Mathematik)

Voraussetzungen:	Freude am Entdecken von Zusammenhängen und am Kopfrechnen
Alter:	ca. 2./3. Klasse
Zeit/Ort:	freitags, 8.20 –10 Uhr, im Musikatelier X

Rechnest du gerne? Liebst du mathematische Spielereien?
In diesem Kurs wollen wir mit Zahlen spielen: in Rechenspielen vom Einmaleins bis zum Abacus, im Entdecken von Zahlenverhältnissen z. B. in der Musik, in Zaubertricks und Experimenten für Rechenkünstler …
Außerdem kannst du mit spielfreudigen Gleichgesinnten spannende Gesellschaftsspiele ausprobieren (z. B. Schach, Abalone, Bohnanza, Manhattan, Bluff, usw.).

Von Gedichten und Liedern (Sprache)

Voraussetzungen:	Freude an Spielen mit Sprache und Musik. Auch für fremdsprachige Kinder!
Alter:	ca. 2./3. Klasse und 5./6. Klasse
Zeit/Ort:	für die 2./3.-Klässler: freitags, 10.15 – 11.55 Uhr, im Musikatelier X für die 5./6.-Klässler: mittwochs, 8.20 – 10 Uhr, im Musikatelier X

Musik liegt in der Luft,
riechst du sie schon?
Fühlst du den Ton
und erinnerst den Duft
anderer Zeiten?
Wo sind geblieben
Worte, die wir so lieben:
in welchen Weiten?

Knuff und Schluff
gingen ins Kino.
Sie waren grad muff
und trafen Peppino.
Der bracht' sie zum Lachen,
da grinsten sie eins,
dann spielten sie Drachen,
hinzu kam der Heinz.
Knuff und Schluff und Peppino und Heinz
wurden Freunde, ganz dicke, so scheint's.

In Gedichten wird Erlebtes oder Erträumtes gebündelt, verdichtet. Umgekehrt können sich aus Gedichten unterschiedliche Erzählungen entfalten. Rhythmus formt aus Klängen Melodien und aus Worten Gedichte oder Sätze.
In diesem Kurs werden wir versuchen, die Welt der Worte mit der Welt der Musik zu verbinden: Aus Worten werden (gereimte) Gedichte, Gedichte werden zu Melodien, Melodien erhalten eine Sprache. Diese kann Schweizerdeutsch, Deutsch, Französisch, Italienisch, Englisch oder eine ganz andere Sprache sein.
Übrigens: Du musst nicht bereits DichterIn sein. Wichtig ist die Freude an Musik und am Ausdenken von Geschichten und Gedichten.

Abbildung 11: Drei Kursausschreibungen für Förderkurse

Zunächst hatte ich Bedenken, weil ich über keinen großen Tisch im Musikatelier verfügte. Es zeigte sich aber, dass diese Bodennähe etwas sehr Erdendes, Gemütliches hatte und auch als Perspektivenwechsel auf Lernsituationen guttat, weil sich das Lernen da irgendwie anders anfühlte. (Außerdem kenne ich von meinen eigenen und anderen Kindern heutzutage, dass viele gar nicht mehr an einem Pult ihre Aufgaben erledigen, sondern häufig eh gern am Boden arbeiten.) Die leibliche Selbstwahrnehmung beim Lernen erfolgt nochmals auf neuartige Weise. Die Übergänge zwischen den verschiedenen Denk-, Spiel- und Bewegungssituationen waren durch diese Struktur fließend und leichtfüßig. Gesamthaft hatte ich den Eindruck, dass die Schüler eine gesündere Körperhaltung einnahmen als in der Schule, wo sie fast u-förmig in den Stühlen hängen. Doch musste ich ein besonders klares Ordnungskonzept vermitteln bzw. die Entfaltung im Raum sehr bewusst gestalten, weil wenig fixe äußere Strukturen bestanden.

Im Klangraum der Musikschule saßen wir, wenn nicht gerade Bewegung und Musizieren angesagt war, ebenfalls auf dem Boden. Der Klangraum war zusätzlich zu den Orff-Instrumenten sehr großzügig eingerichtet mit archaisch wirkenden und außergewöhnlichen Musikinstrumenten wie riesigen Klangschalen, in die die Kinder hineinklettern konnten, und einem Liegemonochord.

Die Pausen fanden in Ermangelung eines Pausenplatzes ebenfalls in den Räumen statt: Beim Klangraum blieben wir im Raum, weil die Kinder ja nicht vor den anderen Musikräumen laut spielen oder rennen sollten; beim Musikatelier konnten die Kinder auch in den Vorraum oder Garten gehen. Zusätzlich genossen es besonders die Kinder des Mathematikkurses, die übrigen spannenden Instrumente und hier insbesondere das elektrische Piano auszuprobieren, da die Instrumente in ihrem Unterricht ja etwas weniger gebraucht wurden.

8.1 Basiskonzepte der Kurse

Zunächst soll das allgemein zu Grunde liegende Konzept dargestellt werden. In Kapitel 8.2 und 8.3 folgen Kurskonzepte und Lektionsberichte zu verschiedenen Kursen: Es werden nicht alle Konzepte und Lektionen berichtet, sondern eine Auswahl.

In allen Kursen ging es darum, im Sinne von PESTALOZZI Kopf, Herz und Hand anzusprechen. Der Bereich Kopf umfasst die intellektuellen Anforderungen wie Kopfrechnen, das Finden logischer Regeln, komplexe Sprachspiele oder das Erkennen von Zusammenhängen. Der Bereich Herz betrifft die drei Dimensionen Individuum, soziale Gruppe und kulturelle Gemeinschaft. Der Bereich Hand umfasst Grobmotorik und Feinmotorik sowie die leibliche Eigenwahrnehmung und Bewegung im Raum. Alle drei Bereiche sollten aktiviert werden.

Das allen Kursen zu Grunde liegende Konzept umfasst die Bereiche „hohes fachliches Niveau", „soziale Interaktion/Selbstwahrnehmung", „Erdung/Zentrierung", „emotionales Abholen" und „entwicklungslogischer fachlicher Ablauf".

Zum hohen fachlichen Niveau

Die Schüler und Schülerinnen sollen gefordert und gefördert werden. Die Aufgaben sollen mit Spaß herausfordern und beanspruchen.
Da hochbegabte Kinder andere Menschen gerne durch die Verwendung immenser Zahlen beeindrucken, war es beim Mathematikunterricht für die Kinder zunächst erstaunlich, dann aber schnell spannend, dass komplexe Fragen und Tüfteleien schon bei so kleinen Zahlen wie der 1 oder 2 usw. möglich sind. Das hat etwas Bescheidendes, Zentrierendes und zugleich Faszinierendes.

Zur sozialen Interaktion und Selbstwahrnehmung

In den von mir angebotenen Kursen wurden soziale Interaktionen bzw. das Erleben von Bezogenheit und Abgrenzung in hohem Maße gefördert – durch das Sitzen im Kreis, aber auch durch gemeinsame Trommel- und Musikspiele, durch Bewegungsspiele und je nach Kurs beim gemeinsamen Basteln/Tüfteln, beim Geschichten-erfinden, bei Gesellschaftsspielen oder bei Theaterszenen. Auch das Hinhorchen-üben und Sich-selber-einbringen gehörten dazu, beispielsweise durch das Spiel mit lauten und leisen Inputs, musikalische Dialoge, Sprach- und Lautspiele, gegenseitiges Aufnehmen von Rhythmen bzw. der bewusste Einsatz von Störrhythmen, gleichzeitiges Spielen unterschiedlicher Rhythmen oder indem die Klangschale von allen eingesetzt werden konnte (z. B. als Zeichen, wenn jemand mehr Ruhe wünschte).

Zur Erdung und Zentrierung

Durch die ‚bodennahe' Gestaltung der Kurse (in beiden Räumen waren keine Stühle bzw. Pulte vorhanden) wurde auch die leibliche Selbstwahrnehmung anders verankert. Es ist ein Unterschied, ob man die Zeit am Boden/im Schneidersitz/auf Sitzkissen etc. oder auf Stühlen verbringt, ergänzt durch Bewegung. Dadurch wird auch das intellektuelle Lernen in neue Zusammenhänge gerückt. Ruhige Bewegung (z. B. eine Kerze oder einen Kopfstand machen bei Bewegungsunruhe) oder auch Liegen war meistens erlaubt, wobei dies diskret zu geschehen hatte – also nicht etwa mit den Füßen in die Kreismitte bzw. die Kerze oder der Kopfstand im anderen, halb abgetrennten Raum. Solche kleinen Übungen sind gleichzeitig Lerntechniken, wie unruhige hochbegabte Kinder ihre Hausaufgaben strukturieren können: eine Anzahl Rechnungen, drei Handstände, ein zweites Päckchen Rechnungen, einen langen Kopfstand usw. Im Unterricht ist es heutzutage meistens erlaubt zwischendurch aufzustehen, um

Wasser zu trinken. (In einer großen Klasse können außerdem kleine, unauffällige Übungen wie das isometrische Muskeltraining die leibliche Zentrierung auffrischen und die Konzentration fördern. Von Seiten der Lehrpersonen sollten zwischendurch ebenfalls Bewegungsübungen eingeleitet werden.)

Zum emotionalen Abholen

Kindliche Emotionen können sehr stark sein, wenn ein Kind besonders empfindsam ist: Dem muss extra deutlich Rechnung getragen werden. Kinder zeigen oft von sich aus, wo und wie sie emotional abgeholt werden wollen. Beispielsweise fragte ein achtjähriger Mathematikschüler spontan in einer der ersten Stunden, ob es erlaubt sei, eines der Stofftiere (die im Musikatelier an einer Seite aufgestellt waren) mit an den Platz zu nehmen. Es war berührend, wie viele Kinder daraufhin ein Stofftier aussuchten und neben sich platzierten. So saßen die kleinen Hochbegabten auf ihren Sitzkissen im Kreis und rechneten eifrig, während sie die Stofftiere dabei begleiteten. Diese Phase zog sich über mehrere Stunden hin und die Kinder suchten sich jeweils am Anfang der Stunde ein Tier aus, ohne dass ich sie explizit dazu ermuntert hätte.

Zum entwicklungslogischen fachlichen Ablauf

Grundsätzlich war meine Stundenplanung *entwicklungslogisch*, d. h. die Stunden entwickelten sich entsprechend der Entwicklungspsychologie über die Themen Individualität, dann Autonomie hin zum sozialen Miteinander. Natürlich geschieht auch Individualisierung im sozialen Setting, dieser ist dann aber eher Hintergrundthema – während umgekehrt das soziale Miteinander auch mit Individualisierung zu tun hat, diese aber schon den Boden bildet. Bei den Mathematikstunden wurden solche entwicklungsspychologischen Themen indirekt integriert, wenn wir von Einzelspielen und Zahlen (angefangen bei der 1) hin zu höheren Zahlen und komplizierteren und vernetzteren Themen mit entsprechenden Rhythmusübungen gelangten.

   Für die Mathematikstunden habe ich viele Ideen dem Buch „Zahlen, Spiralen und magische Quadrate" von DAHL & NORDQVIST entnommen – ein Buch, das für mathematisch interessierte Kinder überhaupt sehr empfehlenswert ist. Die musiktherapeutischen Übungen beruhen auf den verschiedenen Ausbildungskursen im Rahmen der Musik- und Psychotherapieausbildung am Fritz Perls Institut, aber auch auf Kursen außerhalb wie Taketina-Stunden an der Abteilung „Rhythmik und Bewegung" der Hochschule für Musik und Theater in Zürich. Weitere Ideen für Musik- und Rhyhtmusspiele stammen vor allem aus den beiden Büchern „Klangdörfer" und „Entdeckungsreise Rhythmik". Ideen für Sprachspiele habe ich unter anderem dem Buch „Wörter haben bunte Flügel" entnommen. Die CDs „Anne Kaffeekanne" und „Baumelbaum" von Frederik VAHLE waren ebenfalls äußerst hilfreich – mit dieser Zusammenfassung der wichtigsten Inspirationsquellen ist auch etwas über meinen eigenen Arbeitsstil gesagt.

8.2 Konzept und Verlauf eines Mathematik-Kurses

In den nachfolgenden Tabellen sind vier Stundenplanungen und die dazugehörigen Arbeitsblätter eines Mathematikkurses dargestellt, weil gerade beim logischen Thema Mathematik die Verbindung bzw. der Wechsel zwischen den verschiedenen Ebenen (kognitiv, motorisch, emotional) besonders deutlich ersichtlich ist. Zu jeder Stunde berichtet ein kurzer Stundenverlauf, was die Kinder bewegte. Nach der vierten Stunde folgt eine zusammenfassende Beschreibung des weiteren Kursverlaufes ohne weitere Stundenkonzepte.

Am Kurs nahmen sechs Kinder[27] teil. Eigentlich wären es sieben gewesen, doch kam ein Kind (Felix) erst nach einigen Wochen hinzu, während ein anderes Kind (Nino) dann abgemeldet wurde. So waren gesamthaft sechs Jungen und ein Mädchen angemeldet und jeweils fünf Jungen und ein Mädchen gleichzeitig im Kurs. Die Kinder waren zwischen 6 1/2 und 9 Jahren alt: Das Mädchen Fiona war 8 3/4 Jahre, bei den Jungen war Oscar 6 1/2, Nino 6 3/4, Florian und Simon beide 7 1/2, Felix 7 3/4 und Linus 9 Jahre alt. Somit gab es ein breites Fähigkeitsspektrum. Trotz der Kursausschreibung für Schüler der zweiten und dritten Primarschulklasse meldeten sich sogar Kindergartenkinder an. Das erschwerte die Situation insofern, als die Altersunterschiede nicht durch Intelligenzunterschiede ausgeglichen werden wie in der Normalschule, wo sich nur dann wesentlich jüngere Kinder in einer Klasse mit anderen zusammen finden, wenn sie intellektuell weit voraus sind. In diesem Kurs befanden sich – zusätzlich zu einem zappeligen, aber unauffälligen Jungen – vier Kinder, die von einer Schulinspektorin spontan als auffällig identifiziert wurden.

8.2.1 Beschreibung der ersten Kursstunde und Reflexion

Die Kinder (und kurz die Eltern) betraten den Raum interessiert und offen. Alle Kinder fühlten sich spontan von den Instrumenten angesprochen und probierten noch vor Kursbeginn einige Instrumente aus. Insbesondere die Trommeln, das

---

[27] Die Namen in allen Kursbeschreibungen sind geändert.

Schlagzeug und andere Rhythmusinstrumente fanden großen Anklang, ferner die verschiedenen Flöten. Gleich zu Anfang, noch vor dem Wollknäuel-Namen-Spiel (siehe Stundenkonzept der ersten Std., Abb. 12), entspann sich ein Gespräch über Hirnzellen und Blutbahnen.

Mit dem Kursprogramm kam ich nicht durch, weil mindestens drei der Kinder höchst unruhig waren. Die Bewegung im Rahmen der Mengenlehre, wo wir verschiedene Gruppen und Schnittmengen räumlich darstellten und körperlich in Bewegung waren, reichte nicht aus: Diese drei Kinder zappelten auch stehend so herum, dass sich kaum zwei Mengen bilden ließen, obwohl sie bis zu dem Zeitpunkt noch kaum hatten sitzen müssen. Wegen der allgegenwärtigen Unruhe verabredete ich mit den Kindern, dass ich immer, wenn es allzu laut würde, die Klangschale anschlagen würde. Dies funktionierte ganz gut.

Hochbegabten wird oft Unruhe durch Unterforderung nachgesagt, doch bis auf einen der unruhigen Jungen fielen die beiden anderen unruhigen Kinder eher durch albernes Stören auf. Hing dies ebenfalls mit Hochbegabung zusammen? Ob sie von dieser Art Störungen bald ablassen könnten? Drei (davon zwei der ganz unruhigen) Jungen verwechselten Mal und Plus und hatten überhaupt keine Vorstellung vom Malnehmen (z. B. 4 x 3). Der 7jährige Simon gab als Hobby Prügeln an und machte mehrfach entsprechend provokative Bemerkungen. Er wollte auch den Zaubertrick „Durch ein Papier schlüpfen" nicht mitmachen. Die beiden ältesten, Linus und Fiona rechneten beide sehr gut. Linus war zwar ebenfalls unruhig, aber zugleich gutmütig, vif und phantasievoll – bei ihm schien mir die Unruhe tatsächlich eng mit der Hochbegabung verknüpft zu sein. Der 7jährige Florian aus Asien war sehr still, konnte kaum ein Wort deutlich aussprechen, rechnete gut und war interessiert, was die Stunde bringen würde. Er beklagte, dass er Wachstumsschmerzen in den Beinen habe (später sollte sich herausstellen, dass er mehrere Förderkurse auf Kosten beider Turnstunden belegt hatte).

Ziele für die nächste Stunde:

- Thema „Zahl 1" fertig machen und Yatzi spielen (kam nicht mehr richtig an die Reihe).

- Nochmals klare Abmachungen treffen/wiederholen betreffend Lärm und Ausreden-lassen der anderen Kinder. (Wenn einem Kind nach Bewegung zumute ist, darf es fast jederzeit auf Anfrage im Nebenraum kurz Kopfstand oder Kerze machen oder ein paar Kniebeugen. Sie müssen dies aber ganz ruhig tun und auch wieder ruhig in den Kreis kommen.)

- Für die Pause möchte ich ihnen Bewegungsspiele zeigen.

- Allgemein Strategien erklären, wie die Kinder mit ihrem Bewegungsdrang umgehen können bzw. ihn ins Lernen integrieren.

Mathematik für Rechenkünstler – 1. Stunde		
Phase	**Ziel**	**Inhalt**
Begrüßung	gegenseitiges Kennenlernen (10')	• sich vorstellen: erst Namen, dann jedes Mal etwas mehr von sich erzählen, dabei einander Wollknäuel zuwerfen • allgemein Organisatorisches
	erster Kontakt mit Denkspielen und weiteres Kennenlernen (5')	• durch räumliches Sich-zueinander-hinstellen Mengen/Schnittmengen bilden; Stichworte: Augenfarbe, Schulklasse, Haarfarbe, Hobby, Rechenkünstler.
	Kennenlernen des Raumes (5')	• Musikatelier miteinander anschauen
	Übergang vom Kennenlernen zur Mathe (10')	• Tüftel-/Ausprobierfrage: wie oft müssen wir uns die Hände schütteln, bis jeder jeden 1x begrüßt hat? (Mit Zahlen statt Lettern erklären: n x (n − 1)/2)
Vertiefung	Einführung in die Mathematik und Beginn Zahl 1 (15')	• Blatt 1 und 2 abgeben • Monochord spielen (Saiteneinteilung folgt dann in den nächsten Stunden)
Pause	(10')	
Vertiefung (Forts.)	Wissensstand erfassen/Rechenkenntnisse pflegen (30')	• Yatzi spielen (2 Gruppen)
Abschluss	2 Zaubertricks zur Zahl 1 (15')	• Wie kann man durch ein kleines Papier durchschlüpfen? (Schnitt-Technik) • Möbius-Band: (August Ferdinand Möbius, dt. Mathematiker im 19. Jh.) Wie kann ein Papier nur 1 Fläche und 1 Kante besitzen? (Papier in 2 Streifen schneiden, dann auf jedem Streifen auf jeder Seite eine andere Farblinie zeichnen (zur Visualisierung). Ein Streifen gibt einen Ring (=> zwei Seiten), einer wird durch die halbe Drehung zum einseitigen Möbius-Band).

Abbildung 12: Konzept der ersten Stunde „Mathematik für Rechenkünstler"

Mathematik für Rechenkünstler

Wo findest Du Mathematik?

_____

_____

_____

Ist Mathematik eine Sprache?

_____

_____

Mathematiker suchen nach Regeln, wie die Welt konstruiert ist. Diese werden mit Zahlen und Symbolen ausgedrückt. Regeln sollten möglichst einfach sein. Zusatzregeln sind die Ausnahmen, die die Regel bestätigen.
Beispiel "Osterei-weiches Ei":

Wie sieht ein Ei aus, wenn es auf   Und ein Osterei, das hingefallen ist?
den Boden gefallen ist?

Mathematik für Rechenkünstler   Kurs 1   KT, Seite 1

Abbildung 13: Arbeitsblatt 1

Die Zahl 1

Mono, ein, uni....
Suche Wörter, die "Mon", "uni" oder "ein" enthalten:

_____

_____

Zeichne eine Zwiebel:

"*Oni*on" "*Uni*on" "Ver*ein*igung"

Welche Muster kannst Du mit *einer* Linie ziehen?

"Das ist das Haus vom Nikolaus."	Zeichne hier ein Couvert.

Mathematik für Rechenkünstler	Kurs 1	KT, Seite 2

Abbildung 14: Arbeitsblatt 2

8.2.2 Beschreibung der zweiten Kursstunde und Reflexion

In dieser Stunde ging es um Themen rund um die Zahl 1 (Abb. 14 und 16). Die Mutter von Florian entschuldigte ihn telefonisch, dass er in der zweiten Stunde wegen einer Theateraufführung nicht kommen könne. Sie teilte mir außerdem mit, dass für seinen Geschmack in der ersten Stunde zu wenig gerechnet worden sei. Ich erklärte ihr, dass auch die philosophische Einbettung der Zahlen und das sog. räumliche Denken durch geometrische Spiele gefördert würden, natürlich aber auch das Kopfrechnen, weil ein sicheres Kopfrechnen fürs ganze Leben nützt. In der ersten Stunde habe es aber viel Organisatorisches gegeben. Ich hoffe, den Wünschen von Florian in der nächsten Stunde, also der dritten, gerecht zu werden.

Ziemlich zu Beginn der Stunde benahmen sich Oscar und Nino derart destruktiv-wild und hörten auch mildere Interventionen nicht, dass ich ihnen sagte, ich könne sie nur im Unterricht behalten, wenn sie kooperieren würden. Ich würde sie aber gerne dabei haben. Das half ein wenig, doch tat es mir selber weh, so massiv reagieren zu müssen.

Beim Hüpfen zur Pulszählung versuchten zunächst Simon, Oscar und Linus zu stören, kooperierten dann aber. Später schickte ich Simon und Nino für etwa zwei Minuten hinaus. Simon meinte danach, es gehe ihm nicht schnell genug und überhaupt, wo denn die Zeit bliebe. Ich antwortete, dass sie nur dann viel lernen könnten, wenn sie einander nicht störten, weil das immer Zeit koste. Diese fehle sonst für anderes. Nino benutzte heute manchmal von sich aus die Klangschale, die ich letztes Mal als Stopp-Indikator eingeführt hatte, wenn es ihm zu wild wurde. Die Kinder-Wandtafel bewährt sich gut und die Kinder melden sich gerne, um etwas daran zu zeigen. Aufgrund meiner in dieser Stunde sehr direktiven Art konnte der Stoff einigermaßen durchgearbeitet werden. Mir schien, dass die Kinder die klaren Grenzen auch genossen.

Zwischenbilanz: Wie erlebte ich die Kinder in den ersten beiden Stunden?

- Fiona rechnet sehr gut, ist interessiert, liebenswürdig-höflich und musisch begabt. So spielt sie in der Pause Klavier oder erfindet selber Sprachspiele. Sie sagt z. B.: „Würde man ‚komplifiziert' statt ‚kompliziert' sagen, wäre das Wort noch komplizierter."
- Linus rechnet sehr gut und begreift die Dinge schnell, ist leicht ablenkbar und unruhig, musisch und gutmütig.
- Oscar rechnet gut, ist halb interessiert, stört gerne und ist sehr unruhig, scheint Struktur zu suchen.

Mathematik für Rechenkünstler – 2. Stunde		
Phase	**Ziel**	**Inhalt**
Begrüßung	Ankommen, Bewegungsunruhe auffangen, Zentrieren (10')	• Puls fühlen mit Stoppuhr (15 Sek. => x 4), einige Minuten hüpfen, wieder Puls fühlen und berechnen
Aufbau	Organisatorisches (10')	• Verhaltensregeln kurz repetieren
	Thema (Zahl 1) wieder aufnehmen und Zentrieren (5')	• Monochord spielen
Vertiefung	Zahl 1; gerade-ungerade Zahlen als Übergang zur Zahl 2 (15')	• Blatt 2 fertig besprechen • gerade/ungerade Zahlen besprechen
	Klangstabspiel für soziale Interaktion und das Hören aufeinander (10')	• Klangstabspiel: jeder wählt Klangstab aus. Sie werden erst einzeln, dann in unterschiedlichen Kombinationen angespielt; dazu mal alle Töne mitsingen oder Farbbassoziationen nennen; evtl. Klanggasse.
Pause	(10')	
Vertiefung (Forts.)	Topologische Muster wie beim Nikolaus-Haus (20')	• an Wandtafel erst weitere Muster/ Formen zeichnen lassen und schauen, unter welchen Bedingungen man eine Form mit einer Linie ohne abzusetzen zeichnen kann. • Blatt 3 besprechen und erste Lösungen suchen (Buchstaben suchen, die mit einer Linie zu malen sind).
	Wissensstand/Rechenkenntnisse (15')	• Yatzi spielen (2 Gruppen)
Abschluss	Organisatorisches (5')	• Hausaufgabe: Blatt 3 fertig lösen • Einladung Elternabend veteilen

Abbildung 15: Konzept der zweiten Stunde „Mathematik für Rechenkünstler"

Du kannst die Muster mit einer Linie ziehen, wenn eine gerade Anzahl Linien auf die
Schnittpunkte in den Buchstaben oder Mustern treffen. Oder wenn es genau zwei
Schnittpunkte mit einer ungeraden Anzahl Linien gibt.
Welche Buchstaben des Alphabetes kannst Du wohl mit *einer* Linie malen (ohne eine
Strecke doppelt zu zeichnen)?

A	N
B	O
C	P
D	Q
E	R
F	S
G	T
H	U
I	V
J	W
K	X
L	Y
M	Z

Mathematik für Rechenkünstler	Kurs I	KT, Seite 3

Abbildung 16: Arbeitsblatt 3

- Nino ist halb interessiert, sehr unruhig und hat stark abgeknibbelte Nägel; er hat manchmal Mühe mit dem Unterrichtsstoff, rechnet noch nicht so weit wie andere gleichaltrige Hochbegabte und scheint Struktur zu suchen.
- Simon rechnet recht gut, ist halb interessiert, stört gerne und ist sehr unruhig, scheint Struktur zu suchen.
- Florian (den ich bisher nur von der ersten Stunde kenne) rechnet gut, ist aber auch sehr gehemmt und spricht kaum verständlich, so dass ich unsicher bin, ob er wirklich alles versteht.

8.2.3 Beschreibung der dritten Kursstunde und Reflexion

Das Hauptthema dieser Stunde war die Zahl 2 (Abb. 17 bis 19). Diese Stunde spielten wir wieder mit dem Monochord. Die Kinder genossen die Klänge, lauschten den Obertönen und probierten das Monochord selber aus. Simon, Oscar und Nino waren nach wie vor sehr, sehr unruhig. Vor allem Simon und Oscar hielten die Minimalregeln nicht ein, und ich musste den Stoff oftmals unterbrechen. Ich sagte ihnen, vor allem an Simon gewandt, dass der Kurs freiwillig sei und ich nicht verpflichtet, sie ‚mitzuschleppen', wenn sie nicht ihren Teil zu einem guten Klima beitragen würden.

Als Simon, Oscar und Nino gegen Stundenende auf ihren Wunsch zusammen Yatzi weiterspielten, während ich Florian, Fiona und Linus die Exponenten erklärte, spielten sie nicht schön zusammen, sondern ärgerten bzw. störten sich ständig. Die Mütter von Simon und Nino kamen etwas früher, um sie abzuholen. Oscar war jetzt allein, doch interessierte ihn das Exponenten-Thema weiterhin nur halb (wobei er natürlich auch jünger ist). Er zerriss ein Papier, dass ich ihm zur Veranschaulichung der Exponentenlogik zum Falten gegeben hatte, und zupfte an diesem – ausnahmsweise konzentriert – herum. Als die anderen beiden gegangen waren und Oscar so still mit dem Zupfen beschäftigt war, sagte Linus (der ja eigentlich selber recht unruhig ist, diese Unruhe aber nicht ‚ausnutzt') spontan: „Jetzt haben wir endlich Ruhe." Ich fand die Stunde anstrengend und fragte mich, ob wirklich ‚geistiges Futter' das Hauptbedürfnis ist oder eher ‚Boden'.

Ziele für die weiteren Stunden:

- Lernstrategien und passende Bewegungsübungen besprechen und ausprobieren.
- Selbstbewusstsein bei Florian und Nino verstärkt unterstützen.
- Soziale Bezugnahme bei Simon und Oscar fördern.

- Linus und Fiona geistige Anregungen und Entfaltungsräume anbieten, damit sie zwischen den anderen nicht zu kurz kommen.

Mathematik für Rechenkünstler – 3. Stunde		
Phase	**Ziel**	**Inhalt**
Begrüßung	Ankommen, zentrieren (10')	• Anmeldungen Elternabend einsammeln • nachfragen, ob sie die Zaubertricks ausprobiert hätten • nochmals Pulsfühlen mit Stoppuhr (auch Anschluss für Florian)
Aufbau	Gleichstand herstellen (15') zur Zahl 1	• Kinder erklären Florian, was wir letzte Stunde gemacht haben • Hausaufgaben besprechen
Vertiefung	Zahl 2 (20')	• Blatt 4
Pause	(10')	
Vertiefung (Forts.)	Zahl 2 und Rechnen (40')	• Monochord spielen, auch mit halbierter Seite • mit Faltpapier Exponenten-Idee ausprobieren lassen • Blatt 5 • evtl. Yatzi fertig spielen (2 Gruppen, Florian spielt statt mir) • Zusatzblatt bei Bedarf: „Puzzle-Rechenspiel"
Abschluss	Hausaufgaben (5')	• „Puzzle-Rechenspiel" weiterlösen (die Größeren)

Abbildung 17: Konzept der dritten Stunde „Mathematik für Rechenkünstler"

Die Zahl 2

Zwei...Zwi..., Bi..., Di..., Dua..., Ambi...
Suche Wörter, die "zwei", "zwi", "bi", "di", "dua" und "ambi" enthalten:

_____

_____

Das Buchstabenspiel, was wir letztes Mal gelöst haben, ist ein topologisches Spiel (Topologie ist die Lehre von der Lage und Anordnung der Dinge im Raum). Leonhard Euler war ein Mathematiker im 18. Jahrhundert. Er studierte mit 13 Jahren schon Mathematik. Und er fand eine besondere Bedeutung der Zahl 2, nämlich die Formel:

$$V - E + F = 2$$
Anzahl Ecken - Anzahl Kanten + Anzahl Flächen = 2.

Probiere aus, ob das stimmt... Dazu musst Du Formen malen und die Ecken, Kanten und Flächen zählen:

Mathematik für Rechenkünstler   Kurs 1   KT, Seite 4

Abbildung 18: Arbeitsblatt 4

Exponentielles Wachstum nennt man es, wenn z.B. aus zwei Kartoffeln, die du im Garten pflanzt, innert Kürze, 32 Kartoffeln werden.
Wie oft müssen sich die Anzahl Kartoffeln verdoppeln, bis es 32 Stück sind?

Ergänze bitte: 2 x 2 x_____

Die Mathematiker schreiben in solchen Fällen: 2^2 2^3 2^4 2^5
Die Zahl rechts oben wird **Exponent** genannt.

$2^2 = $ _____ $2^3 = $ _____ $2^4 = $ _____

$2^5 = $ _____ $2^6 = $ _____ $2^7 = $ _____

Manchmal möchte man aber nicht Malrechnen, sondern lieber abzählen. Wie kannst du das Ergebnis finden, ohne rechnen zu müssen - also nur mit Zählen?
Der Papierfalttrick: Die hoch geschriebenen Zahlen entsprechen der Anzahl Faltungen eines Blattes. D.h., bei 2^2 faltest du ein Blatt zweimal, bei 2^3 faltest du ein Blatt dreimal usw. Dann kannst du die entstandenen Flächen zählen und hast das Ergebnis.

Das gleiche Prinzip wandte einmal ein Weiser an, als der König ihm einen Wunsch erlaubte. Der Weise bat um ein Schachbrett voll Reiskörner. Jedes Schachfeld sollte doppelt so viele Reiskörner wie das vorherige enthalten. Der König meinte, dass sei ein sehr bescheidener Wunsch. Doch er musste feststellen, dass er gar nicht so viel Reiskörner besass, um den Wunsch erfüllen zu können...
Wie viele Reiskörner waren es? _____

Mathematik für Rechenkünstler   Kurs 1   KT, Seite 5

Abbildung 19: Arbeitsblatt 5

8.2.4 Beschreibung der vierten Kursstunde und Reflexion

Die Themen dieser Stunde waren die Wiederaufnahme der Exponentialzahlen am Monochord und die Zahl 3 (siehe Abb. 20 bis 23). Am Monochord faszinierten die Kinder die Veränderungen des Tones durch Saitenhalbierungen bzw. durch Verdoppelung der Schwingung. Die Kinder waren aufmerksamer als sonst, nur Simon störte ständig. Die Denksport-Aufgabe „Wieviele Geschwister" (Abb. 22) fanden alle schwer. Fiona und Florian spielten zusammen Schach, Simon und Nino spielten Mühle. Nino erzählte, sein Vater habe einen Mühlekurs besucht (was geflunkert war) und gewinne seither immer. Oscar und ich spielten Mensch-ärgere-dich nicht. Oscar kannte die Regeln nicht und begriff sie schnell.

Simon sagte zu Nino, dass er dumm sei. Ich intervenierte zweimal, woraufhin Simon es wieder gut machen wollte und sagte, dass er selber ja auch manchmal dumm sei, woraufhin ich wiederum intervenierte. Dann meinten beide einträchtig, niemand sei wirklich dumm.

8.2.5 Inhaltlicher Verlauf der weiteren Stunden

In den folgenden Stunden kamen, was den kognitiven Inhalt des Kurses betrifft, weitere Zahlen und Themen wie „der Schwerpunkt bei Dreiecken", „Fraktale", „Quadratzahlen", „Pythagoras" und „magische Quadrate" an die Reihe.

Ergänzt wurden diese Unterrichtsinhalte vermehrt durch Rhythmusübungen auf der großen Felltrommel, auf der alle Hände Platz hatten: 2er- und zugleich 3er-Takte in der Gruppe klopfen, 4er- und andere Takte entsprechend den durchgenommenen Zahlen trommeln, auch im Kanon oder verschiedene Takte gleichzeitig klopfen, Bodymusic, Trommelmuster vor- und nachspielen, Rhythmustrommeln und dabei Nonsens-Silben sprechen oder bewusste Störrhythmen produzieren. Das Trommeln gefiel den Kindern sehr gut.

Außerdem veranstalteten wir Rechenhüpfen mit Hilfe eines Minitrampolins. Die Schüler konnten verschiedene Zaubertricks mit Karten und Smarties lernen und natürlich Rechenzaubertricks ausprobieren, was ihnen viel Vergnügen bereitete. Wir spielten – teilweise in Minigruppen – Spiele wie „Bluff" (hier entwickelt man ein Gefühl für Wahrscheinlichkeitsrechnungen), Schach oder Abalone (für Logik und Strategie) oder „17 und 4" (Rechnen plus Risikoschätzung). Für das geplante Basteln eines dreidimensionalen „Vier-gewinnt"-Spieles blieb leider keine Zeit mehr.

Mathematik für Rechenkünstler – 4. Stunde		
Phase	**Ziel**	**Inhalt**
Begrüßung	Ankommen, Bewegungsunruhe auffangen, Zentrieren (10')	• Lied im 3er-Takt singen („Chumm, mer wei go Chrieseli pflücke"). • Gemeinsam weitere Lieder mit 3er-Takt suchen
Aufbau	Reste Zahl 2 (15')	• Exponentialzahlen kurz repetieren • an Monochord Exponentialzahlen und am Klavier die C-Töne anschauen (Blatt 6)
	Arbeitstechniken: Rhythmuswechsel von ruhigem Sitzen und Bewegung besprechen/ üben (10')	• Bewegungsübungen: mit Füßen drehen, kreisen, Zehenspitzengang, Murmeln greifen und einander zurollen; Standwaage oder Kopfstand/Handstand (Bezug Zehen – Kopfregion; Bewusstsein für Boden durch Fuß-Übungen; Standwaage etc.: Durchblutung fördern, sich wacher fühlen durch verändertes Raumgefühl/ Perspektivenwechsel) • Besprechen, dass Hausaufgaben durch solche Zwischenübungen rhythmisiert werden können (manche Kinder hängen stundenlang unmotiviert an den Aufgaben).
Vertiefung	Einführung Zahl 3 (20')	• Blatt 7 + 8 verteilen und beginnen • „Triumphzug"-Improvisation mit Kazoos oder Instrumenten im Drei-Viertel-Takt durch Kinder
Pause	(10')	
Vertiefung (Forts.)	Logik und soziale Interaktion (30')	• Spiele: Mühle, Schach, usw. nach Wahl
Abschluss	Organisatorisches (5')	• Blatt mit Bestätigung des Auswahldatums für Elternabend verteilen

Abbildung 20: Konzept der vierten Stunde „Mathematik für Rechenkünstler"

Die Töne in der Musik sind ebenfalls logisch aufgebaut:

Notenname	temperierte Stimmung	entspricht ungefähr	
c^3	1046,51 Hz	$\sim 2^{10}$	$= 1024$
c^2	523,25 Hz	$\sim 2^9$	$= 512$
c^1	261,63 Hz	$\sim 2^8$	$= 256$
c	130,81 Hz	$\sim 2^7$	$= 128$
C	65,41 Hz	$\sim 2^6$	$= 64$
C_1	32,70 Hz	$\sim 2^5$	$= 32$
C_2	16,35 Hz	$\sim 2^4$	$= 16$
C_3	8,15 Hz	$\sim 2^3$	$= 8$

Mit der Zahl 2 kann man viele interessante Spielereien machen, wie du heute gesehen hast. Zum Schluß der Stunde noch eine **Scherzfrage**:

Nenne die kleinste Anzahl von Vögeln, die in dieser Formation fliegen können: 2 Vögel vor 1 Vogel, 2 Vögel hinter 1 Vogel und 1 Vogel zwischen 2 Vögeln.
(Auch hier geht es darum, geometrische Muster zu erkennen. Die Aufgabe kannst du leichter lösen, wenn du sie dir bildlich vorstellst.)

Antwort:_____

Mathematik für Rechenkünstler   Kurs 1   KT, Seite 6

Abbildung 21:   Arbeitsblatt 6

Die Zahl 3

Drei..., Tri...
Suche Wörter, die "Drei" oder "Tri" enthalten:

_____

Was hat "Triumpf" mit der Zahl 3 zu tun?
"Triumpfzug" heisst ursprünglich, dass der Siegeszug mit Musik im 3/4-Takt gefeiert wurde.

Eine knifflige Aufgabe:
Ein Mädchen sagt: Ich habe doppelt so viele Brüder wie Schwestern. Der Bruder sagt: Ich habe gleich viele Brüder wie Schwestern.
Wie viele Geschwister leben in der Familie?
Antwort:____

Und noch eine Scherzfrage:
Der Strom ist ausgefallen und Du musst den Koffer für die Ferien packen. Ausgerechnet die Socken hast Du noch nicht eingepackt. In Deiner Schublade liegen weisse und schwarze Socken. Wie viele Socken musst Du aus der Schublade holen und einpacken, damit Du auf jeden Fall ein Paar mit der selben Farbe hast?
Antwort:____

Wie viele Streichhölzer benötigst Du, um 1, 2, 3 oder noch mehr Dreiecke in einer Kette aneinanderzulegen? Findest Du eine Regel?

Antwort:_____

Mathematik für Rechenkünstler   Kurs 1   KT, Seite 7

Abbildung 22: Arbeitsblatt 7

Mit drei Punkten kannst Du eine Fläche zeichnen. Das ging mit zwei Punkten noch nicht, denn dann gibt es nur eine Linie.
Male auf buntes Papier jeweils drei Punkte und verbinde sie. Schneide die so entstandenen Dreiecke aus. Kannst du das Dreieck auf einem Finger balancieren?

Jetzt trage den Schwerpunkt ein: diesen findest du, indem du die Seitenhalbierenden einzeichnest (dies sind die Verbindungslinien zwischen der Mitte einer Seite und ihrer gegenüberliegenden Ecke).
Nun kannst du nochmals ausprobieren, ob Du das Dreieck an diesem Punkt wirklich mit einem Finger balancieren kannst. Hier kannst Du die Dreiecke aufkleben, die Du ausgeschnitten hast:

Mathematik für Rechenkünstler   Kurs 1   KT, Seite 8

Abbildung 23: Arbeitsblatt 8

In einem nachfolgenden, über zwei Semester geplanten Mathematikkurs besprachen wir zusätzlich die Entstehung von Zahlensystemen und fanden Zeit, Fadenbilder zu basteln, für die nach bestimmten Rechnungsmustern Fäden aufgespannt wurden (im Sinne der Kunst von NAUM GABO; nach DAHL & NORDQVIST, 1996, 15). Verhältnisse von Zutatenmengen bei Rezepten wie Mürbeteig-Plätzchen in der Weihnachtszeit ermöglichten spannende Überlegungen, wieviel Mehl, Zucker, Butter usw. es je nach Familiengröße braucht. Dies war der bereits erwähnte Kurs, in welchem Stofftiere neben den Kindern den Unterricht begleiteten (siehe Kap. 8.1 und 8.3.1).

8.2.6   Themen des Elternabends

Zum Elternabend dieses Kurses erschienen fünf Eltern. Nach einer kurzen Vorstellungsrunde erklärte ich das Kurskonzept und Kursinhalte. Danach gab es Gelegenheit, Fragen zu besprechen.

Das Zusatzangebot durch Förderkurse wurde ganz allgemein als entlastend empfunden. Eine Mutter erlebte es auch deshalb hilfreich, weil sie als Alleinerziehende einer Großfamilie ihrem Kind nicht so viel Zusätze anbieten konnte. Ein anderes Kind hingegen hatte Probleme, weil seine Lehrerin es zu Zusatzstunden aufbot, um Aufgabenblätter nachzuarbeiten, die es während des Kurses verpasst hatte. (Dies entspricht nicht den Richtlinien der Zürcher Förderkurse.)

Das Thema Hausaufgaben erwies sich überhaupt als wunder Punkt, da sich Hochbegabte manchmal stundenlang mit ihren Hausaufgaben ‚miss-vergnügen' können, aber es einfach nicht schaffen, sie konzentriert zu erledigen. Meine allgemeine Empfehlung lautet, die Aufgaben mit Bewegungspausen (Kopfstand, Rennen, usw.) und mit Hilfe von klaren Zielsetzungen zu rhythmisieren: Ein Rechenpäckchen oder fünf Sätze abschreiben, dann zwei Purzelbäume, dann die nächsten fünf Sätze usw. Solche Rhythmisierungen können Kinder gut selber selber gestalten.

Ein weiteres Thema war das Knibbeln und die Unruhe. Auch hier kann Bewegung helfen, aber auch die Möglichkeit, sich spielerisch auszudrücken bzw. auch mit scheinbar schrägen Ideen gehört zu werden. Dies lässt sich gut in Improvisationen oder Spaß-und-Nonsens-Spielen am Familientisch realisieren. Möglicherweise entspricht das Knibbeln nicht nur der typischen Deutung als unterdrückter Aggression, sondern geht auf eine erhöhte Grundspannung hochbegabter Menschen zurück.

Eine dritte Frage betraf die Wahl eines geeigneten Musikinstrumentes. Reicht das Argument, dass der Nachbarsjunge Gitarre oder die Freundin Flöte spielt? Ich denke, dass Identifikationen ein wichtiges, kraftvolles Argument sein können. Instrumenten-Wahlen geschehen nicht ‚nur', weil das Nachbarskind oder ein Elternteil oder wer auch immer ein bestimmtes Instrument spielen, sondern ‚gerade weil' eben diese Personen das Instrument spielen. Selbst wenn das Kind Jahre später ein anderes Instrument zum Hauptinstrument kürt, ist die Wahl des ersten Instrumentes keine verlorene oder missglückte Wahl, sondern wichtiger Teil seiner gefühlmäßigen Identifikation. Wichtig ist zudem die Transparenz der Eltern bei der Instrumentenwahl, um dem Kind sein Gefühl für die eigenen Bedürfnisse zu lassen. Es schleichen sich schnell Bedenken ein, die dann heimlich die Instrumentenwahl beeinflussen – z. B. die Besorgnis, dass ein Schlagzeug für die Nachbarn zu laut wäre und deshalb ein Elektropiano her muss. Eltern raten dann möglicherweise dem Kind davon ab oder versuchen, seine Aufmerksamkeit auf ein anderes, leiseres Instrument zu lenken. Doch auch in Mietwohnungen besteht das Recht auf Musizierzeit.

8.2.7 Die Entwicklung der Kinder im Kursverlauf

Wie ging es den Kindern im Verlauf des Kurses bzw. welche Entwicklungen zeigten sich in dieser Zeit?

Ninos Mutter teilte mir vor der vierten Stunde mit, dass ihr Sohn den Inhalt sehr schwer fände. Ich bestätigte ihr, dass er auch mit leichteren Aufgaben Mühe habe – das spreche nicht gegen eine hohe Intelligenz, nur reife sie nicht in allen Bereichen zur gleichen Zeit. Manche intelligente Kinder würden sich auch mit Perfektionsansprüchen selber unter Druck setzen. Zudem sei der Kurs für ältere Kinder ausgeschrieben. Wir vereinbarten einen Telefontermin.

Beim Telefongespräch erzählte sie mir, dass in erster Linie Ninos Verhalten der Kindergärtnerin Anlass zur Anmeldung gegeben habe. Auch hebe er sich im Kindergarten mit seinen interessierten Fragen von den Spielkameraden ab, wobei dies unter anderem damit zu tun habe, dass fast alle fremdsprachig seien und ihre Gedanken nicht so gut zum Ausdruck bringen könnten. Sie selber, die Mutter, sei sich nicht sicher, ob ihr Sohn wirklich hochbegabt sei. Die Kindergärtnerin wiederum hatte gemeint, ein Kurs, der Soziales betone, sei für Nino unpassend (?), weshalb sie sich für einen Mathematikkurs entschieden hätten.

Daheim sei Nino, der noch ältere Geschwister habe, sehr unruhig, zwar auch interessiert an vielen Zusammenhängen, spiele aber oft den Clown. Bei technisch-logischen Fragen in der Familie schicke sie Nino zum Vater, der emotional äußerst zurückhaltend sei. Sie selber sei verantwortlich für das Emotionale in der Familie und habe auch sonst eher den aktiven Part. Nino habe schon als Baby Grenzen gesucht und später immer wieder seinen Platz. Seit einiger Zeit nehme er vieles in den Mund und knibbele stark.

Ich antwortete, dass meiner Ansicht nach hochbegabte Kinder, vor allem wenn sie noch recht jung sind, oft noch mehr ‚Nährendes' brauchen, als man erwarten würde, weil – trotz oder wegen aller Intelligenz – der Übergang vom Spiel- zum Schulkind die Kinder herausfordere. Ich würde sein Verhalten eher als Suche nach emotionalem und sozialem Anschluss verstehen, weniger als Bedarf nach intellektuellem Futter. Die zentrale Frage sei für mich: Wie viel Raum bekommt Nino, wenn er nicht den Clown spielt, sondern unauffällig bleibt?

Ich erzählte Ninos Mutter, dass ich Nino in dieser Stunde die Klangschale in Obhut gegeben habe, damit er auf den Lärmpegel achten und sie anschlagen konnte, wenn es zu laut wurde. Die Mutter fand das eine gute Idee, ihn verantwortlich einzubinden, bekam aber gleich Bedenken, dass er eine Art Sonderbetreuung erhielte. Ich sagte, dass sei schon in Ordnung. Dann entschuldigte sie sich für das lange Extratelefonat. Ich antwortete, dass jeder Mensch das Recht auf Sonderbetreuung hätte bzw. auf das, was gerade wichtig ist, und dass Elterngespräche auch zum Kurs gehörten.

Wir vereinbarten, dass Nino den Kurs auf jeden Fall noch bis zu den Zwischenferien besuchen würde, um keinen abrupten Abbruch zu erzeugen.

Im stark zusammengefassten Telefongespräch wird spürbar, wie komplex innere und äußere Konstellationen, Bedürfnisse, Überforderungen, Intelligenz und vieles mehr zusammenspielen. Manchmal scheint mir auch, dass gerade bei Kindern, die schon so früh durch oder mit ihrer Hochbegabung ‚aus dem Rahmen fallen', ganz besonders gut geschaut werden muss, ob ‚geistiges Futter' wirklich das zentrale Thema ist. Im Telefongespräch mit der Mutter beeindruckte mich ihre feinfühlige und differenzierte Wahrnehmung ihres Sohnes. Mir tat es Leid, dass sich für den liebenswürdigen, jungen Nino emotionale Bedürfnisse zur Zeit in einem starken Leistungswunsch ausdrückten.

In einem weiteren Gespräch kurz vor den Ferien erzählte mir Ninos Mutter, dass Nino den schüchternen Florian sehr möge. Warum konnte er es ihm im Kurs nicht zeigen? Ich habe die beiden praktisch nie zusammen gesehen. Auch sonst konnte er sich nur schwer äußern bzw. nicht wirklich entscheiden, was er wollte.

Simon verhielt sich während des Kurses problematisch und störte notorisch. Seine Lehrerin rief bei mir an, um sich zu erkundigen, wie es denn in meinem Kurs mit ihm laufe. Unsere Wahrnehmungen deckten sich. Die Lehrerin erzählte, die Mutter sei alleinerziehend und habe für ihren Sohn von klein auf viele wechselnde Betreuungen organisieren müssen. Simon sei auf Initiative der Mutter zu den Förderkursen gekommen. Jetzt habe sie plötzlich auf eine schulpsychologische Abklärung gedrängt. Ich berichtete, dass die Mutter vor kurzem einer Lektion zugeschaut hatte. Sie schien sich sehr viele Gedanken um ihren Sohn zu machen. Die Mutter machte auf mich einen peppigen, charmanten Eindruck. Auf etwas burschikose Weise kümmerte sie sich sehr aufmerksam und liebevoll um ihren Sohn. Manchmal schien sie auch unsicher. Ihr Sohn wirkte übrigens ähnlich empfindlich-charmant neben seiner Wildheit.

Nach den Ferien ging eine Pokémon-Karten-Welle über die Schulen hinweg. Diese bewirkte, dass die Kinder in den Pausen nicht mehr an die Instrumente gingen wie sonst, sondern einige Pausen lang mit dem Tauschen der Pokémon-Karten beschäftigt waren. Nur Florian und Fiona hielten sich raus. Wie ruhig und konzentriert die Kinder dann sitzen und stehen konnten! Vielleicht weil sie intrinsisch hoch motiviert waren – der Besitz der wichtigen Karten ist ‚cool', und ein guter Tausch verspricht zugleich soziale Integration, Macht und Spaß. In den meisten Schulklassen bestand ein sehr starker Gruppendruck, mit diesen Karten zu handeln und natürlich ‚mussten' viele dieser überteuerten Karten gekauft werden. Simon erzählte eines Tages bei der Begrüßung, dass er neue Karten besitze, welche er einem „ganz gemeinen Bub" gestohlen habe. Ich antwortete, dass das kein Grund zum Stehlen sei. Auch sei einem mit gestohlenen Karten doch selber nicht so wohl. Dann versandete das Gespräch schnell.

In einem zweiten Telefongespräch erzählte seine Lehrerin, dass sie neu versuchsweise nur noch das Positive seines Verhaltens fokussieren wollte, und bat mich, mit ihm ebenfalls einen Positiv-Katalog seines Verhaltens zu erstellen und nach jeder Stunde lobenswerte Sachen mit ihm aufzuschreiben – pro fünf positiven Sachen gebe es einen Aufkleber. Simon war in den folgenden Stunden recht brav und höflich. Mit der Zeit ließ ich ihn selber aufschreiben, was er gut gemacht hatte, und schaute es danach mit ihm an. Als er zunächst fand, er könne das nicht, sagte ich, aber wenn er das selber so schön probiere, sei das doch schon der erste Punkt und er müsse nur noch vier weitere Punkte suchen. Davon ließ sich Simon überzeugen. Insgesamt wurde er zeitweise ruhiger. Er nahm regelmäßig am Kurs teil und die Kontinuität und zunehmende Vertrautheit schien ihm gut zu tun.

Linus, Fiona und Felix arbeiteten stets munter mit, dass es eine Freude war. Felix, der erst später hinzugekommen war, integrierte sich gut und schnell, war sozial kompetent und arbeitete gut mit. Fiona, die dem Kurs in kognitiver Hinsicht sehr leicht folgen konnte und auch in sozial-emotionaler Hinsicht ausgewogen war, fühlte sich im Schulalltag von ihrer Lehrerin nicht abgeholt und übersprang am Ende des Schuljahres eine Klasse. In ihrem Fall war das sicherlich gut. Sie verband ihr logisches Verständnis mit viel Phantasie und brachte von Zeit zu Zeit Sprachspiele oder Witze ein. Als wir vom Dreieck zum Quadrat kamen, erzählte sie einen ‚Quadrate-Witz': Zwei Quadrate gehen spazieren und sehen ein Dreieck. Sagt das eine zum anderen Quadrat: „Du, der hat eine Ecke ab." (Schweizer Ausdruck für ‚nicht ganz bei Trost sein'). Linus war zwar unruhig, aber voller Ideen und Interesse. Auch ihn erlebte ich im sozialen und emotionalen Bereich als reif, vielleicht einfach etwas jungenhaft-verspielter mit seiner Unruhe.

Oscar lernte es allmählich besser, mit den Regeln unserer Gruppe umzugehen und sich auch nicht von den wilden Inputs anderer Kinder gleich ablenken zu lassen. Er war ja der Jüngste, ließ sich dadurch aber im allgemeinen nicht verunsichern.

Florian taute mit der Zeit etwas auf und kam aus seinem ‚Mauseloch'. Leider hatte er diesen und einen weiteren Kurs auf Kosten seiner Turnstunden belegt. Das finde ich nicht sehr sinnvoll, da Sport sehr wichtig ist und den Hochbegabten ja im kognitiv orientierten Unterricht und nicht im Turnen langweilig ist. Gerade Florian hatte große Mühe, sich auf der verbalen und der Leibebene auszudrücken, und hätte hier Zusatzförderung benötigt.

Besonders schön war die drittletzte Stunde des Kurses: Als ich mit dem Auto zum Musikatelier fuhr, kam ich kurz vor dem Atelier an Oscar vorbei. Er rannte fröhlich neben mir los (es ist eine Quartierstrasse) und war, da ich sehr langsam fuhr, tatsächlich vor mir da. Dort tauschten Oscar, Florian und Felix, die an diesem Tag sehr früh gekommen waren, zunächst Pokémon-Karten aus, während ich den Raum vorbereitete. Kurz darauf fragte Simon, als ich von innen das Fenster zum Garten hin öffnete (es geht bis etwa 40 cm über den Boden), ob sie durch das Fenster einsteigen dürften anstatt den Hauseingang zu benützen. Ich erlaubte es, wenn sie ihre Schuhe ausziehen und ordentlich wegstellen würden. Erst guckten die Kinder unsicher, so nach dem Motto: „Ist das wirklich wahr?" Dann legten sie los, und es bereitete ihnen viel Spaß, mehrfach durch das Fenster einzusteigen. Mir kam so ein Gefühl von ihnen herüber, als ob sie verstanden hätten, dass eine schräge Idee nichts Unerzogenes sein muss, sondern selbstverständlich umgesetzt werden kann, wenn sie die grundsätzlichen Richtlinien kennen und einhalten.

Als wir etwas später mit den Klangstäben spielten, fingen Simon und Linus an aufzudrehen, teilweise auch Oscar, Felix und Fiona. Sogar der stille Florian war ein ganz kleines bisschen aufgedreht. Es freute mich, dass auch die Ruhigen, Braven heute so aus sich herauskamen. Alle Kinder antworteten dann erfinderisch und vorwitzig bei der Frage „Auf welche Arten können Töne auch noch aus Instrumenten hervorgelockt werden?" und probierten ihre vielen Ideen gleich aus.

Später besprachen wir Quadratzahlen und zeichneten rechtwinklige Dreiecke, deren Eigenschaften untersucht wurden. Linus fand das Pythagoras-Gesetz heraus.

An diesem Sommertag war so viel heitere, sinnesfrohe und selbstverständliche Lebendigkeit in diesem Kurs möglich, dass einem ganz warm ums Herz wurde.

8.3 Verschiedene Kurse im Überblick

In diesem Kapitel sollen die anderen Kurse, deren Ausschreibungen sich in Abbildung 11 finden, überblicksartig dargestellt werden, um ein Spektrum an Situationen in der Arbeit mit jungen hochbegabten Kindern aufzuzeigen.

8.3.1 Ein weiterer Mathematik-Kurs

Im *Mathematikkurs* des folgenden Semesters waren ebenfalls vor allem Jungen und nur ein Mädchen vertreten. Die Kinder waren munter und freundlich, das Gruppenklima als Ganzes konnte als liebenswürdig, humorvoll und aufeinander bezogen bezeichnet werden. Auch hier war die Bewegungsunruhe ein ‚Markenzeichen' bei den Jungen, der ich bei diesem Kurs in noch stärkerem Maße und von den ersten Stunden an durch Konzentrationsübungen und vor allem Rhythmusspiele begegnete (Elemente aus dem Taketina, Bodymusic, gemeinsames Trommeln auf der großen Felltrommel mit Rhythmus- und Sprachspielen). Die Jungen dieses Kurses hatten ein ganz besonderes Flair für Trommeln und Schlagzeug. Das Mädchen war sehr musikalisch. Mit ihrem ‚mustergültigen' Benehmen kam es aber nur zurückhaltend aus sich heraus. In diesem Kurs entstand bei den Kindern die bereits berichtete Idee, jeweils Stofftiere mit an den Platz zu nehmen.

Die Eltern eines Jungen kamen – vielleicht nach der Beobachtung, dass er auch schwereren Themen leicht folgen konnte? – von sich aus zur Überzeugung, dass er eine Klasse überspringen sollte, was bei ihm großen Sinn machte.

Es sei hier ein anekdotisches Gespräch zwischen zwei neunjährigen Jungen erzählt, das zeigt, wie unterschiedlich Begabungen im Alltag integriert werden: Der eine war ein fröhlicher, liebenswürdiger Junge kroatischer Abstammung. Jannis arbeitete interessiert und voller Begeisterung mit, war verantwortungsbewusst und konnte den intellektuellen und musischen Inhalten leichtfüßig, konzentriert und spielerisch folgen. Für den Kurs nahm er, da er in einem Arbeiterquartier am anderen Ende der Stadt lebte und beide Eltern arbeiteten, einen etwa 40minütigen Weg auf sich, wobei er mindestens einmal umsteigen musste! Der andere Junge war von liebenswürdig-zutraulichem Wesen und ein brillanter Kopfrechner, aber oft ungestüm und zugleich empfindlich. So stand er sich emotional selber im Wege: Anfänglich probierte Boris immer wieder Sonderrollen aus, indem er wegen Kleinigkeiten schmollte, oder sich räumlich mit seiner eher bärigen Statur in die Mitte drängte, so dass die anderen nichts mehr sahen. In der Pause rangelte Boris stets am wildesten, obwohl er der Größte war. Dieser ‚bärenstarke' Junge fehlte einmal, was er damit begründete, dass seine Mutter ihn nicht habe bringen können. Daraufhin schaute ihn Jannis, der selber so einen langen Weg hatte, völlig entgeistert an und meinte nur: „Ich dachte, du wärst hochbegabt."

8.3.2 Der Kurs „Von Gedichten und Liedern"

Der Kurs „Von Gedichten und Liedern" kam nur für die Zweit- und Dritt-klässler zustande. Auch in diesem Kurs wurden mir zusätzlich zwei jüngere Kindergartenkinder zugeteilt, so dass er ein Spektrum von fünf bis acht Jahren umfasste. Zusammen waren es vier Mädchen und ein Junge, eine fröhliche und wortgewandte Gruppe. Die Kinder ließen sich gut und spielerisch aufeinander ein. Wegen des Altersspektrums legte ich zunächst besonderen Wert auf die Themen Individualität, Abgrenzung und Zu-sich-und-seiner-Art-stehen bzw. sich damit in die Gruppe einbringen können. Dieses Gruppenthema wurde zunehmend auch durch auffallende Einzelthemen bei drei Kindern nahe gelegt: durch die große Scheuheit eines Mädchens, die undeutliche Aussprache des Jungen (der dann früheingeschult wurde) und eine kompliziertere Familiensitua-tion bei einem weiteren Mädchen (die sich in einem großen Bedürfnis nach Beachtung und Geborgenheit ausdrückte).

Mit Sprachspielen, (selbst formulierten) Reimen oder Zungenbrecher-Versen wurden das deutliche Sprechen und der flexible Umgang mit Sprache geübt. Wichtig war auch die leibliche Umsetzung sprachlicher Klänge durch nonverbale pantomimisch-musikalische und rhythmische Spiele. Wir sangen und musizierten viel. In diesem Kurs bastelten wir ein „Ich-bin-ich"-Tier nach dem gleichnamigen Buch (LOBE, 1988) sowie Trommeln mit Kleister und Packpapier. Beim Basteln der Trommeln erstaunte es mich, wie viel Mühe den jüngsten Kindern das ‚Matschen' bereitete.

Es gab ein Hüpf-Spiel, bei dem es darum ging, auf die eigene Persönlichkeit stolz sein zu dürfen: Die Kinder balancierten auf Steinen über einen ‚Fluss', wobei sie auf jedem Stein eine positive Eigenschaft von sich nennen sollten. Dieses Spiel liebten die Kinder. Auch hier zeigte sich ihre affek-tive Empfänglichkeit: Sie wurden ganz besinnlich und baten mich am Schluss der Stunde, ihnen ihre Eigenschaften nochmals vorzulesen (ich hatte ihre Nennungen während des Spiels notiert).

8.3.3   Die Kurse „Tönende Geschichten"

Der Kurs „ *Tönende Geschichten* " wurde zweimal durchgeführt: Ursprünglich stammt die Idee für das Thema von Nicole SCHWARZ, die den Kurs dann wegen einer neuen, zeitintensiven Weiterbildung nicht vollständig durchführen konnte. Da es für uns beide der allererste Kurs für Hochbegabte war, planten wir die ersten drei Stunden des ersten Kurses gemeinsam. Als ihre Weiterbildung begann, übernahm ich den Kurs. Der Kurs wurde während der Projektphase des Universikum-Projektes angeboten, so dass er versuchsweise auch mit nur drei Kindern – einem Mädchen und zwei Jungen im Kindergartenalter – durchgeführt wurde.

Giorgio[28] war aktiv-temperamentvoll, übersprudelnd und zugleich sehr sensibel. Jonathan war zurückhaltend und äußerst musikalisch. Cornelia fiel durch ihre extreme Empfindsamkeit und zurückhaltende bis ängstliche Beobachtungshaltung auf. In dem Kurs, der in einem wunderbar eingerichteten Klangraum stattfand, wurde viel gesungen, improvisiert, gemalt und Theater gespielt – die Möglichkeit von „intermedialen Quergängen" (siehe Kap. 7.1) wurde intensiv genutzt. Höhepunkt war die Abschlussvorstellung des ,Musicals' „Die wilden Kerle" (SENDAK, 1967), welches für die drei Kinder thematisch gut passte. Cornelia spielte sogar den wilden und mutigen Max aus der Geschichte: Er wird König der wilden Kerle und zähmt diese, als sie ihm Angst machen wollen, mit seinem festen Blick. Die Kinder waren einander trotz ihrer sehr unterschiedlichen Art so wichtig, dass sie sich geschlossen für den Kurs im Folgesemester anmeldeten.

An diesem Fortsetzungskurs nahmen nun acht Kinder zwischen fünfeinhalb und acht Jahren teil, davon sechs Jungen und zwei Mädchen. Zusammen mit der unterschiedlichen kulturellen Herkunft der Kinder aus verschiedenen Teilen Europas war diese Gruppe eine bunte Mischung an Erfahrungen, Kulturen und Temperamenten. Die Kinder stellten zunächst einen Marktplatz in Musik, Theater und Bildern dar; außerdem wurden viele Spiele und Übungen gemacht, in denen das bewusste Auf-einander-hören und die soziale Interaktion im Vordergrund standen. Auch Gespräche – über besondere Erlebnisse, naturwissenschaftliche oder philosophische Themen – wurden geführt, meist zu Beginn oder in der Pause. In diesem Kurs befanden sich etwa fünf Kinder, die durch extreme Gehemmtheit oder extremes Ausagieren auffielen. Die Bandbreite reichte von einem Jungen, der notorisch andere piesackte und Übungen

---

[28] Die Namen der Kursteilnehmer und -teilnehmerinnen wurden auch hier geändert.

störte, bis zu Thomas, der das Monochord nicht aushielt und sich jeweils beide Ohren zudrückte.

Thomas schien Musik auch sonst eher abzulehnen, vor allem auch Gesang. Es stellte sich später im Gespräch mit der Lehrerin heraus, dass dieser mathematisch begabte Junge Musik sehr liebte, aber daheim zur Zeit eine familiäre Krise erlebte. In der Schule verweigerte er ebenfalls seit kurzer Zeit Musik und hielt sich schnell die Ohren zu. Der Klang des Monochords oder Moll-Melodien waren für ihn schwierig. Strukturierende Instrumente (Bongas, Klavier) halfen ihm, unstrukturierten oder weichen Klängen zu begegnen. Das Liege-Monochord, wo man den ‚unabgegrenzten', weichen Klängen noch näher ist als beim normalen Monochord, liebte er hingegen. Als ich der Gruppe die Geschichte „Florino, der Regentropfenfänger" (HAUPT, 1991) erzählte, gestalteten die Kinder die Erzählung mit Instrumenten. Thomas wehrte ab. Er störte sich auch am Monochord. Ich bot ihm an, zum Monochord, das ich teilweise der Geschichte unterlegte, etwas anderes zu spielen. Er wählte das Klavier. Sein Spiel integrierte ich in die Geschichte. In dieser gefühlsbetonten Stunde – vom meditativ-gefühlvollen Monochord als Regenrauschen bis zum Regentrommeln durch die Kinder, mit Thomas strukturierendem, emotionalem Klavierspiel und mit anschließendem Malen der Geschichte – ging er dreimal aufs Klo, zweimal „pissle" und ein Mal „kakele", wie er sagte.

Zum Abschluss dieses Kapitels möchte ich eine Situation aus der ersten Stunde dieses zweiten „Tönende Geschichten"-Kurses berichten. Hier zeigte sich, wie hilfreich kreativ verinnerlichte Geschichten für Kinder wirken können:

Als Cornelia, die schon im ersten Kurs mit nur zwei weiteren Buben schüchtern war, in der ersten Stunde den Raum betrat, waren die meisten Kinder bereits da und beschäftigten sich eifrig und laut mit den Glockenspielen. Das Mädchen erstarrte sofort, klammerte sich an ihrer Mutter fest und guckte gebannt zu den anderen, ohne auf meine Begrüßungsversuche zu reagieren. Ich erinnerte Cornelia daran, dass sie im letzten Semester bei der Geschichte von den wilden Kerlen doch den Max gespielt habe. Da habe sie die wilden Kerle mit ihrem ruhigen, festen Blick gezähmt. (Meine Intention war, so die Starrheit in ihrem Blick aufzulösen.) Cornelia reagierte zunächst kaum, schien es aber zu registrieren. Die Mutter blieb ruhig bei ihr stehen. Ich klatschte in die Hände und bat die anderen Kinder, einen Moment ruhig zu sein. Weil dies den Kindern wirklich nur einen kurzen Moment gelingen wollte – sie waren so fasziniert von den Instrumenten – erzählte ich ihnen schnell, dass sie jetzt eine *Klang-Urwald-Musik* gespielt hätten (dies war ein impliziter Rückgriff auf den Urwald in der Wilde-Kerle-Geschichte). Wenn man in einem solchen Urwald aufwachse und selber helfe, ihn zum Wachsen zu bringen, habe man keine Angst, sich darin zu verirren. Schließlich kenne man ja alle Baum- und Blättertöne. Wenn jemand aber von außen zu solch einem Urwald käme, könne das ganz schön erschreckend sein. Sie sollten deshalb bitte versuchen, einladend und leiser zu spielen, damit der Urwald nicht so dicht und undurchdringlich sei. Jetzt wurde die Musik ‚feiner' und offener. Die beiden Jungen vom letzten Semester bat ich, sich mit ihrer Kameradin zu einem großen Xylophon zu setzen. Etwas schien sich in Cornelia zu lösen. Die Bewegungen wurden weicher. Dann musste ich allerdings – unerwarteterweise und ganz plötzlich – mein Auto unten umparkieren, weshalb hier einige Minuten Beobachtung fehlen. Cornelias Mutter blieb so lange im Raum. Durch die Klang-Urwald-Geschichte, die Erinnerung an ihre ‚Max-Fähigkeiten' und das Dableiben der Mutter als Übergang bekam Cornelia Zeit, Ruhe und Zutrauen von uns in sie bzw. von ihr in die Situation. Als ich wieder in den Klangraum zurückkam, saß sie zufrieden bei ihren beiden vertrauten Kameraden am Xylophon, schlug ein paar Töne an, guckte zu den anderen und konnte auch ihre Mutter bald gehen lassen.

8.4 Zusammenfassende Reflexion

Wir haben in den Beschreibungen zu den Kurssituationen immer wieder von Kindern gelesen, die sich auffällig verhielten und damit stark an das emotionale Reagieren Erwachsener appellierten. Gegenüber auffälligem Verhalten kann man nicht – nicht mehr! – so bequem neutral und vernünftig und versiert sein. Kurz: Man wird als Bezugsperson aufgefordert, in Kontakt mit seinen eigenen Emotionen zu gehen. Zugleich ist man aufgefordert, durch klare Abgrenzung einen schützenden Rahmen zu bieten. Ist beides gegeben, entsteht Resonanz, entsteht Schwingungsfähigkeit.

Kinder, die auffällig reagieren, wollen angenommen sein mit ihrem So-sein, wollen Schutz und Rahmen erfahren, liebevolle Anregungen und spannende Entfaltungsmöglichkeiten. Zumindest nehme ich diesen Appell so wahr. Mir scheint nicht, dass diese sog. Verhaltensauffälligkeiten unabhängig von der Intelligenz sind. Auch scheint mir nicht, dass diese Verhaltensauffälligkeiten wegen der Intelligenz alleine entstanden sind. Aber eine große (intellektuelle) Wahrnehmungsfähigkeit kann manche Situationen bewusster oder stärker erleben lassen – wie bei dem Mädchen im Klangraum. Solch intensives oder empfindsames Wahrnehmen gilt es in dem behüteten Rahmen der Kleingruppenförderung *für wahr zu nehmen* und wertzuschätzen und gleichzeitig in die pädagogische Gruppen- und Lernsituation einzubinden. Eine Abspaltung der Gefühle durch forcierte Konzentration auf intellektuelle Fragen, kann keine Lösung sein – die nicht integrierten Gefühle könnten zu einem unerwarteten Zeitpunkt umso überbordender herausplatzen oder unter großem innerpsychischem

Energieaufwand konstant abgewehrt werden. Deshalb ist eine gleichermaßen gefühlsmäßige und kognitive Entfaltung hochbegabter Kinder so wichtig.

Das richtige Maß für die oft unruhigen, aber vor Idee sprühenden Kinder zu finden, erlebte ich als Balanceakt. Es ist zudem ein Spannungsfeld zwischen pädagogischen und niederschwellig-therapeutischen Interventionen. Ich war und bin der Überzeugung, dass gerade hier – also in einem Zusatzkurs und in einer kleinen Gruppe – für die Kinder die Möglichkeit bestehen sollte, ihre vielen Gedanken und Bedürfnisse anders als in einer Schulklasse aktiv einfließen zu lassen und mit ihren vielen Ideen und Empfindungen ‚haushalten' zu lernen.

Gerade musikalische, sprachliche und Rhythmus-Spiele ermöglichen es, die Kinder bei ihrer geistigen Komplexität abzuholen und zugleich emotional anzuschließen. Hört man den Improvisationen der Kinder im Sinne des Komponentenmodells zu, lässt sich hören, welche Bereiche gut ausgebildet sind, welche Bereiche in den Vordergrund drängen (z. B. der gestaltende Melodiebereich, der Rhythmusbereich oder Klangbereich usw.) und welche Bereiche unsicher sind oder gar vermieden werden (beispielsweise die Vermeidung bestimmter Instrumente wie Monochord oder Gong als typischen Klanginstrumenten). Verunsichernde oder vermiedene Bereiche können durch schutzgebende andere Komponenten besser zugelassen werden, wie es bei Thomas der Fall war, der das Monochord durch Spielen auf dem Klavier strukturierte.

Werden die Kurse im Hinblick auf die Konzepte der Integrativen Therapie (vgl. Kap. 7.1) betrachtet, lässt sich feststellen: Alle vier Wege der Heilung wurden angesprochen, ebenfalls die übungszentrierte und die erlebniszentrierte Modalität. Es gab in allen Kursen intermediale Quergänge, d. h. einen Wechsel zwischen verschiedenen Ausdrucksmedien, wobei auch logisches Denken als eine Ausdrucksweise betrachtet wird. Wichtig war mir, den kindlichen Impulsen des Wollens – innerhalb eines klaren und wohlwollenden Rahmens – einen performativen Raum zu geben. Die hochbegabten Kinder sollten ihr breites Spektrum an Kompetenzen erleben und als Performanzen positiv erfahren.

Das Prinzip der hermeneutischen Spirale, also das Wiederholen und Durcharbeiten von Situationen auf einer jeweils neuen Ebene, kann innerhalb einer Stunde wie auch über eine längere Zeitspanne beobachtet werden: In der Kleingruppe des ersten „Tönende-Geschichten"-Kurses war Cornelia sehr scheu. Mit der Zeit bewältigte sie die Situation, doch wurde sie im zweiten Semester mit ihrer Schüchternheit neu konfrontiert, diesmal in Bezug auf eine etwas größere Gruppe. Es gelang ihr allmählich, sich mit ihrer behutsamen und aufmerksamen Art zunehmend selbstbewusster einzubringen. Gegen Ende des Semesterkurses erzählte sie sogar Scherze in der Gruppe.

Das Beispiel von Thomas, der sich bei weichen Klängen die Ohren zuhielt, berichtet von der Wirkung der „4a", welche die musiktherapeutische Variante des tetradischen Systems sind: Thomas' Geste des Ohren-zuhaltens wurde erstens angenommen, zweitens wurde die Situation von ihm und von uns gemeinsam ausgehalten. Als dritte Phase wurde sie ausgespielt, als er mit strukturierteren Instrumenten die für ihn schwierige Situation improvisierend gestaltete. Hier wurde ein Narrativ umerzählt. So wurde ihm möglich, sich in einer vierten Phase von seinem Narrativ abzugrenzen bzw. es ein Stück weit loszulassen, was sich in der berichteten Stunde auch als Loslassen auf der körperlichen Ebene (dreimaliges Aufsuchen der Toilette) ausdrückte.

Ich hoffe, dass sich einige starre Narrative auf positive Weise flexibilisieren ließen, wenn sich zum Beispiel die intellektuell hochbegabten Kinder auch als in hohem Maße kreativ, spielerisch, experimentell, emotional und sozial kompetent wahrnehmen konnten. Tendenziell habe ich mir eher viel, vielleicht bisweilen zu viel Zeit genommen, um auf die Bedürfnisse der Kinder – im Rahmen des Kursplanes – einzugehen. Ich hoffe, dass die jungen Hochbegabten sich gesamthaft als wertgeschätzt (ohne hochgejubelt zu werden), als herausgefordert (ohne überfordert zu werden) und als sozial eingebunden (und dabei stark bei sich bleibend) erleben konnten.

9 Fazit und Ausblick

Es entspricht dem Zeitgeist, sich auf Ressourcen, seelische Gesundheit und eine salutogenetische Perspektive (ANTONOVSKY, 1979) zu konzentrieren. Nach Jahren der Pathologisierung geht es heutzutage darum, mit beiden Beinen, wenngleich ‚unvollkommen', doch bejahend im Leben zu stehen – während parallel dazu die Behandlung von ‚Unvollkommenheiten' zunehmend an Medizin, Forschung und Technik delegiert wird. Der salutogenetische Ansatz verweist auf wichtige Werte und Ressourcen in unserem Leben. Dies war beispielsweise in der Studie von ROST et al. (2000) der Fall, wo sich herausstellte, dass Hochbegabte auf qualitativ gute Freundschaften großen Wert legen anstelle eines bloßen Herumhängens; oder es zeigte sich, dass intellektuelle Begabung mit niedriger berichteter Ängstlichkeit in Zusammenhang steht und Intelligenz diesbezüglich eine Ressource bildet. Überhaupt hat gerade die Längsschnittuntersuchung von ROST et al. (2000) differenzierte Befunde zu der Situation Hochbegabter ergeben. Die Auswertung dieser Untersuchungen zeichnet ein positives Bild für die Hochbegabten hinsichtlich ihrer Leistungen wie auch ihrer Persönlichkeit und sozialen Fähigkeiten. Was offen bleibt, sind folgende Fragen:

- Wie sieht es bei Höchstbegabten aus? Da es erstens wenige Hochbegabte (ca. 2%) und noch viel weniger Höchstbegabte gibt, sind hier quantitative Aussagen schwer zu erheben.
- Wie sieht es mit Underachievern aus? Auch hier gibt es nur wenige, nämlich 10 – 15% der wenigen Hochbegabten. Und wie sieht es mit höchstbegabten Underachievern aus, von denen es noch viel weniger gibt? Bei den Underachievern stellt sich die Frage, ob die Minderleistung auf ein nur schlecht aufgefangenes Potential zurückzuführen ist, oder ob die Minderleistung aufgrund des Zusammentreffens mehrerer Faktoren entsteht (z. B. durch eine unglückliche Familiensituation oder andere Notsituationen) – die vorrangigen Ansatzpunkte zur Bewältigung sind entsprechend andere.

Persönlich habe ich nie erlebt, dass die kognitive Förderung das Hauptbedürfnis von Minderleistern war (und auch nicht immer das Hauptbedürfnis von hochleistenden Hochbegabten). Vielmehr geht es meiner Meinung nach um die

Sehnsucht, gemeint zu sein – mit allen intellektuellen, emotionalen und sozialen Facetten. Daraus ergibt sich die Frage: Was sagen die positiven Ergebnisse über das ‚heimliche' innere Gefühlsleben Hochbegabter wirklich aus? Die allgemeine Alltagstauglichkeit von Menschen hängt zwar mit der wahrgenommenen seelischen Gesundheit zusammen, ist aber nicht 1:1 zuordbar. Die tiefsten Ängste und Sorgen werden, wenn sie sich überhaupt zugestanden werden, vielleicht im Tagebuch oder in einer individuellen Therapie berichtet – nur begrenzt aber in standardisierten Fragebögen, auch wenn diese schon ziemlich viel Dahinterliegendes miterfassen können. Letztlich wird nur gemessen, was erfragt wird; und gerade das Intellektualisierungspotential Hochbegabter kann zwar Ängstlichkeiten reduzieren, aber auch Vulnerabilitäten kaschieren. Zusammenfassend zeigen die Befunde beispielsweise von TERMAN et al. wie auch von ROST et al., dass Hochbegabte im allgemeinen über sehr viel seelische Spannkraft verfügen. Dies bleibt als wichtiger und sehr erfreulicher Nenner festzuhalten. Die in anderen Untersuchungen gefundenen Vulnerabilitäten sind trotzdem wahr für unterstützungsbedürftige Hochbegabte, aber nicht pauschal verallgemeinerbar.

Ein hoch- und höchstbegabtes Kind hinterfragt möglicherweise mehr, als es in seinem Alter schon ‚verdauen' kann. Einem durchschnittlich begabten Kind stehen schulisch und beruflich nicht alle Möglichkeiten offen. Ein überdurchschnittlich, aber noch nicht hochbegabtes Kind hat sehr viele Möglichkeiten, ohne in völlig anderen Dimensionen als der Rest der Umwelt zu denken. Ein hochbegabtes Kind hat fast alle Möglichkeiten offen, doch denkt es manchmal etwas anders – weitblickender, umfassender, exakter, tiefsinniger – als seine Umwelt und fühlt sich nicht immer verstanden. Wie es bei höchstbegabten Kindern ist, kann ich nicht wirklich beurteilen, da ich erst wenigen höchstbegabten Menschen begegnet bin. Diese Personen, die ich so einschätze, haben nicht unbedingt eine große Karriere gemacht. Eher typisch scheint mir hier die Frage eines Mannes: Was soll ich denn machen, wenn mir bei jeder Arbeit spätestens nach einem halben Jahr langweilig ist?

Ein höchstbegabtes Kind muss wahrscheinlich wesentlich mehr einsame Momente ertragen als andere Kinder. Es ist zwar für andere spannend, die Ideen eines hochbegabten Menschen zu hören. Nur wollen die anderen dann irgendwann wieder ihre Ruhe haben und nicht weiter damit konfrontiert sein. Dies akzeptieren zu lernen, ohne sich und sein Denken aufzugeben, ist für hoch- und vor allem höchstbegabte Kinder eine große Herausforderung. Mehr noch: Bei seinen Gefühlen zu bleiben, diese positiv weiter zu entwickeln und sich nicht in depressive oder narzisstische Stimmungen zu verstricken, muss – wenn viel Einsamkeit zu ertragen ist – schwer sein.

Sich intellektuell gerade an der oberen Grenze der doppelten Standardabweichung von IQ-Tests zu bewegen, dürfte am einfachsten und energiesparendsten sein: Man ist, wenn man fast oder gerade leicht hochbegabt ist, besser als die anderen, behält aber den nötigen Kontakt zu ihnen. Eine afrikanische Weisheit besagt, dass derjenige, der sich auf einem hohen Berg befindet, die anderen Menschen am Fuße des Berges nur sehr klein sieht – aber die Menschen am Fuße des Berges sehen den Menschen, der so weit gekommen ist, auch nur sehr klein. Ich meine deshalb, dass wir als Pädagogen oder Eltern stolz und froh und dankbar sein können, wenn die uns anvertrauten Kinder gesund und gut begabt sind. Wenn sie hoch- und höchstbegabt sind, können wir auch stolz und froh und dankbar sein, aber wir müssen nicht dringend darauf hinarbeiten, begabte Kinder noch begabter zu machen, um noch stolzer sein zu können. Wir schränken sie nämlich damit auch ein. Wenn wir aber hoch- und höchstbegabten Kindern begegnen, sollten wir unser eigenes Herz ohne falschen Neid oder Stolz öffnen.

Emotionales und kognitives Erleben gehören dialogisch zusammen. Sie treffen sich in der Spielfreude. Frühförderung darf und soll sein – wenn es dem Wunsch des Kindes entspringt und es seine Spielfähigkeit behalten und weiter-entwickeln kann. Förderung sollte in einem umfassenden Sinne geschehen – im Sinne von PESTALOZZIS „Kopf, Herz und Hand", damit es nicht zu malignen Progressionen oder malignen Narrativen (starren Fixierungen) kommt. Hier sei die Frage erlaubt: Wie sieht Frühförderung in Ländern aus, in denen Leistungs-fähigkeit positiver konnotiert ist als bei uns? Oder wenn es nicht heißt, man solle in den ersten Schuljahren lieber keine Bestnote geben, um dem Kind keine falschen Hoffnungen zu machen, sondern wenn man sich an den Leistungen unbelastet freuen kann?

Das Ziel von Erziehung, Lehre und Therapie ist die Zufriedenheit des Kindes mit sich und der Welt. Dazu gehört insbesondere die Fähigkeit, dem eigenen Rhythmus zu folgen, zu spüren, was man braucht und für sich per-sönlich erreichen will – gerade wenn einem alle Möglichkeiten offen stehen und man stets noch mehr und auch anderes machen könnte. In diesem Sinne geht es um Zentrierung und die Möglichkeit genau nachzuspüren, wo es einen hinzieht, wo „flow" erlebt wird.

Da wir soziale Wesen sind, gehört zur Zufriedenheit auch die Anerkennung der Gesellschaft. Das, was wir gerne zu leisten bereit sind, sollte im sozialen Umfeld, in der Gesellschaft auch seine Anerkennung finden – und umgekehrt sollten wir zugunsten des sozialen Zusammenlebens und der gesellschaftlichen Entwicklung auch zu Leistungen bereit sein: Aber eben zu Leistungen, die mit Lust und „flow" zu tun haben, mit der ureigensten Motivation, und nicht mit Machtgefühlen und narzisstischer Selbstbestätigung. Ist die Freude am Tun der

Handlungmotor, dürfte es der Umwelt zudem leichter fallen, die besonderen Fähigkeiten des hochbegabten Kindes neidlos oder wenigstens neidarm anzuerkennen. Wer sich mit echter Spielfreude einer Tätigkeit hingibt, löst auch in der Umgebung fröhliche, positive Gefühle aus. Um es mit SCHILLER zu sagen, von dem nicht nur die Idee des zweckfreien Spielens stammt: „Wage zu träumen und zu irren, hoher Sinn liegt oft im kindlichen Spiel."

Der Pädagoge SPRANGER (1925) sprach in den zwanziger Jahren des letzten Jahrhunderts vom Verlust der „Unendlichkeit der Zeit" in der Pubertät. Es mag typisch sein für die Kindheit in einer durchorganisierten Welt, diesen Verlust nicht erst in der Pubertät zu empfinden. Vielleicht erleben Hochbegabte diesen Verlust schon früher und bewusster – einige Hochbegabte haben dieses Gefühl ausgedrückt, wenn sie schon in jungen Jahren darüber nachdachten, wie schnell die Kindheit vorbeigeht. Hochbegabte können diesem Verlust der Unendlichkeit der Zeit aber auch etwas entgegensetzen: einen inneren Reichtum an tiefem Denken und Fühlen, der die Zeiträume wieder weiten kann – und, weil Aufgaben ja schneller begriffen, überblickt und erledigt werden können, viel freie Zeit. Gerade die bewusst genossene Freiheit des Nicht-Verplantseins kann das alltägliche Raum-Zeit-Gefüge weiten. So können Hochbegabte bei allem Bewusstsein für die Endlichkeit unserer Zeit eine möglichst lange andauernde Freiheit, Kind zu sein, genießen.

Ziel von Bildung und Erziehung kann nicht nur die Entwicklung von konkreten Fähigkeiten sein, sondern es beinhaltet die Entwicklung von Sehnsüchten und der Fähigkeit des Kindes, in Zufriedenheit *eigene* Möglichkeiten zu realisieren und diese persönliche Freiheit zu genießen.

10 Zusammenfassung

Hochbegabte sind in mancher Hinsicht wie Rennautos – so lautet die eine These dieses Buches. Das heisst, dass Hochbegabte besonders schnell und leistungsfähig sind – und es bedeutet, dass Hochbegabte besonders ‚dicke Reifen' und einen ‚extra tiefen Schwerpunkt' benötigen, um sicher um die Kurven zu kommen. Wenn Hochbegabte diese Bodenhaftung mitbekommen, ist Hochbegabung eine wunderbare Ressource, um viele Dinge zu realisieren, die einen von Herzen interessieren, faszinieren, bewegen.

In der Begabungsforschung geht es meist um kognitive Hochbegabung. Das ist auch im vorliegenden Buch so, da es sich mit der kognitiven Hochbegabung und ihrer Affinität zur Musikalität auseinanderzusetzt. Von dieser besonderen Beziehung gehe ich aus – das ist die zweite grundlegende These. Diese Arbeit schließt sich denjenigen Forschern an, die von einer hierarchisch strukturierten Intelligenz im Sinne von SPEARMAN bzw. ROST et al. ausgehen. Musikalische Begabung ist insofern ein Teilbereich der allgemeinen Intelligenz, zugleich dürfte ihre Beziehung zu anderen Intelligenzstrukturen m. E. eine besondere sein, da die Wahrnehmung von Tonverhältnissen ursprünglich wie die allgemeine „general intelligence" eine Art zu Grunde liegender Faktor gewesen sein könnte, der den unterschiedlichen Spezies (Tieren, Menschen) die Welt zu organisieren half – einfach auf einer anderen Ebene als die abstrakt-logische Intelligenz.

Musik als grundlegende Intelligenz hat Affinitäten zur sprachlichen, räumlichen oder auch kinästhetischen Intelligenz. Als spezifische Intelligenz ist sie eine eigene Kommunikationsform. Man kann sich die Intelligenzen wie eine Sanduhr vorstellen, mit Musikalität als breitem Boden und der „general intelligence" als breitem Dach. Dazwischen tummeln sich verschiedene, hierarchisch strukturierte Intelligenzformen, die mehr oder weniger zusammenhängen können.

Wie musikalische Leistungen entstehen können, wurde durch LOREKs „Bedingungsgefüge musikalischer Leistungen" dargestellt. In dem Modell werden dispositionelle Merkmale klar von vermittelnden Faktoren und Leistungsmerkmalen unterschieden. LOREK untersuchte außerdem Zusammenhänge zwischen Musikalität und Intelligenzniveau – und fand einen positiven Effekt auf die musikalische Leistung für den IQ-Untertest „Reihenfortsetzen", was mit dem prozessorientierten Charakter dieses Untertestes zu tun haben dürfte: Musik und Reihenfortsetzen können beide als *Bilder in der Zeit* betrachtet werden. Grundsätzlich ist von einer Beteiligung der Intelligenz an musikalischen Leistungen auszugehen, wobei nicht im Sinne eines 1:1-Verhältnisses von hoher Intelligenz auf hohe musikalische Leistungen oder umgekehrt geschlossen werden darf.

Weitere Zusammenhänge zwischen Musikalität und kognitiver Begabung können durch tiefenpsychologische Erklärungen mit Bezug auf die orale Phase erschlossen werden, mit Theorien zum „Bauchhirn" oder der Beziehung von der musikalischen Dynamik zur Sprachentwicklung durch STERNs sog. „Vitalitätsaffekte". Außerdem ist das „Modell menschlicher Entwicklung" von RENZ hilfreich, um das Verhältnis von Hochbegabung zu ganz frühen atmosphärischen und emotionalen Erfahrungen zu verstehen. Während dieser frühen atmosphärischen Erfahrungen im Mutterleib oder kurz nach der Geburt spielen musikalische Wahrnehmungen der Umwelt eine herausragende Rolle und Denk- und Fühlschemata werden hier entwickelt, die sich im Selbstkonzept einer Person niederschlagen. RENZ bezeichnet die erste Phase in ihrem Modell als „bekömmliches Drin-Sein" voll Urgeborgenheit. Wird diese Phase zu schnell verlassen, kann Urangst statt Urvertrauen erlebt werden, weil es zur emotionalen Überforderung kommt. Wenn Hochbegabte so früh schon so vieles wahrnehmen, kann dies leicht geschehen. Urangst wiederum kann zu weiterer Intellektualisierung veranlassen. Möglicherweise werden manche frühkindliche Phasen auch durch eine schnellere Sprachentwicklung, also den Quantensprung zum verbalen Selbst sensu STERN, verkürzt. In diesem Sinne können Hochbegabung bzw. vor allem Hochleisten und Intellektualisieren auch (aber nicht nur!) als Hilfe zur Angstbewältigung verstanden werden.

In einem weiteren Kapitel wurden soziale Aspekte der Hochbegabung besprochen: Es gibt viele Untersuchungen zu möglichen sozialen und emotionalen Belastungen hochbegabter Menschen. Häufig werden soziale Schwierigkeiten und Benachteiligungen festgestellt. Befunde, die soziale oder emotionale Probleme feststellen, beruhen aber im allgemeinen auf kleinen oder/und klinischen Stichproben. ROST et al. führten eine repräsentative Längsschnittuntersuchung in Deutschland durch und kamen zum Schluss, dass die meisten in der Literatur genannten Probleme unhaltbar sind und Hochbegabte im Gegenteil durch viele positive Merkmale auffallen. Auch in der berühmtesten und ältesten Längsschnittuntersuchung zur Hochbegabung von TERMAN et al. wurden die Lebenssituationen Hochbegabter erfasst. Hier wurden ebenfalls viele positive Merkmale für Hochbegabte gefunden. Probleme traten allerdings auf, wenn der Beruf nicht den Fähigkeiten entsprach (was ja – hochbegabt oder nicht – auch bei vielen Hausfrauen oder beruflich schlecht ausgebildeten Menschen der Fall ist!). In diesem Fall hatten die Untersuchungspersonen ungünstigere Kindheitsbedingungen gehabt. Sie zeigten später weniger Zielgerichtetheit, Ausdauer, Selbstvertrauen, Gelassenheit und Charme – Merkmale, die in der Untersuchung eng mit Zufriedenheit und Lebenserfolg zusammenhingen. Diese Studien unterbrechen einen Kreislauf, der Probleme für Hochbegabte per se herbei beschwört und Hochbegabte stigmatisiert.

Allerdings sind die gefundenen positiven Befunde dahingehend einzuschränken, dass das statistische Mittel nichts über das Leiden Einzelner aussagt. Selbst wenn die meisten Hochbegabten gut integriert sind, dürften manche Hochbegabte nicht integriert sein: wegen Asynchronien, Empfindlichkeiten, einem Gefühl des Anders-seins oder Sich-nicht-verstanden-fühlens. Solch negative Befindlichkeiten können aber – und das wird auch durch die Studie von ROST et al. indirekt unterstützt – nicht durch Hochbegabung alleine erklärt werden, sondern sind *multifaktoriell* bedingt, also beispielsweise durch Hochbegabung im Zusammenspiel mit der Geschwisterkonstellation, einem sozial schwierigem Umfeld, sozialer Stigmatisierung, akuten Zusatzbelastungen, Kontinuitätsbrüchen durch Umzüge oder Scheidung der Eltern, organisatorisch überfrachtete Tagesstrukturen oder auch im Zusammenhang mit familiären Erwartungen. Diese multifaktoriellen Belastungen führen dann zu einer m. E. hochbegabungsspezifischen Reaktionsweise der *Kognitivierung*.

Der sozial-emotionale Bereich kann insofern gefährdet sein, wenn ein Kind dazu neigt, Emotionales sehr schnell durch Vernunfthandeln zu ersetzen bzw. kompensatorisch von Zeit zu Zeit regressiv ‚herauszuplatzen'. So lange das Vernunfthandeln nicht auf Kosten einer differenzierten Emotionalität geht, ist Intellektualisieren kein Problem. Wenn das Kind aber, weil es eben so vernünftig scheint, vor allem auf dieser Schiene gefördert wird, entsteht eine Einseitigkeit, die die Welt farb- und freudloser macht. Wenn das Kind außerdem durch kompensatorisches Überborden, Regredieren oder mit Ängsten reagiert, kann ein problematischer Kreislauf durch maligne Narrative entstehen. Ein dichtes soziales Netzwerk, dessen Mitglieder auch untereinander vernetzt sind (die Größe des Netzwerkes ist zweitrangig), hilft gegen Einsamkeit und Isolation. Freundschaften pflegen und entwickeln lernen ist deshalb wichtig.

Interessant ist die enge Beziehung zwischen dem System der auditiven Spiegelneurone, Sprache, dem Erkennen von sequentiellen Abläufen in der Zeit sowie der Fähigkeit zur Perspektivenübernahme. Perspektivenübernahme beinhaltet neben der sozialen Kompetenz auch einen kognitiven Anteil. Das System der Spiegelneurone wird von Personen mit hoher Fähigkeit zur Perspektivenübernahme leichter aktiviert. Außerdem lernen Spiegelneurone dann stark zu feuern, wenn eine Handlung möglichst genau so erlebt wurde. Reichhaltige Erfahrungen fördern die Aktivierung der Spiegelneurone. Dadurch erklärt sich zugleich die emminente Bedeutung umfassenden kindlichen Spiels, dass nicht zugunsten einer forcierten intellektuellen Förderung reduziert werden soll.

Auch wir Außenstehenden, als Eltern oder andere Fachleute, sollten uns hinterfragen, was dieses Thema und die Förderung oder Nicht-Förderung von Hochbegabten mit uns zu tun hat. Themen wie Narzissmus und Stolz, aber auch Machtfragen spielen hier eine Rolle.

Um die Frage nach einer Früheinschulung oder dem Überspringen einer Klasse zu beantworten, können die üblichen schulischen Kriterienlisten beigezogen werden. Ebenso zentral sind die beiden Fragen, ob das Kind erstens überhaupt in die Schule oder höhere Klasse will und ob es zweitens eine solche Beschleunigung seiner Entwicklung spielerisch nehmen könnte. Zusätzlich sollten aber auch die Dimensionen des neuseeländischen frühpädagogischen Curriculums Te Whäriki in positiver Weise beobachtet werden können. In dem Curriculum werden die Lerndispositionen Interesse, Verantwortungsübernahme, Standhalten bei Herausforderungen, Kommunikation mit anderen und engagiertes Involviertsein erfasst. Diese Bereiche tragen nach der Forschergruppe um CARR zur Entwicklung einer positiven Bildungs- und Lerngeschichte, sog. „learning stories" bei, welche sich im Selbstkonzept eines Menschen niederschlagen. Wenn diese fünf Lerndispositionen beobachtet werden, ist eine positive Bildungs- und Lerngeschichte des Kindes im Gang. Das Te Whäriki fordert Erwachsene auf, die Kinder nicht quasi von oben herab zu beobachten, sondern die Perspektive der Kinder einzunehmen und sie bei der Gestaltung ihrer eigenen Lerngeschichte ko-konstruktiv einzubeziehen.

Das Curriculum Te Whäriki von der Gruppe um CARR ist für ein umfassendes Bildungsverständnis gerade auch bezüglich Hochbegabung aus meiner Sicht sehr attraktiv. Es sollte für eine ganzheitliche Beurteilung, die auch ‚weiche' Kriterien und schwer Messbares einschließt, zu Rate gezogen werden, wenn es um die Einschätzung von Lerngeschichten hochbegabter Kinder geht. Dieser Ansatz ist kompatibel mit PETZOLDs Theorie der Integrativen Therapie bzw. Pädagogik, welche einen multimedialen Ansatz und eine multiple Stimulierung auf verschiedenen Ebenen und in verschiedenen Bereichen befürwortet (z. B. fünf Säulen der Identität, vier Wege der Heilung). Auch die soziale Eingebundenheit und die Schaffung eines positiven, flexiblen Selbstkonzeptes, das sich im Austausch mit und in der Verantwortung gegenüber der Gemeinschaft entwickelt, spielen in beiden Ansätzen eine wichtige Rolle; ferner der narrative Ansatz in den ressourcenorientierten neuseeländischen „learning stories" und in der Integrativen Therapie, welche zusätzlich durch sog. intermediale Quergänge maligne Narrative zu verflüssigen und positiv umzuformulieren sucht.

Wenn man sich für eine Förderung ausspricht, gibt es „enrichment"-Maßnahmen wie qualitative Vertiefungen in einzelne Projekte oder quantitative Akzelerationsmaßnahmen wie Früheinschulung oder Überspringen einer Klasse. Auch eine Befreiung von bestimmten Unterrichtsstunden zugunsten anderer Projekte ist möglich. Im Sinne einer ganzheitlichen Förderung sollte darauf geachtet werden, dass diese stundenweisen Befreiungen nicht auf Kosten von Turn- oder Handarbeitsunterricht gehen. Gerade in diesen Fächern sind die Kinder ja nicht unterfordert. Diese Fächer sind Teil einer umfassenden Förderung, wozu idealerweise auch ein in die Schule integrierter Musikunterricht (inkl. Instrumentalunterricht), Philosophiestunden und angewandter Ökologieunterricht (Schülergärten) gehören würden. Mehrjahrgangsklassen oder schulinterne längerfristige Projekte wären ideal, um Kindern eine Förderung bei gleichzeitigem Verbleib im sozialen Netz zu ermöglichen. Keinesfalls sollte die Angst, dass ein Kind den Stoff zu früh durchgearbeitet haben könnte (und die Schule dann nicht mehr weiß, was sie mit ihm machen soll), zu Zurückhaltung bei der Stoffvermittlung führen. Das Schulsystem ist in erster Linie für die Kinder da und nicht umgekehrt, auch wenn es die Heranwachsenden zugleich auf eine Passung für die Gesellschaft vorbereiten muss. In Auseinandersetzung mit qualitativen Förderkonzepten und Fragen nach der Integration oder Separation durch Fördermaßnahmen wurde das Zürcher Fördermodell, das sog. Universikum-Projekt, besprochen, welches eine motivierende Funktion hat.

In der pädagogischen und therapeutischen Arbeit mit hochbegabten Kindern bieten die Konzepte der Integrativen Therapie nach PETZOLD hilfreiche Leitlinien. Genannt seien die Stichworte Ressourcenorientierung, Entwicklung benigner Narrative, fünf Säulen der Identität, vier Wege der Heilung, vier pathogene Stimulierungsweisen, drei Arbeitsmodalitäten, Förderung von Volitionen und Vorspuren von Handlungsmöglichkeiten zur Vermeidung eines Widerstandes aus „stoffbedingtem Unvermögen", das Konzept der Relationalität, der hermeneutischen Spirale, der multiplen Stimulierung und der Leitgedanke der intermedialen Quergänge. Bei allem gilt eine Vorgehensweise, die zwischen Beobachtung und Interpretation differenziert und von den Phänomenen zu den Strukturen führt.

Ergänzt wird die Integrative Therapietheorie spezifisch für die Musiktherapie durch die Methode der Wirkungskomponenten von Musik nach HEGI. Er unterscheidet die Komponenten Dynamik, Klang, Rhythmus, Melodie und Form, welche in unterschiedlicher Weise mit psychischen Prozessen in Verbindung gesetzt werden können. Es sind Bezüge zu STERNs Modell der Empfindungsweisen des Selbst denkbar, welche allerdings bisher nicht empirisch gestützt werden.

Um kreative musiktherapeutische Prozesse zu beschreiben, wurde zunächst WEBSTERs „conceptual model of music thinking" dargestellt und dann in ein „Modell musiktherapeutischer Gestaltbildung" überführt. Dieses Modell visualisiert Therapieprozesse aus integrativ-musiktherapeutischer Sicht. Es beinhaltet therapeutische, musikalische und allgemein künstlerische Elemente.

Danach wurden Beispiele berichtet, wie ein integrativ-musiktherapeutischer Ansatz in der Arbeit mit hochbegabten Kindern aussehen kann. Insbesondere die intermedialen Quergänge und eine multimediale Stimulierung in der übungs- und erlebniszentrierten Arbeitsmodalität standen in der sonderpädagogischen bis zeitweise niederschwellig-therapeutischen Arbeit im Vordergrund.

Im Ausblick wurde festgehalten: Die meisten Arbeiten inkl. der vorliegenden beschäftigen sich mit ‚normalen Hochbegabten'. Hier aber sind die Probleme verhältnismäßig gering. Somit ist noch nichts über Freuden und Leiden bei Höchstbegabung gesagt. Gerade zum Thema Höchstbegabung kann nur wenig ausgesagt werden, da hier Untersuchungen größeren Ausmaßes fehlen.

Vieles zum Thema Hoch- und Höchstbegabung ist noch hypothetisch und kann nicht statistisch untermauert werden. Dies gilt insbesondere für das Thema der Hochbegabung im Zusammenhang mit Musikalität. So finden sich auch in der vorliegenden Arbeit diverse Hypothesen neben bestehenden Theorien und Erfahrungsberichten. Ich hoffe, stringente und nachvollziehbare Verbindungen zwischen Hochbegabung und Musik hergestellt zu haben. Auch sollte das Bewusstsein für – oft unterschwellige – Prozesse in der Arbeit mit hochbegabten Kindern angeregt werden. Diesen Prozessen kann man mit dem atmosphärischen Element Musik gewahr werden und Resonanz geben. Ziel ist es, den hochbegabten Kindern das Hineinspüren in ihr reichhaltiges Innenleben und die spielerische, freudvolle Ausübung ihres Begabungsspektrums zu ermöglichen, gemäß dem Ausspruch (ohne Zitatangabe):

Je traulicher du nach innen lauschest, umso besser wirst du hören, was um dich ertönt.

Literaturverzeichnis

Amelang, M. & Bartussek, D. (1981): Differentielle Psychologie und Persönlichkeitsforschung. S. 187 - 195, S. 203 - 208. Stuttgart: Kohlhammer.

Antonovosky, A. (1979): Health, stress an cooping. San Francisco: Jossey Bass.

Bähr, K. (1999): Erfahrungen mit Akzelerationsmaßnahmen. In: Begabungsförderung in der Volksschule - Umgang mit Heterogenität. Trendbericht SKBF Nr. 2. S. 140 - 146. Aarau: Schweizerische Koordinationsstelle für Bildungsforschung.

Bauer, J. (2005): Warum ich fühle, was du fühlst. Intuitive Kommunikation und das Geheimnis der Spiegelneurone. Hamburg: Hoffmann und Campe (6. Aufl.).

Buber, M. (1992): Das dialogische Prinzip. Gerlingen: Lambert Schneider (6., durchges. Aufl.; Originalausgabe 1962).

Coda, P., Thalmann, K. (1990): Bulimie - oder der Umweg übers Essen. Auf der Suche nach flow. Psychologisches Institut der Universität Zürich, Abtlg. Sozialpsychologie: unveröffentlichte Lizentiatsarbeit.

Csikszentmihalyi, M. (1985): Das flow-Erlebnis. Jenseits von Angst und Langeweile: im Tun aufgehen. Stuttgart: Klett-Cotta (Engl. Originalausgabe 1975).

Cubasch, P. (1994): „Heilende Rhythmen". Aus der Praxis Integrativer (Musik- und Bewegungs-)Therapie. Graduierungsarbeit am FPI/EAG (Fritz Perls Institut), Hückeswagen.

Cubasch, P. (1997): Heilende Rhythmen. In: Müller, L. & Petzold, H. G.: Musiktherapie in der klinischen Arbeit: Integrative Modelle und Methoden. S. 55 – 75. Stuttgart: G. Fischer.

Dahl, K. & Nordqvist, S. (1996): Zahlen, Spiralen und magische Quadrate. Mathe für jeden. Hamburg: Oetinger.

Dreitzel, H. P. (1992): Reflexive Sinnlichkeit. Mensch - Umwelt - Gestalttherapie. Köln: EHP Edition Humanistische Psychologie.

Edleditsch, H. (1998): Entdeckungsreise Rhythmik: Grundlagen, Modelle und Übungen für Ausbildung und Praxis. München: Don Bosco.

Feger, B. (1988): Hochbegabung. Bern: Huber.

Ferrari, R. (1998): Wörter haben bunte Flügel. Mit Fantasie in die Welt der Sprache. Freiburg i. Breisgau: Christophorus.

Freeman, J. (1982): Ist hohe Intelligenz ein Handicap? In: Urban, K. K. (Hrsg.): Hochbegabte Kinder. Psychologische, pädagogische, psychiatrische und soziologische Aspekte. S. 123 - 130. Heidelberg: Schindele.

Freud, A. (1994): Das Ich und die Abwehrmechanismen. Frankfurt a. Main: Fischer TB (Engl. Originalausgabe 1936).

Freund-Braier, I. (2000): Persönlichkeitsmerkmale. In: Rost, D.H. (Hrsg.): Hochbegabte und hochleistende Jugendliche: neue Ergebnisse aus dem Marburger Hochbegabtenprojekt. S. 161 - 210. Münster: Waxmann.

Frohne-Hagemann, I. (1997): Die heilende Beziehung als therapeutisches Medium und ihre musiktherapeutische Gestaltung. In: Müller, L. & Petzold, H. G.: Musiktherapie in der klinischen Arbeit: Integrative Modelle und Methoden. S. 9 – 22. Stuttgart: G. Fischer.

Frohne-Hagemann, I. (2001): Ästhetische Dimensionen der Musiktherapie. Music Therapy Today (online), November. www.musictherapyworld.info.

Frohne-Hagemann, I. (2001): Fenster zur Musiktherapie. Musik-therapie-theorie 1976 - 2001. Wiesbaden: Reichert, zeitpunkt musik.

Frohne-Hagemann, I. & Pleß-Adamczyk, H. (2005): Indikation Musiktherapie bei psychischen Problemen im Kindes- und Jugendalter. Musiktherapeutische Diagnostik und Manual nach ICD-10. Göttingen: Vandenhoeck & Ruprecht.

Gazzola, V., Aziz-Zadeh, L. & Keysers, C. (2006): Empathy and the Somatotopic Auditory Mirror System in Humans. Current Biology 16, 1824 - 1829.

Gallese, V. (2001): From Grasping to Language: Mirror Neurons and the Origin of Social Communication. Towards a Science of Consciousness, Section 4: Vision and Consciousness - Introduction. CogNet Proceedings.

Gardner, H. (1998): Abschied vom IQ: die Rahmen-Theorie der vielfachen Intelligenzen. Stuttgart: Klett-Cotta (2. Aufl.).

Haupt, B. (1991): Florino, der Regentropfenfänger. Mit Bildern von Tomek Bogacki. Gossau Zürich: Nord-Süd Verlag.

Hegi, F. (1997): Die heilenden Prozesse in der musiktherapeutischen Improvisation. In: Müller, L. & Petzold, H. G.: Musiktherapie in der klinischen Arbeit: Integrative Modelle und Methoden. S. 76 - 90. Stuttgart: G. Fischer.

Hegi, F. (1998): Übergänge zwischen Sprache und Musik. Die Wirkungskomponenten der Musiktherapie. Paderborn: Junfermann.

Herzka, H. S. (1995): Die neue Kindheit. Basel: Schwabe (2., erw. Aufl.).

Heuring, M. & Petzold, H. G. (2005): „Emotionale Intelligenz" (Goleman), „reflexive Sinnlichkeit" (Dreitzel), „sinnliche Reflexivität" (Petzold) - Schlagworte oder nützliche Konstrukte für die Supervision? www.fpi-publikationen.de/ supervision - SUPERvISION: Theorie - Praxis - Forschung. Eine interdisziplinäre Internet-Zeitschrift - 11/2005 (zuerst erschienen in derselben Zeitschrift 14/2003).

Holthaus, K. (1993): Klangdörfer. Musikalische und soziale Vorgänge spielerisch erleben. Boppard/Rhein: Fidula.

Jones, W. H., Hobbs, St. A. & Hockenburry, D. (1982): Loneliness and Social Skill Deficits. Journal of Personality and Social Psychology 42, S. 682 - 689.

Kernberg, O. F. (1993): Boderline-Störungen und pathologischer Narzissmus. Frankfurt a. Main: Suhrkamp TB (7. Aufl., engl. Originalausgabe 1975).

Kunzmann, P., Burkard, F.-P. & Wiemann, F. (2007): dtv-Atlas Philosophie. München: dtv (13. durchges. und korr. Aufl.).

Laut, G. W. & Viebahn, P. (1987): Soziale Isolierung. Ursachen und Interventionsmöglichkeiten. München: Psychologie Verlags Union.

Lahav, A., Saltzman, E. & Schlaug, G. (2007): Action representation of sound: audio-motor recognition network while listening to newly acquired actions. Journal of Neuroscience, 2007 Jan 10; 27 (2): 308 - 314.

Lehmann, D. & Schamoni, U. (1996): Lust und Last der Wunderkinder. GEO, Nr. 7, S. 38 - 56.

Leu, H. R. (2006): Beobachtung in der Praxis. In: Fried, L. & Roux, S. (Hrsg.): Pädagogik der frühen Kindheit. S. 232 - 243. Weinheim: Beltz.

Levinson, B. M. (1961): The Inner Life of The Extremely Gifted Child, as Seen from The Clinical Setting. Journal of Genetic Psychology 99, S. 83 - 88.

Lobe, M. (1988): Das kleine Ich-bin-ich. Gemalt von Susi Wegel. Wien: Jungbrunnen (13. Aufl.).

Lorek, R. (2000): Musikalische Hochbegabung bei Jugendlichen: empirische Untersuchung zur Persönlichkeit und zum Umgang mit Musik. Frankfurt a. M.: Peter Lang.

May, H.; Carr, M. & Podmore, V. (2004): Te Whāriki: Neuseelands frühpädagogisches Curriculum 1999 - 2001. In: Fthenakis, W. E. & Oberhuemer, P. (Hrsg.): Frühpädagogik international: Bildungsqualität im Blickpunkt. S. 175 - 189. Wiesbaden: VS Verlag für Sozialwissenschaften.

Müller, L. & Petzold, H. G. (1997): Musiktherapie in der klinischen Arbeit: Integrative Modelle und Methoden. Stuttgart: G. Fischer.

Neue Zürcher Zeitung (2006): Die Hochbegabten-Förderung bleibt ein Stiefkind. Neue Zürcher Zeitung, 9. Oktober 2006, Nr. 234, S. 27.

Oden, M. H. (1968): The Fulfillment of Promise: 40-year Follow-up of The Terman Gifted Group. Genetic Psychology Monographs 77, S. 3 - 93.

Papousek, M. (2001): Vom ersten Schrei zum ersten Wort: Anfänge der Sprachentwicklung in der vorsprachlichen Kommunikation. Bern: Huber (3. Nachdruck der 1. Aufl. von 1994).

Perrez, M. (1988): Belastungsverarbeitung bei neurotisch und endogen Depressiven. Psychotherapie, Psychosomatik, Medizinische Psychologie, 38, 59 - 66.

Petzold, H. G. (1993/2003): Integrative Therapie: Modelle, Theorien und Methoden für eine schulenübergreifende Psychotherapie. 3 Bde. Paderborn: Junfermann (überarb. und erg. Neuauflage 2003).

Petzold, H. G. (2004): Der „informierte Leib im Polylog" - ein integratives Leibkonzept für die nonverbale/verbale Kommunikation in der Psychotherapie. In: Hermer, M. & Klinzing, H. G.: Nonverbale Prozesse in der Psychotherapie. S. 107 - 156. Tübingen: dgtv.

Petzold, H.G. (2006): Definitionen und Kondensate von Kernkonzepten der Integrativen Therapie - Materialien zu „Klinischer Wissenschaft" und „Sprachtheorie". www.fpi-publikationen.de/polyloge - POLyLOGE: Materialien aus der Europäischen Akademie für psychosoziale Gesundheit. Eine Internetzeitschrift für „Integrative Therapie" - 05/2006.

Petzold, H. G. (2007): Integrative Supervision. Wiesbaden: Verlag für Sozialwissenschaften (2. Aufl.).

Petzold, H. G. & Müller, M. (2005): MODALITÄTEN DER RELATIONALITÄT – Affiliation, Reaktanz, Übertragung, Beziehung, Bindung – in einer „klinischen Sozialpsychologie" für die Integrative Supervision und Therapie. Hückeswagen: Europäische Akademie.

Petzold, H. G. & Sieper, J. (2008a): Wille, Wollen, Willensfreiheit aus Sicht der Integrativen Therapie. Teil I: Interdisziplinäre Überlegungen und theoretische Perspektiven für die Psychotherapie. In: Petzold, H. G. & Sieper, J. (Hrsg.): Der Wille, die Neurobiologie und die Psychotherapie. Zwischen Freiheit und Determination. Bd. 1, S. 253 - 328. Bielefeld: Edition Sirius.

Petzold, H. G. & Sieper, J. (2008b): Integrative Willenstherapie. Teil II: Perspektiven zur Praxis des diagnostischen und therapeutischen Umgangs mit Wille und Wollen. In: Petzold, H. G. & Sieper, J. (Hrsg.): Der Wille, die Neurobiologie und die Psychotherapie. Psychotherapie des Willens. Theorie, Methoden und Praxis. Bd. 2, S. 473 - 592. Bielefeld: Edition Sirius.

Ponjaert-Kristofferson, I. & Klerkx, J. (1982): Diagnostische Probleme bei der Früherkennung von Hochbegabung. In: Urban, K. K. (Hrsg.): Hochbegabte Kinder. Psychologische, pädagogische, psychiatrische und soziologische Aspekte. S. 64 - 72. Heidelberg: Schindele.

Rahm, D.; Otte, H.; Bosse, S. & Ruhe-Hollenbach, H. (1995): Einführung in die Integrative Therapie. Grundlagen und Praxis. Paderborn: Junfermann (3. Aufl.).

Reglement für das Begabtenförderungsprogramm „Universikum" an der Volksschule der Stadt Zürich. Beschluss der Zentralschulpflege vom 26. August 2003. www.stadt-zuerich.ch/internet/as/home/inhaltsverzeichnis/4/412/190.html.

Renz, M. (1996): Zwischen Urangst und Urvertrauen: Therapie früher Störungen über Musik-, Symbol- und spirituelle Erfahrungen. Paderborn: Junfermann.

Reusser, K. (2007): Empirische Bildungs- und Unterrichtsforschung. Schwerpunktmodul SM4. Herbstsemster 2007/08. Pädagogisches Institut, Universität Zürich.

Röd, Wolfgang (2000): Der Weg der Philosophie von den Anfängen bis ins 20. Jahrhundert. Bd. 2, 17. - 20. Jahrhundert. München: Beck (überarb. Ausg.).

Rost, D. H. (2000): Grundlagen, Fragestellungen, Methode. In: Rost, D. H. (Hrsg.): Hochbegabte und hochleistende Jugendliche: neue Ergebnisse aus dem Marburger Hochbegabtenprojekt. S. 1 - 91. Münster: Waxmann.

Schäfer, G. (2006): Der Bildungsbegriff in der Pädagogik der frühen Kindheit. In: Fried, L. & Roux, S. (Hrsg.): Pädagogik der frühen Kindheit. S. 33 - 43. Weinheim und Basel: Beltz.

Schäfer, G. (2007): Bildungsprozesse im frühen Kindesalter. www.offenburg.de/dynamic/assets/schaefer.pdf (20.8.07).

Schenk-Danzinger, L. (1959): Begabung und Entwicklung. Handbuch der Psychologie. Bd. III. S. 358 - 385. Göttingen: Hogrefe.

Schilling, S. (2000): Peer-Beziehungen. In: Rost, D.H. (Hrsg.): Hochbegabte und hochleistende Jugendliche: neue Ergebnisse aus dem Marburger Hochbegabtenprojekt. S. 367 - 421. Münster: Waxmann.

Schlagmann, K: (2008, in Vorb.) Zur Rehabilitation von Narziss. ... (Zur Publikation vorgesehen in der „Zeitschrift für integrative Therapie")

Schmidt, M. H. (1977): Verhaltensstörungen bei Kindern mit sehr hoher Intelligenz. Bern: Huber.

Schumacher, K. & Calvet-Kruppa, C. (1999): Musiktherapie als Weg zum Spracherwerb. Musiktherapeutische Umschau 20, 3/1999.

Sendak, M. (1967): Wo die wilden Kerle wohnen. Zürich: Diogenes (amerik. Originalausg. 1963).

Sheldon, P. M. (1959): Isolation as A Characteristic of Highly Gifted Children. Journal of Educational Sociology 32, S. 215 - 221.

Simoni, H. & Wustmann, C. (2007): „Bildung im Vorschulalter". Proseminar Herbstsemester 2007/2008. Pädagogisches Institut, Universität Zürich.

Smith, A. B. (2004): Vielfalt statt Standardisierung: Curriculumentwicklung in Neuseeland in theoretischer und praktischer Perspektive. In: Fthenakis, W. E. & Oberhuemer P. (Hrsg.): Frühpädagogik international: Bildungsqualität im Blickpunkt. S. 71 - 85. Wiesbaden: VS Verlag für Sozialwissenschaften.

Spranger, E. (1925): Psychologie des Jugendalters. Leipzig: Quelle & Meyer (8., durchges. Aufl.).

Stamm, M. (1999): Einführung in die Thematik. In: Begabungsförderung in der Volksschule - Umgang mit Heterogenität. Trendbericht SKBF Nr. 2. S. 10 - 28. Aarau: Schweizerische Koordinationsstelle für Bildungsforschung.

Stamm, M. (2000): Der Pilotversuch ‚Begabtenförderung in Volksschulklassen der Stadt Zürich' (1998 bis Sommer 2001). Zusammenfassung über die externe wissenschaftliche Evalution: Phase I (1999/2000). Zürich: Schul- und Sportdepartement der Stadt Zürich. www.begabungsfoerderung.ch/fundus/Stamm_Zuerich.pdf.

Stamm, M. (2001): Der Pilotversuch ‚Begabtenförderung in Volksschulklassen der Stadt Zürich'. Schlussbericht über die externe wissenschaftliche Evaluation: Zusammenfassung. Zürich: Schul- und Sportdepartement der Stadt Zürich. www.begabungsfoerderung.ch/kantone/zh/zh_peers.pdf.

Stamm, M. (2001): Zur Hochkonjunktur von Hochbegabung. Blinde Flecken in einer Erfolgsgeschichte. Neue Zürcher Zeitung, 22. Mai 2001, Nr. 117, S. 80

Stapf, A. & Stapf, K. H. (1991): Zur kognitiven und motivationalen Entwicklung hochbegabter Kinder im Säuglings-, Kleinkind- und Vorschulalter. In: Grawe, K., Hänni, R., Semmer, N. & Tschan, F. (Hrsg.): Über die richtige Art, Psychologie zu betreiben. S. 377 – 390. Göttingen: Verlag für Psychologie, Hogrefe.

Stedtnitz, U. (1999): Potentialevaluation und Beratung. In: Begabungsförderung in der Volksschule - Umgang mit Heterogenität. Trendbericht SKBF Nr. 2. S. 29 - 38. Aarau: Schweizerische Koordinationsstelle für Bildungsforschung.

Stern, D. N.(1992): Die Lebenserfahrung des Säuglings. Stuttgart: Klett-Cotta.

Stokes, J. P. (1985): The Relation of Social Network and Individual Difference Variables to Loneliness. Journal of Personality and Social Psychology 48, S. 981 - 990.

Terrassier, J. C. (1982): Das Asynchronie-Syndrom und der negative Pygmalion-Effekt. In: Urban, K. K. (Hrsg.): Hochbegabte Kinder. Psychologische, pädagogische, psychiatrische und soziologische Aspekte. S. 92 - 97. Heidelberg: Schindele.

Thalmann, K. (1990): Hochbegabte in ihrem sozialen Umfeld. Psychologisches Institut der Universität Zürich, Abtlg. Sozialpsychologie: Unveröffentlichte Forschungsarbeit.

Thalmann-Hereth, K. (1991): Ungestillter Lebenshunger. Heilung der Ess-Brech-Sucht durch Symbolverständnis? Zeitschrift Intra, Nr. 8, S. 23 - 26.

Thalmann-Hereth, K. (2001): Jugend zwischen Früh und Spät - die „sophisticated generation". Heidelberg, Kröning: Asanger.

Thalmann-Hereth, K. (2002): „The sophisticated generation". Ein Psychogramm der postmodernen Jugendgeneration. In: Bildung und Erziehung. Neue Zürcher Zeitung, 19. März 2002, Nr. 65, S. 83.

Thalmann-Hereth, K. (2008): Mehr leben als funktionieren. Sinnstiftung durch Sinnenfreude und eine flexible Ethik. In: Anselm, R.; Pezzoli-Olgiati, D.; Schellenberg, A. & Schlag, T. (Hrsg.): Auf meine Art. Jugend und Religion. S. 111 - 115. Zürich: TVZ.

Urban, K. K. (1982): Vom Genie zum Hochbegabten. In: Urban, K. K. (Hrsg.): Hochbegabte Kinder. Psychologische, pädagogische, psychiatrische und soziologische Aspekte. S. 17 - 31. Heidelberg: Schindele.

Vahle, F. (1990): Anne Kaffeekanne. 12 Lieder um Singen, Spielen und Tanzen. Mit Dietlind Grabe. Düsseldorf: Patmos; Dortmund: AKTIVE MUSIK.

Vahle, F. (1996): Baumelbaum. Einfache Bewegungslieder. CD. Düsseldorf: Patmos.

Warren, J. R. & Heist, P. A. (1960): Personality Attributes of Gifted College Students. Science 132, S. 330 - 337.

Webb, J. T.; Meckstroth, E. A. & Tolan, S. S. (1998): Hochbegabte Kinder - ihr Eltern, ihre Lehrer: ein Ratgeber. 2. Aufl., von Zimet, N. D. und Preckel, F. überarb. und erg. Bern: Huber (1. Aufl. 1985).

Webster, P. R. (1988): New Perspectives on Music Aptitude and Achievement. Psychomusicology, Vol. 7, Nr. 2, S. 177 – 194.

Wierczerkowski, W. & Wagner, H. (1985): Diagnostik von Hochbegabung. S. 109 - 134. In: Jäger, R. S., Horn, R. & Ingenkamp, K. (Hrsg.): Tests und Trends 4. Weinheim: Beltz.

Wild, K.-P. (1991): Identifikation hochbegabter Schüler: Lehrer und Schüler als Datenquellen. Heidelberg: Asanger.

Zoller Morf, E. (1999): Zugang zur Welt der Gefühle. In: Begabungsförderung in der Volksschule - Umgang mit Heterogenität. Trendbericht SKBF Nr. 2. S. 96 - 102. Aarau: Schweizerische Koordinationsstelle für Bildungsforschung.

Personenregister

Sachregister

Neu im Programm Psychologie

Oliver Arránz Becker

Was hält Partnerschaften zusammen?

Psychologische und soziologische Erklärungsansätze zum Erfolg von Paarbeziehungen
2008. 355 S. Br. EUR 34,90
ISBN 978-3-531-16083-2

Die steigenden Scheidungsraten der vergangenen Jahrzehnte machen deutlich, dass es für partnerschaftliches Glück keine Garantien gibt. Was hält Beziehungen zusammen? Welche Faktoren spielen in erfolgreichen Partnerschaften eine Rolle? Auf der Suche nach Antworten integriert der Autor in diesem Buch Befunde und Theorien aus Familiensoziologie und Psychologie und legt damit den Grundstein für ein disziplinenübergreifendes Theoriegebäude des Partnerschaftserfolgs.

Malte Mienert

Total Diffus

Erwachsenwerden in der jugendlichen Gesellschaft
2008. 184 S. Br. EUR 19,90
ISBN 978-3-531-16093-1

„Die Jugend von heute" sorgt bei Eltern und professionellen Erziehern gleichermaßen für besorgte Ausrufe und düstere Zukunftsprognosen. Playstation, Piercings, politisches Desinteresse – wie steht es wirklich um die Generation der Zukunft? Der Autor analysiert die psychologischen und gesellschaftlichen Besonderheiten des Heranwachsens in der heutigen Zeit, er benennt Risiken und Herausforderungen und zeigt, welchen Beitrag wir vermeintlich Erwachsenen zur diffusen Identitätsbildung von Jugendlichen leisten.

Heinz-Kurt Wahren

Anlegerpsychologie

2009. ca. 300 S. Br. ca. EUR 34,90
ISBN 978-3-531-16130-3

Handeln Anleger rational oder werden sie von ihren Gefühlen gesteuert? Wie beeinflussen die Massenmedien die Meinungsbildung an der Börse? Gibt es verschiedene Anlegerpersönlichkeiten?
An der Börse spielen psychologische Faktoren eine ebenso wichtige Rolle wie wirtschaftliche. Mit zunehmender Wichtigkeit der Finanzmärkte gewinnt somit auch die Anlegerpsychologie an Bedeutung.
Das Buch beschreibt alle Facetten dieser neuen Disziplin und berücksichtigt dabei nicht nur Erkenntnisse aus der Psychologie, sondern auch aus Wirtschaftswissenschaften, Behavioral Finance, Soziologie und Hirnforschung.

VS VERLAG FÜR SOZIALWISSENSCHAFTEN

Abraham-Lincoln-Straße 46
65189 Wiesbaden
Tel. 0611.7878-722
Fax 0611.7878-400

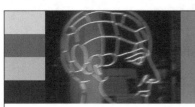

Grundlagen Erziehungswissenschaft

VS VERLAG FÜR SOZIALWISSENSCHAFTEN

Abraham-Lincoln-Straße 46
65189 Wiesbaden
Tel. 0611.7878-722
Fax 0611.7878-400